W0365989

ÉGÉRIES SIXTIES

Du même auteur

La chasse à l'âme, La Table ronde, 2004.
Éthiopie Itinérances, Place des Victoires, 2006.
Gandhi Express, Buchet-Chastel, 2008.
Aspen Terminus, Grasset, 2010.
L'eau noire, Stock, 2012.
Vies et mort de Vince Taylor, Fayard, 2014.
Dictionnaire de Littérature à l'usage des snobs, Le Mot et le Reste, 2014.
Chanel par Willy Rizzo (dir.), Minerve, 2015
Bobby Beausoleil et autres anges cruels, Séguier, 2017.
Bob Dylan in *Chanteurs Poètes*, Fidelio Plon, 2021.
Patrick Procktor, le secret de David Hockney, Séguier, 2022.
La vie la plus douce, Grasset, 2022.
Jean Hélion. Le franc-tireur, Flammarion, 2024.

Fabrice Gaignault

ÉGÉRIES SIXTIES

nouveau monde
ÉDITIONS

© Nouveau Monde éditions, 2024
44, quai Henri-IV – 75004 Paris
ISBN : 978-2-38094-588-1

Dépôt légal : octobre 2024

Pour Claudine et Hubert

Préface
Le syndrome de Stockholm

par Andrew Loog Oldham

C'est en 2002, chez moi, à Bogota, en Colombie, que j'ai commencé à recevoir des mails de France. Des messages d'un certain Fabrice Gaignault qui vivait à Paris. Il était en train d'écrire un livre intitulé *Égéries Sixties* et souhaitait m'interviewer.

Pour être honnête, sur le coup, je n'ai pas vraiment su quoi penser, même si la France a toujours rivalisé avec l'Amérique pour la deuxième place dans mon cœur, juste après l'Angleterre.

L'Amérique pour la fantaisie, la liberté et l'espoir qu'elle m'a offerts, après la guerre, à moi comme à tant d'autres petits Anglais de ma génération. Non seulement notre nourriture était rationnée, mais on tentait surtout de conditionner et de briser notre imagination. Mais la fantaisie, la liberté et l'espoir sont tout de même arrivés jusqu'à nous grâce au vinyle et à la pellicule. Le sex-appeal d'Elvis Presley, de Little Richard et d'Eddie Cochran, la pulsation du rock, nous ont donné notre dégaine, notre allure et nos armes pendant que le nouveau langage de la chanson américaine devenait le nôtre. Que pouvaient répliquer nos parents au *Be bop a Lula* de Gene Vincent ? Pas grand-chose. Que pouvait-on faire du *Heartbreak Hotel* de Presley ? Beaucoup.

Et les écrans reflétaient la perfection américaine. Marlon Brando, Montgomery Clift, James Dean et Tony Curtis. C'était comme s'ils nous autorisaient à être imparfaits, indécis et hésitants. Tony Curtis nous montrait comment conquérir la rue. Et les filles… et les femmes. Audrey Hepburn était une jeune beauté, une désirable Mère Teresa habillée par Hubert de Givenchy. Inaccessible, adorable, aussi androgyne et parfaite que devait l'être la vie elle-même. Dans *Sabrina*, elle nous permettait d'être à la fois Humphrey Bogart et William Holden. Grâce au *Vent de la plaine* on pouvait tout oublier et se rêver en Burt Lancaster. On était embarqué aux côtés de Natalie Wood dans *West Side Story*. On devenait James Dean et Sal Mineo dans *La Fureur de vivre* et on se découvrait aussi taciturne que John Wayne dans *La Prisonnière du désert*.

Je crois bien que l'image la plus torride qui a traversé mon adolescence fut celle d'Elvis Presley et Natalie Wood arrivant ensemble à une soirée hollywoodienne. À coup d'eye-liners suggestifs, ils étaient follement sexy.

Mes autres leçons sur le désir et l'ambition, je les ai prises en France.

C'est là que je me suis enfui, en 1960, lorsque tous les établissements scolaires où j'avais atterri conclurent les uns après les autres : « Peut réussir, mais pas ici. »

Après une bonne année passée à bricoler auprès de l'icône de la mode Mary Quant, j'ai bouclé mes valises et je suis parti pour le pays de la Nouvelle Vague en espérant de tout mon cœur en trouver une qui pourrait m'emporter.

À 15 ou 16 ans, lorsque j'ai vu *Les Cousins* et *Le Beau Serge*, je rêvais d'être Jean-Claude Brialy. Jean-Paul Belmondo et Jean Seberg dans *À bout de souffle* sont devenus pour moi le couple idéal traversant une vie idéale. Une vie de vagabond, de bohémien. Ils devaient être un clin d'œil, un signe que me faisait certainement la vraie vie... Pour Juliette Gréco, je me serais noyé dans la fumée, les miroirs et la lumière des ténèbres. Brigitte Bardot, je la voulais!... Avant de revenir sur terre. J'aurais encore pu m'abandonner à Eddie Constantine, ou à son personnage de Lemmy Caution, et puis il y a eu cette icône de l'ambiguïté : Alain Delon. Delon c'était Hepburn sans l'élégant dédain, mais avec l'ambition en plus.

Dans le sud de la France, durant cet été 1960, j'ai été serveur, coursier, étalagiste, artiste de rue et mendiant, et une part de moi est devenue adulte. Ce que j'ai appris cette année-là, je m'en suis beaucoup servi par la suite, dans ma vie de manager et producteur des Rolling Stones, de Marianne Faithfull, de Nico, de Vashti, des Small Faces, moi le veinard qui ai travaillé avec tant d'autres encore.

Au fond, pendant que l'Amérique restait loin derrière, la France m'avait laissé à bout de souffle et traité en ami.

Je devais un peu d'attention à Fabrice Gaignault.

Ce qui n'était pas facile puisque j'habitais Bogota et lui en France.

Nous voilà bien dans un monde moderne bardé d'outils censés nous offrir la communication immédiate, et pourtant, très souvent, ça ne fonctionne pas. Peut-être parce que la communication, ça se mérite, on ne peut pas se contenter d'appuyer sur « envoyer-recevoir ».

Ce problème a finalement été résolu grâce à l'ambassade de Grande-Bretagne et à la ville de Stockholm à l'occasion d'un festival musical qui s'avéra un événement important et assez étrange. C'est là que ma femme, l'actrice colombienne Esther Farfán, et moi, nous avons rencontré Fabrice.

La météo nous la jouait à la Michael Caine dans *Un cerveau d'un milliard de dollars*, sauf que nous étions à Stockholm et non à Helsinki. Si je pouvais me prendre pour Michael Caine, alors Fabrice était un Jeremy Irons gaulois dans un remake de *L'Espion qui venait du froid*. Il est arrivé et ne m'a pas lâché d'une semelle.

Au XVIIIe siècle, la reine Christine de Suède aurait déclaré : *Il faut toujours chercher à se remettre en question et cette obsession doit perdurer aussi longtemps que la vie elle-même.*

Fabrice, c'est certain, m'a aidé à respecter cette maxime, car je me suis surpris à envoyer balader mes principes pour l'aider à écrire son livre.

En temps normal, dès que l'on m'interroge sur le passé, je me protège immédiatement. Mes réticences sont palpables et je ne révèle rien avant la fin du deuxième ou troisième round. Il ne s'agit pas de caprices, mais d'une volonté de protéger la vie privée de ceux pour qui j'ai eu la chance de travailler et qui ont eu la chance de travailler avec moi. Donc, en général, on teste d'abord l'eau du bout du pied, après quoi, soit on plonge, soit on s'en va.

Avec Fabrice et son projet, j'ai été d'emblée jeté à l'eau. Poussé par un « après tout pourquoi pas ! » purement intuitif, j'ai oublié tous mes principes et mes engagements et nous nous sommes mis à nager de concert.

Son sujet, c'était les égéries sixties. Fabrice avait une bonne douzaine d'années de moins que moi et, alors que j'avais grandi avec Elvis et Brando, lui c'était plutôt les Beatles, les Stones, les Who et les Kinks. Ma mère m'avait nourri de Frank Sinatra et de Nat King Cole, ses parents écoutaient Brel, Brassens et Léo Ferré. Ma mère n'a jamais cessé de me demander quand j'allais arrêter de faire l'imbécile et trouver enfin un travail sérieux, la maman de Fabrice lui avait appris à jouer les chansons de Bob Dylan et Josh White à la guitare lorsqu'il avait 13 ans. La mienne insistait beaucoup sur le fait que, chez nous, il n'y avait pas de papa. C'était une beauté des années 40, Gloria Grahame dans *Le Violent* et *Les Ensorcelés*, Lauren Bacall, vamp et sirène dans *Le Port de l'angoisse*. Elle s'était assagie pour m'élever, durant six longues années, cette grande fête que fut la Seconde Guerre mondiale et que la *Luftwaffe* pouvait interrompre chaque nuit n'était pas si loin. À peine le temps d'un soupir et d'un clin d'œil nostalgique, je l'ai revue sur tant de visages, bien plus tard, dès que le sujet des sixties arrivait sur le tapis.

La mère de Fabrice venait des années 60 comme la mienne venait des années 40. Ces époques étaient les mêmes, même si les temps changent, comme on dit.

La première fois que Fabrice rencontra Anita Pallenberg, elle lui fit penser à sa mère et c'est ainsi qu'une partie, juste une partie, de l'œuvre de sa vie démarra.

Anita Pallenberg avait également joué un rôle important dans ma propre existence. Elle avait été à l'origine de changements majeurs chez deux Rolling Stones, Brian Jones et Keith Richards, et du coup, pour l'ensemble du groupe. Elle avait façonné leur style de vie et beaucoup influencé les chansons et musiques de la deuxième période des Rolling Stones. Anita, voilà un sujet que j'avais toujours réussi à éviter, louvoyant dès que la question se posait, jusqu'à cette soirée à Stockholm durant laquelle nous avons failli nous transformer en glaçons.

On se tient toujours à distance de ce qui pourrait sembler usurpé.

Fabrice et moi, Esther et une bonne dame de l'ambassade de Grande-Bretagne avons quitté ensemble la réception donnée pour le festival où j'avais eu la bonne surprise de rencontrer un ambassadeur élevé aux Clash et aux Sex Pistols. Emmitouflés jusqu'aux yeux, nous sommes allés nous promener dans un sublime Stockholm enneigé, en plein mois de novembre. Nous faisions attention à l'endroit où nous posions nos pieds pour pouvoir continuer à discuter sans faire du patinage artistique.

Fabrice avait envie d'écrire ce livre à cause du lien qu'il avait perçu entre Anita Pallenberg et sa mère, mais aussi parce que c'était l'occasion de réhabiliter l'image désastreuse des filles de cette époque : Anita, Marianne Faithfull, Nico, Talitha Getty, Pattie Boyd Clapton, Zouzou, Amanda Lear… Et puis, il y avait ce lien si important entre Paris et Londres, entre la musique et le cinéma, dont lui et moi avions pris conscience à des périodes différentes. Il était impressionné par la capacité de certaines femmes à se jouer du monde politique, ou musical, faisant naître tant d'histoires ou provoquant tant d'événements bien réels… Leur influence *backstage* sur la politique, les événements ou la musique est aussi indéniable que manifeste. D'où *Égéries Sixties*, ainsi titré en référence à la nymphe muse qui inspira Numa Pompilius, le second roi de Rome. Dans ma vie, la légende d'Egeria est à la fois romantique et ambiguë, mais à coup sûr *Layla* et *Sister Morphine*, elles, ne le sont pas.

Il y a deux images, aussi terribles et excitantes l'une que l'autre, qui inaugurèrent mon entrée dans les années 60. Yoko Ono à bord d'un avion reliant Londres à New York, la veille du Premier de l'an (le vol qui vous garantit deux réveillons successifs…) vêtue d'un short effrangé, de bottes mortelles et d'une ceinture décorée de balles à la Clint Eastwood dans *Et pour quelques dollars de plus*. Et puis l'arrivée d'Anita Pallenberg dans l'univers des Rolling Stones et l'influence qu'elle et Marianne Faithfull allaient avoir sur la culture de notre temps à travers les chansons de Mick et de Keith.

Bienheureux John, bienheureux Beatles, bénis soient les Stones, bienheureux que nous sommes.

Ces puissances occultes, ces égéries sixties, permirent à ces leaders de se dépasser. Bien sûr, je ne pouvais pas m'en rendre compte à l'époque, j'étais censé être moi-même la puissance occulte et les conflits ne manquaient pas dans le monde du rock. On nageait dans les problèmes politiques, la drogue, les histoires d'argent et les intrigues.

Mais ce soir-là, à Stockholm, entre Fabrice, un type d'une énergie folle, à la fois guide, muse et miroir, Esther, ma puissance occulte à moi et celle de mon foyer, sans oublier l'authentique miss Moneypenny de l'ambassade britannique, quelque chose s'est passé et ça m'a fait plaisir. Ça m'a intéressé d'y consacrer du temps et j'ai été heureux de participer à ce cadeau que ce garçon était en train de vous concocter.

Enlevez donc vos patins et profitez de ce livre.

Saludos,

Bogota, mars 2008.

Andrew Loog Oldham a été le manager des Rolling Stones et de Marianne Faithfull entre 1963 et 1967. Il est l'auteur de Rolling Stoned, *publié en France par les Éditions Flammarion.*

« They say there's a price
to pay for going out too far... »
Gene CLARK

J'aimerais croire que le projet de ce livre est né d'une rencontre, mais, en réfléchissant à tout ça – et depuis que je travaille sur ce projet, j'en ai eu l'occasion –, il s'agit de tout autre chose. L'envie de faire ce livre, à mi-chemin entre le témoignage et la tapisserie intime, n'est finalement pas apparue par hasard dans un coin de mon cerveau. Je voulais évoquer des *actrices* sous-estimées des années 60 et il me fallait écrire aussi d'une façon ou d'une autre sur des événements intimes, si bien que l'un est le prétexte de l'autre, et réciproquement. Et tout semble s'enchâsser avec une logique imprévue. C'est ainsi que je convoque en lever de rideau, sur la scène du petit théâtre de mon enfance, des marionnettes aux noms charmants : Beatles, Kinks, Yardbirds, Spencer Davis Group, Pretty Things, Small Faces, Dusty Springfield, Rolling Stones, Animals, Zombies, Marianne Faithfull, Walker Brothers, etc., sans aucun guignol yéyé pour troubler cette parade sentimentale. Mon grand frère avait fait avant moi le voyage à Londres et en était revenu comme on revient de Compostelle, habité d'une extase étrange, brûlant d'un feu qui ne supportait pas les seaux d'eau moqueurs. Je me souviens en particulier de *Sgt Pepper's* qui tournait sans cesse sur son pick-up.

En 1966, mes parents avaient assisté au concert *déconcertant* de Dylan à l'Olympia. Sur fond d'immense drapeau américain s'était jouée une réplique électrique de la bataille d'*Hernani*, mais les gilets rouges chers aux amis de Victor Hugo avaient cédé la place aux premières chemises à fleurs. Le poster de Milton Glaser avec Dylan en ombre chinoise, plus qu'inspiré de l'autoportrait de Marcel Duchamp, avait trouvé sa place sur l'un des murs de ma chambre d'enfant. Je l'ai toujours. Grande, blonde et belle, ma mère était tout à fait un de ces *birds* londoniens : gros ceinturon passé sur un long tee-shirt qui faisait office de minirobe. Courrèges. Paco Rabanne. Jean Bouquin. Choses. Mic Mac... Elle approchait de la trentaine lorsque tout ceci arriva, le rock, les premiers festivals pop dans le Sud, où elle m'emmena dans sa Fiat 500, et puis bien des choses qui en découlaient, comme l'envers d'un gant de satin, qui serait plus rugueux. Sous sa frange, elle contemplait l'horizon s'élargir devant elle, mais les nuages roses qui enveloppaient ses rêves comme du papier de soie masquaient des précipices où elle laisserait plus que des plumes.

Peut-être les filles mimaient-elles sans le savoir l'expansion de l'Univers, toujours plus loin, se diluant à l'infini dans un espace de plus en plus sombre et glacial ? Beaucoup de choses y jouaient le rôle d'accélérateur, le temps vécu comme un bonbon sous la langue, une sucrerie passagère. Elles s'en souviendraient bien plus tard lorsque des plus jeunes leur demanderaient de se raconter. Mais ne risquaient-elles pas de s'inventer un passé, car chacun sait que la légende est plus vraisemblable que la vérité ? Je me demanderais tout au long de mon voyage dans leur passé qui s'effaçait à mesure ce qu'il fallait retenir de leurs rires et de leurs larmes. À première vue, peu de choses... On pouvait en revanche redécouvrir leur envie cannibale de tout dévorer au passage. Elles avaient connu l'abjection, la trahison, la déchéance et l'abandon. À l'attrait du vide venait s'ajouter l'énergie du désespoir. Et cela faisait beaucoup. Sur qui compter d'autre alors que sur elles-mêmes ? Elles étaient à la fois ce qui fut, ce qui est et ce qui sera. En un sens, oui, elles étaient immortelles de leur vivant. Leur passé dérivait quelque part, entre Paris et Londres. Au moins pouvaient-elles jeter à la face de ceux qui les jugeaient : « Vous n'avez jamais été jeune là où moi je l'ai été, et vous ne le serez jamais ! »

Certains prétendent qu'elles se fuyaient, mais la vérité est autre : elles cherchaient à se retrouver face à elles-mêmes devant le miroir – parfois déformant – de leurs désirs, comme on approche d'un grand feu. La question était de se placer à la bonne distance. Trop loin, on restait figé dans une gangue de glace ; trop près, on se consumait dans des convulsions. Au fond d'elles-mêmes, ces hérétiques ne désiraient pas le *bonheur*, ce produit marketing. Ligne d'héroïne, ligne de fuite, ligne d'horizon à jamais hors d'atteinte. La drogue, l'alcool étaient des points d'ancrage au milieu d'un océan mouvant qui n'avait aucun sens. « Tout dans le monde se laisse supporter, sauf une série de beaux jours », avait bien vu Goethe, et c'était peut-être là le scandale absolu aux yeux de ceux qui ne comprenaient pas pourquoi elles se laissaient glisser de l'autre côté. Elles fuyaient ces beaux jours, entraînées par un joueur de flûte de Hamelin parfumé à l'acide lysergique, mais pour aller où ? Celles qui mouraient emportaient ce *rosebud* qui passait de mains en mains, de lèvres froides en lèvres froides, comme un souffle de buée bleue. Il n'y avait aucune raison d'esquiver, pour ces fleurs de la nuit, le chaos mouvant qui emportait tout sur son passage.

Une nuit, le romancier américain Nick Tosches m'avait parlé de certaines d'entre elles avec un mélange de respect, d'admiration et de crainte. Quelques jours plus tard, il m'écrivit : « J'aimerais dire à ces êtres sublimes : merci pour tout ce que vous m'avez apporté. Anita Pallenberg, Nico et Marianne Faithfull sont des filles de grand talent. Toutes les trois sont des beautés, chacune à leur façon, avec des âmes fortes. Anita Pallenberg est sans aucun doute la Magna Mater du Saint-Excès. Marianne Faithfull ? En découvrant, à l'époque de sa sortie, *A Secret Life*, j'ai senti clairement des esprits entrer en moi, des esprits qui ne m'ont depuis plus jamais quitté. Nico ? New-Yorkaise pur jus, comme seule une fille de Rome ou de Berlin pouvait l'être alors. Une New-Yorkaise de la bonne époque, quand la ville était encore en vie. Je ne sais pas si ces filles ont eu une grande influence sur le rock'n'roll, mais ce dont je ne doute pas une seconde, c'est l'influence énorme qu'elles ont eue sur la vie de leurs proches, les types avec lesquels elles ont partagé leur existence et puis tous les autres, la multitude anonyme, et c'est de loin la chose la plus importante. Quant à savoir si la dope leur a été utile ou non, c'est une question à laquelle personne ne pourrait ou ne devrait répondre. Je dirais que l'usage des drogues leur fut aussi important et nécessaire qu'il peut l'être pour n'importe lequel d'entre nous : des saveurs diaboliques que nous pouvons tout aussi bien maîtriser ou qui… nous maîtrisent. »

À l'hôtel des chats perdus

« Menteurs, soyez précis ! »
Alexandre VIALATTE

Une chambre d'hôtel à Portobello à l'enseigne des chats. Chats hantés, chats noirs, chats perchés sur les murs. Encadrés. Brodés. Vivants, aussi. Sur un canapé, allumant une cigarette, regardant par-delà la rue où glissent des voitures, un félin blond d'un jaune un peu passé, vêtu d'un pantalon militaire et d'une chemise blanche. Anita Pallenberg attendait les questions et se marrait, dévoilant des dents trop étincelantes pour être honnêtes, et voilait des vagues de timidité sur lesquelles surfaient des crâneries d'insoumise. Brevetée beauté éternelle avec la tête d'une sorcière de sabbat peinte par Goya, telle que j'en conservais le souvenir lors d'une visite au musée d'Agen. Je ne savais rien sur Anita Pallenberg, hormis l'histoire tumultueuse du tournage de *Performance*, le film de Nicolas Roeg et Donald Cammell, les deux portraits des Stones où elle apparaissait en *walkyrie on the wild side* dans *Rock Dreams*, l'album de Nik Cohn et de Guy Peellaert, et les photos parues dans la presse lors de son arrestation à la suite de la découverte dans son lit du corps refroidi d'un adolescent. La police américaine avait conclu au suicide. Elle fixait le photographe, obèse et hagarde.

J'étais à Londres pour la rencontrer, avec Dominique Tarlé. Celui-ci avait vécu quelques mois de l'année 1971 à Villefranche-sur-Mer, dans la maison qu'Anita occupait alors avec Keith Richards et leur premier enfant, Marlon. Le couple avait laissé ce jeune photographe français les mitrailler vingt-quatre heures sur vingt-quatre (là-bas, la nuit et le jour se confondaient souvent). Sous toutes les coutures, sous toutes les postures, sous tous les cernes. Quelque chose d'impossible aujourd'hui, où le « contrôle » de l'image exercé par les célébrités tourne à la psychose. Cela se passait sur une Riviera devenue soudain *on the rocks*. Des images intrigantes parce qu'elles ne trichaient pas restituaient une existence de saltimbanques, débordant de toutes parts comme la baignoire de la *Party*, geyser de mousse rose et verte, avec ces enfants qui courent, ces amis qui rient, des musiciens qui planent, des inconnus qui picolent, des virées en Jaguar Type E, avec râteaux et pelles. Évasions pans-bagnats et parasols Cinzano entre deux riffs sous terre, dans la cave de la villa Nellcote où, dit-on, la Gestapo avait torturé. Tout ce qui rendait soudain pathétiques ces mises en scène fabriquées de « stars » en promotion posant comme des poupées de cire très nazes.

Pendant deux jours passés à tourner les pages de cette existence calcinée au soleil de la Méditerranée et de poudre blanche, Anita se montra sans filtre, suspendue entre ciel et terre, sur un fil d'araignée menaçant chaque fois de casser sous ses rires énormes. Elle me livra sa part de vérité, au risque de choquer les adorateurs de l'Évangile selon saint Stones, puisqu'elle ne ménageait pas certains membres du groupe et la façon dont, selon elle, il avait (mal) tourné. Hasard du calendrier, Marianne Faithfull était descendue au même hôtel, pour cause de concert londonien. Ces deux légendes indestructibles papotaient, comme si rien n'avait changé depuis leurs nuits à l'Ad Lib, le club londonien où souffla pendant quelques années l'esprit du temps. *« It's only rock'n'roll »*, peut-être, mais quelle vie… Je me souviens que, après avoir beaucoup parlé dans un restaurant indien macrobiotique, nous nous étions retrouvés dans la suite de Marianne, au milieu des grosses valises de vêtements envoyées de Paris par Karl Lagerfeld. Des tenues de scène. Les deux femmes riaient comme des petites filles en faisant jaillir les robes comme des bulles de champagne. À un moment, Marianne, que je rencontrais pour la première fois, m'avait pris à part : « Prenez soin d'Anita, elle en a besoin. » Un écho à ce qu'Anita m'avait dit un peu plus tôt sur Marianne. Chacune veillait sur l'autre, par solidarité d'ancienne combattante. Un peu plus tard, au bar de l'hôtel, Anita me confia :

« Il resterait à écrire la légende des filles comme Marianne, Zouzou, Nico et moi. Nous avons eu beaucoup plus d'importance qu'on veut bien nous en prêter. On ne nous en a jamais fait crédit dans un milieu où c'était chacun pour soi et le fric pour tous. Le rock était alors très créatif, mais, comme toute médaille, si précieuse soit-elle, il avait son revers, assez moche : une fille restait une fille. Et chacun, dans le métier, avait intérêt à gommer notre rôle. En cas d'échec, gare au retour de balancier. Nous étions les démons, les sorcières, les créatures du diable, bonnes à être brûlées en place publique. *(Souvenons-nous de ce que chantait Robert Johnson : "She's a kindhearted woman, she studies evil all the time – Elle a le cœur trop tendre, faut qu'elle s'exerce au mal tout le temps"…)* C'est ce qui s'est passé pour moi, pour Marianne et pour Nico qui a fini sa vie d'une façon lamentable et si triste. »

Légende abusive, ou vérité ? Dans mon esprit, d'autres figures rejoignent le club des vies incertaines, femelles d'airain, amazones destroy, sorcières dansant sur *My Generation*. Marie France, Dani, Deborah Dixon, Caroline de Bendern, Patti Boyd, Tina Aumont, Talitha Getty…

J'ai cherché partout la réponse et je pense aujourd'hui qu'elle est dans la question. Légendes ? Alors écrivons la légende de ces sacrifiées, Iphigénies lestées de plumes d'or, autant d'Orphées perdus dans le labyrinthe multicolore des années 1960, avec ce mélange, cette poussée de vitalité et de mal de vivre. Je sortis soudain de l'hôtel et décidai d'aller boire un verre chez « Momo ». Dans la nuit sans étoiles, je cherchai les empreintes du *groovy* London dont m'avait parlé Andrew Loog Oldham, l'homme qui *fit* les Stones, une nuit d'hiver à Stockholm, alors que nous traversions des petits parcs saupoudrés de blanc que longeaient des bras d'eau pris par la glace. J'étais à Londres et je marchais sur des cendres froides.

Parce que c'étaient elles…

« Quelque chose est en train de se passer,
mais tu ne sais pas quoi. Pas vrai, Mister Jones? »
Bob Dylan, *Ballad of a Thin Man*

Égéries. Je retournais ce mot dans tous les sens et n'arrivais pas à m'en satisfaire. Zouzou, Dani, Nico, même combat que Misia Sert, la marquise Casati, Marie-Laure de Noailles, Louise de Vilmorin? Pas tout à fait, quand même. Ces filles de la nouvelle génération n'avaient pas forcément les meilleures manières; elles ressemblaient davantage à des versions rock'n'roll de La Goulue ou de Kiki de Montparnasse. Des Nadja électriques pour certaines. Des hommes à leurs pieds, des rêves dans les nuages. Loin des tremblements de l'époque. Consciences politiques? Effleurées du bout des lèvres. Bien que proches de gens liés à 68, comme Philippe Garrel, elles étaient restées très loin de Mai, et la barricade romaine qu'érigea un jour Tina Aumont avait des airs de commedia dell'arte. « C'est le désir, l'amusement qui priment tout au long de leur vie », constatait Sally Shafto, auteur d'une plaquette sur le groupe dit « Zanzibar », artistes dandys dont je croiserai quelques survivants. « À aucun moment, Zouzou, Tina Aumont, Anita Pallenberg, Dani, Caroline de Bendern n'avaient de conscience politique. Leur éthique se résumait par la doctrine épicurienne *"Carpe diem"*. » Une anecdote caractérisait cette désinvolture:

Zouzou n'avait pas signé le manifeste pour l'avortement, mais m'avait affirmé avoir paraphé une pétition en faveur de la dépénalisation du cannabis. À la différence d'une Bernadette Lafont, elles n'avaient jamais joué la carte du professionnalisme. Certaines n'étaient même pas dans l'obligation de travailler. Caroline de Bendern était plus belle que Twiggy, la brindille venue des faubourgs de Londres, mais son aversion pour tout emploi avait tué dans l'œuf une carrière de cover-girl qui aurait pu être prodigieuse. D'autres, comme Zouzou, n'avaient pas eu d'enfants, ni de famille à nourrir. Elles se définissaient par leur refus viscéral de la répétition et du travail quotidien. Le paradoxe de ces filles venait de là : leur charme découlait de leur refus de tout. Quel mannequin, aujourd'hui, ne se réveillera pas pour aller à un rendez-vous avec un grand photographe? Zouzou en était capable. Caroline de Bendern préférait passer ses après-midis à la *Factory* en compagnie de Warhol et de sa bande plutôt que de courir les castings. Après la *Factory*, ce fut l'Afrique avec le jazzman Barney Wilen. Quant à celles qui voulaient chanter, il leur fallait déchanter, car le rock de cette époque se caractérisait par son machisme. À part les groupies, chairs à fantasmes, les filles réellement impliquées dans la musique étaient rares. Marianne Faithfull fut l'une des premières et elle en paya le prix fort. Nico, c'était autre chose.

En 1967, la loi Neuwirth légalisa la pilule. Un bouleversement qui influença la « libération » des mœurs. Mais Zouzou, Dani, Tina, Caroline et les autres n'étaient pas des féministes. Si elles ont pu servir de modèles, elles n'avaient jamais rien revendiqué de tel. Elles étaient passées, en quelques années, de la libération à l'implosion. Étrange destinée dans l'histoire des femmes : l'apparition d'astres consumés par leur propre énergie. Combustibles autodestructeurs. Supernovas rendues belles par ce qui les dévore, entre Londres, Rome, New York et ce territoire exigu à l'ombre de Saint-Germain-des-Prés. Reprenant à leur compte cet aveu de Nietzsche : « Il me semble que je mène une vie très dangereuse, car ma machine est de celles qui peuvent sauter. »

Rien, voilà le désordre…

« Il régnait alors à Saint-Germain un bazar absolument incroyable. Comme si pour contrebalancer cette horreur de bombe atomique, nous avions dégoupillé la bombe culturelle, ce qui était quand même plus joyeux », me lança un matin d'hiver Juliette Gréco. Cette muse, torturée adolescente par des miliciens, avait été, dès la Libération, une réincarnation zazou de Cléopâtre. La frange noire, le grand nez, que plus tard elle fera raboter… C'était alors un personnage tout à fait scandaleux… Scandale de s'habiller comme un garçon – col roulé noir, pantalon noir retroussé – seules touches féminines : des spartiates aux pieds parce que les chaussures étaient trop chères… Scandale de vivre comme elle vivait, librement. D'aimer une femme qui s'appelait Françoise Sagan. Un jeune trompettiste noir qui s'appelait Miles Davis. « Il n'y a qu'à l'écouter pour comprendre pourquoi, à 19 ans, je suis tombée amoureuse de lui. Je me souviens très bien que Sartre a dit un soir à Miles : "Mais pourquoi vous n'épousez pas Gréco ?" Et Miles lui a répondu superbement : "Parce que je ne veux pas la rendre malheureuse." »

Le bonheur à Saint-Germain-des-Prés… Pour évoquer cette principauté de l'après-guerre, je rencontrai aussi celui qui en fut le témoin, le réalisateur Jacques Baratier. Nous avions bu un verre dans un bistrot, à côté du musée d'Orsay, en compagnie de sa femme et de l'écrivain Serge Rezvani, lequel n'avait rien oublié du tourbillon de ses années Lula. Baratier avait hanté Saint-Germain dès la Libération. Il joua devant moi avec sincérité l'ancien combattant revenu de tout. Il avait débarqué avec les premiers GI's, un fusil sur l'épaule, à peine âgé de 16 ans. Il se souvenait qu'il y avait encore des Allemands place Saint-Michel et, dans les mains de l'ange de la fontaine, un drapeau français avec une croix de Lorraine. Un homme, seul, tirait sur ces Allemands perdus. Pour Baratier, les plus belles années de Saint-Germain restent celles qui ont suivi l'immédiate après-guerre. 1945. 1946. Ses amis d'alors s'appelaient Gabriel Pomerand, Boris Vian, Juliette Gréco. Quarante ans plus tard, il avait réalisé un film, *Rien, voilà l'ordre*, qui était une synthèse de tous les désordres qu'il avait connus, avec un titre emprunté à un recueil du poète Olivier Larronde. *Dans la tiédeur ardente du passé*. Le cinéma était venu un peu par hasard, comme un accident de parcours. « J'avais peint à l'huile le portait d'une fille, et ça ne séchait pas. Je voulais rentrer à Paris, mais rien à faire ! Alors je suis parti pour l'Afrique avec l'intention de faire de la peinture, mais avec de l'acrylique. Et, au retour, je me suis dit que j'allais filmer les indigènes de Saint-Germain-des-Prés. »

Les zazous d'hier avaient soudain la liberté de vivre comme ils l'entendaient, de s'adonner aux passions jusque-là interdites. Le jazz, la nuit, la danse, l'alcool, les pamphlets, la parole retrouvée, tout cela dégueulait de partout, dans les rues de la Rive gauche. Ces hommes et ces femmes à peine sortis de l'adolescence partageaient leurs repas, hantaient les mêmes bistrots et habitaient dans des bordels. Ils arpentaient le boulevard Saint-Germain, jusqu'à la rue Saint-Benoît, et s'engouffraient dans des caves voûtées. Au cours d'une de ses promenades nocturnes, Baratier découvrit un bar,

L'Imprimerie, qui restait ouvert jusqu'à 6 heures du matin. « On commençait au demi et on terminait par des croissants. Un havre extraordinaire. La cave, elle, renfermait des bouteilles, de la poussière, et n'avait rien encore d'un lieu de réjouissance. Les vêtements venaient des surplus. On les volait aussi parfois ou bien les Américains nous les donnaient. C'était l'époque des chemises à carreaux. Puis Saint-Germain est devenu le lieu où, de tous les arrondissements de Paris et de toute la province, on venait voir les animaux du zoo. Gréco chantait tous les soirs et déclamait les poèmes de sa copine Anne-Marie Cazalis. C'était une Cléopâtre de bazar. Il y avait aussi le "Major", un borgne tout le temps imbibé sur lequel on était toujours sûr de tomber. De temps en temps, Vian récitait des vers d'*Athalie*. Au Tabou, il soufflait nuit après nuit dans sa trompette, jusqu'à l'épuisement. » Et ils accouraient tous, parasites, résistants, étudiants, écrivains, gigolos, putains, bourgeoises des beaux quartiers… C'était aussi l'époque de la Rose Rouge de Nikos Papatakis, dont le prénom, devenu « Nico », allait être adopté plus tard par sa petite amie, un mannequin allemand de chez Catherine Harlé, Christa Päffgen… « Puis, se rappelait Baratier, il y eut soudain, vers 64, 65, un mot d'ordre : "*Katmandou for Christmas*" ! Et beaucoup s'en allèrent sur la route avant les hippies. » *Le désordre à vingt ans* décrivait ça très bien.

Baratier rencontra Zouzou quand « tout ce cirque » ne l'intéressait plus. « Zouzou avait besoin de la déchéance des années 60. Moi non. Mais elle a toujours eu du talent. Elle était très bonne comédienne. Et elle fut la petite reine de quelques mètres de trottoir, à l'angle du boulevard Saint-Germain et de la rue Saint-Benoît, quand ce Paris microscopique et autrefois si extraordinaire est devenu à la mode. Il y circulait comme un sang empoisonné, davantage un esprit de mode qu'un mouvement, ou que des sentiments. » Avec son vieux pardessus et sa mine triste et lasse, Baratier était loin de symboliser l'exubérance germanopratine, et pourtant cet homme aimable avait soufflé sur les braises et joué le jeu du précurseur assumé et assumant sa part de folie.

Regarde-moi, je suis vivante !

Les années 60 furent pour les jeunes Occidentaux la première expérience de la consommation hédoniste. Ils se mirent à acheter des disques, des vêtements qui ne ressemblaient pas à ceux de leurs parents. La mode prenait son autonomie. La variété des styles vestimentaires, auparavant très limitée, s'adressait jusque-là surtout aux personnes d'âge mûr : les femmes portaient des twin-sets, les hommes étaient tous affublés du même costume anthracite, hésitant entre l'allure du banquier mormon et celle du croque-mort. La réaction à ces codes partit de Londres.

Au bord de la Tamise, en 1964, on pouvait aller dormir chez tout le monde, donc avec n'importe qui, m'avait dit avec une pointe de regret une femme qui avait vécu ces temps heureux. « L'ambiance, c'était marijuana, délires et amusements », me résumait une autre qui avait eu vingt ans à cette époque. Le moindre événement prenait de l'ampleur, et chacun devenait acteur de ce qui se passait. À la fin de la première de *Hair*, le public avait fini par monter sur scène et, au milieu de ce public exalté, il y avait le couple de l'année, Marianne Faithfull et Mick Jagger. L'onde de choc atteignait les bords du Pacifique où une West Coast girl lisait alors tout ce qui concernait Marianne Faithfull, mais aussi Anita Pallenberg, Nico et Gail Zappa. « Mes modèles absolus », m'avait lâché lors d'une balade aux Puces la groupie superstar Pamela Des Barres, puisqu'il s'agit d'elle.

La seule chose vraiment importante qui soit arrivée en France dans les années 60, ce n'est ni le gaullisme ni le maoïsme, mais bien l'influence de l'Angleterre. Il y avait une explication simple à cela : toute cette énergie était auparavant récupérée par l'armée, et lorsque l'Empire britannique s'était réduit comme une peau de chagrin, l'aventure pour les jeunes gens n'était plus à l'autre bout de la planète, mais en Angleterre, à Carnaby Street comme à Abbey Road. Ces démesures vestimentaires ou musicales étaient les seules conquêtes que l'île pouvait se permettre désormais. Les Américains n'avaient pas tort de parler de "*british invasion*" pour évoquer le déferlement des groupes rock sur leur territoire. Il n'y aurait pas eu de sixties sans les Anglais.

Jusqu'en 1963, Paris avait été la capitale de la mode. L'année 1962 vit triompher le style « jeune fille », qui a duré jusqu'au milieu des années 60. Mais, en Angleterre, la rue donnait désormais le *la*. Les Teddy Boys, les rockers et les Mods imprimaient une certaine scénographie du mouvement, de l'attitude, des matières et des coupes qui allaient inspirer les stylistes d'outre-Manche. La scène londonienne vit surgir une jeune fille bien décidée à tailler dans l'étoffe des traditions. Mary Quant inventa (bien qu'André Courrèges ait toujours affirmé que c'était lui) la minijupe "*four inches above the knee*". À 21 ans, elle ouvrait sa première boutique sur King's Road, dans le quartier de Chelsea. Son magasin, le Bazaar, eut un tel succès que l'on parla désormais de "*Chelsea look*" pour décrire ces jeunes filles habillées dans le style *kinky*. Le couturier John Bastes avait, de son côté, dessiné des tenues S-M pour Diana Rigg, la première miss de la série *Chapeau melon et bottes de cuir*. Les jeunes filles que les Londoniens avaient surnommées "*the birds*" ne juraient plus que par les jeunes designers. Il faudrait convoquer à la barre du souvenir estampillé *swinging sixties for ever* Peggy Moffitt, Susannah York, Lesley Hornby (alias « Twiggy », "*The Face of 1966*"), Veronica Carlson, Rita Tushingham, Jane Asher, Lulu, Julie Christie, Pattie Boyd, Penelope Tree, Jean Shrimpton, Joanna Lumley, Veruschka von Lehndorff... Elles s'étaient envolées toutes jeunes de leur nid familial pour jouer les perroquets chatoyants de jour et les oiseaux de nuit. Sans elles, aucune *party* n'était réussie. Londres célébrait leur beauté, leur chic et leur incroyable envie de liberté. Comme le déclarait alors le galeriste Robert "*Groovy Bob*" Fraser : « Cette ville possède quelque chose que New York a eu et n'a plus. Tout le monde veut vivre ici. »

Jean Shrimpton, l'un des modèles les plus photographiés de l'époque, était mariée au photographe David Bailey. Le couple servit de modèle à Antonioni pour *Blow-Up*, un film qui montrait, dans le concert autodestructeur des Yardbirds, le lien alors tissé entre le monde du rock et celui de la mode. David Bailey ignorait qu'un film se préparait sur son histoire. Il en fut furieux et détesta le résultat. À Londres, tout était désormais *fab*, raccourci de "*fabulous*". Ce qui ne l'était pas était *grotty*, abréviation de « grotesque ». Tout devint mini, les jupes (bientôt micro), les shetland, les Austin. Les bas en voyaient de toutes les couleurs et se couvraient de motifs floraux ou psychédéliques. De chaque côté de la frange couvrant les sourcils, une cascade de cheveux raides encadrait les visages où triomphaient le mascara et l'ombre à paupières. Chez les *Today girls*, comme on les appelait, le look PVC-plastique lancé par Courrèges et Cardin faisait son apparition, entre *Star Trek* et *Barbarella*. Chaque fille voulait s'amuser et semblait dire : « Regardez-moi, je suis vivante. » Les couples ressemblaient à Terry et Julie, le couple inspiré de Terence Stamp et de Julie Christie de *Dedicated Follower of Fashion* des Kinks : "*Everywhere the Carnnibetian army marches on, Each one dedicated follower of fashion.*" En France, les « yéyés » étaient à leur façon (plumage moins chatoyant et toujours trois métros de retard) les petites cousines à la mode de Paris des « oiseaux » londoniens. On les avait surnommées ainsi parce qu'elles se repassaient en boucle "*She loves you... yeah, yeah, yeah!*" des Beatles. William Klein était parti à leur recherche dans *Qui êtes-vous, Polly Magoo?* Il les avait filmées en minijupes d'Emmanuelle Khanh, passant leurs nuits à danser le jerk. On les retrouvait à Biba, le magasin de Barbara Hulanicki, une Britannique d'origine polonaise installée sur Kensington Church Street en 1964, celle par qui le *Total Look* descendit sur Terre, comme la grâce divine. Car, à Biba, on vendait non seulement des vêtements, mais aussi des chaussures, des bijoux et toutes sortes d'accessoires allant avec les tenues. Le premier magasin sans cabines d'essayage. Les filles choisissaient leurs fringues et se déshabillaient au milieu du magasin. L'esprit de Londres, c'était donc cette folie inventive, avec l'indulgence que les Anglais ont pour la folie des autres. Le mépris égal qu'ils ont pour tout le monde libère chacun et semble dire : tant que c'est anglais, c'est parfait, peu importent les extravagances.

À Paris, Pierre Cardin et André Courrèges semblaient soft face à l'exubérance de Londres. Certes, Cardin avait habillé les Beatles à leurs débuts. Puis les Rolling Stones, comme me le rappellera Andrew Loog Oldham. Et plus tard Alice Cooper, sur les recommandations de Salvador Dalí qui trouvait ce groupe américain « fabuleusement fabuleux ». Mais, si Cardin s'était à un moment occupé des Beatles, c'est parce qu'il était l'un des rares Français de la mode à comprendre ce qui se passait à Londres. « C'est l'époque qui fait la mode, le contraire devient vrai après », me confia-t-il un jour dans son vaste bureau seventies décrépit. Cardin n'était pas du tout rock. Il n'allait jamais dans les *parties*, mais comprenait d'où soufflait le vent : du rock en cheveux de plus en plus longs. « Les jeunes pop-stars de l'époque étaient beaucoup plus extrêmes qu'aujourd'hui, où il y a du talent, mais peut-être moins de créativité », ajoutait l'homme aux éternels blazers auquel le *Times* consacra quarante pages en 1967. À l'époque, il s'était entiché du vinyle. Certains trouvaient qu'il était décidément trop vulgaire et avait rebaptisé ses tenues « toiles cirées ». Pourtant, les Anglais s'étaient vite lassés de cette surenchère dans le délire vestimentaire, comme s'ils en avaient assez d'être à l'avant-garde. Et c'était aussi sans doute dans leur tradition de réaliser des choses extrêmes, qui n'étaient pas toujours reprises par les suiveurs, puis de les abandonner en cours de route, une fois que le chemin était tracé. Mais, dès 1966, inspirée par la côte ouest-américaine, la jeune génération s'était mise à porter des vêtements vintage d'origine folklorique ou traditionnel, dans le genre Lawrence d'Arabie, ou dans le style cow-boy. En Californie, les jeunes s'habillaient en chercheurs d'or ou en pionniers du Far West, en réaction au style nabab – producteur hollywoodien qui régnait jusque-là à Los Angeles. Certains allaient jusqu'à récupérer des costumes de vieux films. La grande différence entre les hippies de Londres et ceux de Californie, c'était l'argent. Les hippies londoniens du *Swinging London* évoluaient dans un milieu aussi hédoniste qu'aisé. À l'Ad Lib, on croisait des acteurs, des musiciens, des gangsters attifés comme des hippies. Ils débarquaient dans de somptueuses voitures, dépensaient des sommes folles au bar. « C'était une société de jeunes gens consuméristes, rappelait le biographe et ami de Paul McCartney, Barry Miles, l'un des plus fins observateurs de cette période. Étrange paradoxe occulté : il fallait être riche pour être un hippie londonien. En Californie, on pouvait être aussi pauvre qu'on le voulait, il suffisait de rencontrer des hippies pour devenir soi-même un hippie. » À Londres, beaucoup avaient couru après les vieux vêtements, les beaux tissus, bien avant que l'on se mette à parler des hippies. Chacun semblait en quête de tissus encore inutilisés par la mode. Les boutiques sur King's Road ne faisaient que ça, chercher un nouveau matériau pour être toujours à la pointe de l'innovation. C'était le règne du velours et surtout de la panne de velours. Puis on vit fleurir un look hybride inspiré de l'Inde, du Maroc et de l'Amérique du Sud, des vêtements cool. Et en cela, la Bardot des années 1950, sortant d'un lit, les cheveux en bataille, vêtue d'une chemise d'homme, a été un des modèles du look qui domina dès 1968.

Et Paris? Insistons un peu... peut-être, quelques indices d'hypothétiques précurseurs, d'une extravagance inattendue... Un homme étrange hantait alors les nuits préhippies. Il se faisait appeler le baron di Lima et professait, sur les bords de l'île Saint-Louis, la révolution « beatnik », au sein d'une « Société de l'homme libre » revendiquant, en juin 1966, 2160 adhérents. Cet artiste peintre dont me parla dans les années 80 le Fregoli vestimentaire Titus, et dont je retrouvais la trace bien des années plus tard par un témoin de l'époque, était alors de tous les vernissages, de toutes les fêtes germanopratines. Un visage d'Indien encadré de longs cheveux châtains coiffés en catogan à l'aide d'un ruban de velours bleu sur le cou, des créoles en or pendues à ses lobes comme des étendards du refus, les doigts engloutis sous d'énormes bagues comme autrefois Jean Lorrain, la redingote XVIIIe et le jabot de dentelle blanche couvert de colliers et d'amulettes, les souliers carrés à boucle dorée et la canne à pommeau d'argent, toute cette panoplie faisait de l'extravagant baron di Lima le fils naturel de Jack Sparrow et de Neal Cassady. La légende voulait que ce seigneur des vagabonds, qui semblait se comporter comme le joueur de flûte de Hamelin avec ses jeunes disciples en appelant au dénuement le plus extrême, possédât un château, des terres, mais plus d'argent. Certains avaient surpris ce Nosferatu entrant seul à l'aube dans un immeuble des beaux quartiers où il jetait l'effroi lorsqu'il en ressortait à la nuit tombée. Le baron affirmait être un ancien existentialiste de Saint-Germain-des-Prés parti un temps à travers le monde avec un groupe d'étrangers et dessinant à la craie sur les trottoirs pour survivre. Il faisait volontiers le distinguo entre « beatniks bourgeois qui ne sont qu'à demi-beatniks bien que possédant leur carte d'homme libre » et les vrais beatniks qui ne font rien. « Le jour, racontait-il chez Castel ou au Bus Palladium à des bourgeois “entiers”, nous dormons l'âme en paix. Nous n'avons aucune obligation et apprenons à aimer la vie saine et libre. En hiver, nous chantons et dansons, l'été venu notre but essentiel est de fuir Paris et de partir en voyage très très loin sur les bords de la mer… » Le baron de Lima organisait ainsi des « descentes » sur la Côte d'Azur, où ses troupes se répandaient comme des nuées de sauterelles sous un soleil qui exige peu de l'homme démuni. Ce disciple d'Akhenaton s'indignait que ses joyeuses troupes de sybarites soient poursuivies en justice pour avoir pris des bains de soleil, nues sur le toit de son immeuble lors de « surprises-parties » remarquablement agitées. Le « baron » a bien sûr disparu, dans un brouillard aussi lointain que le temps dont il semblait être alors le précurseur et le mauvais génie inspiré. Mais on peut se le figurer avançant, sa canne au pommeau d'argent à la main, agitant ses vastes créoles d'or et ses breloques de métal, marchant, marchant, marchant toujours, à la tête de deux mille cent soixante exaltés, jusqu'à la mer toujours recommencée et ce soleil, paradis de lumière, où tout sourit.

La Fille de feu et le modèle B.B.

« L'avenir, c'est aujourd'hui... »

Lorsque j'étais enfant, j'admirais un bateau dont seul le haut des mâts émergeait de l'eau. C'était un vieux voilier qui répondait au joli nom nervalien de *Fille de feu.* Ce trésor de teck et d'acajou à demi englouti près de la plage de la Salis, entre Antibes et Nice, à quelques mètres de la route où s'était tuée Françoise Dorléac le 26 juin 1967, résistait vaillamment aux outrages des méchants vents et des tempêtes qui auraient dû l'envoyer par les fonds depuis longtemps. À qui appartenait cette *Fille de feu* et dans quelles circonstances s'était-elle retrouvée abandonnée ainsi? On m'a fourni des réponses que j'ai oubliées, sans doute parce que le mystère de sa présence incongrue était plus fort que la vérité, toujours ennemie du rêve et de la poésie. Mais, lorsque je pense à la Méditerranée et à mes vacances au Cap d'Antibes, chez mes grands-parents, c'est la première image qui me vient à l'esprit. Cette épave est devenue le symbole, le totem inséparable de mes recherches.

J'avais rendez-vous avec Barry Miles, l'homme qui avait ouvert en 1966 avec John Dunbar, le premier mari de Marianne Faithfull, la librairie et galerie Indica, la place forte de l'underground londonien. Proche d'Allen Ginsberg, il fréquenta aussi William Burroughs, Richard Brautigan et Charles Bukowski. Le 102 Southampton

Row, où John Lennon rencontra Yoko Ono, fut l'épicentre du tremblement de terre culturel que connut l'Angleterre au début des années 1960. Londres était alors l'aimant du monde, et les curieux de toutes parts venaient y planter leurs tentes avec la même ardeur que les premiers pionniers de l'Ouest américain. Aujourd'hui, beaucoup de témoins et d'acteurs se sont retirés au fin fond de la campagne anglaise, d'autres ont troqué shilum et tunique indienne contre havane et costume de Savile Row, une panoplie plus en accord avec leurs fonctions dans l'establishment économique. Toujours en 1966, Miles participa à la création d'*International Times*, premier journal underground européen lancé lors d'un mémorable bal masqué. Au même moment, tout le monde se précipitait à l'UFO (*Unlimited Freak Out*), le club qui rendit célèbres les Pink Floyd et Soft Machine. Miles avait dépeint avec précision cette période dans son livre *In the Sixties*. C'était un homme posé qui a conservé intactes des expressions juvéniles. Une curiosité sans cesse en éveil, ajoutée au rejet élégant de tout conformisme, a façonné chez ce sexagénaire volubile un visage possédant un ou deux trains de retard sur son biorythme. En buvant du thé, il me donna sa version des faits, qui tient du cours magistral à l'usage des jeunes générations. Il commença ainsi en croquant un gâteau : « À l'aube des années 60, en France comme en Grande-Bretagne, les jeunes eurent pour la première fois de l'argent à dépenser. Les Américains étaient déjà passés par là, ce qui explique pourquoi ils seront les premiers à réagir contre la société de consommation, en créant le mouvement hippie. En revanche, la France et l'Angleterre se reconstruisaient durant les années 50. Aux USA, la contre-culture s'élèvera contre un univers concentrationnaire. Les jeunes gens voulaient revenir à la vie en commun, au partage. Leurs projets passaient par l'expérience des drogues. Celles-ci étant illégales, c'était toute la communauté qui enfreignait les lois en en consommant. » Je rappelais à Miles que les Français avaient d'emblée considéré les hippies comme un phénomène plus américain qu'anglais, ce qui à leurs yeux était impardonnable. Dégustant un gâteau, il m'évoqua son premier voyage à Paris. On le montrait du doigt en le traitant de sale beatnik. Il conclut : « Étrange, lorsque l'on sait que bien avant les beatniks certains Français portaient les cheveux longs. Et Rimbaud, le premier. »

Vers 1963, Paris somnolait et n'avait toujours pas succombé au charme des Beatles. La ville comptait un noyau minuscule d'environ trois cents personnes qui allaient à tous les concerts. Le phénomène Beatles était tellement ignoré en France qu'il fallut l'Olympia de 1964, et ce, pendant trois semaines, pour susciter un intérêt – relatif – de la part des médias et de la presse. Les petits gars de Liverpool furent considérés comme un phénomène de mode voué à disparaître après quelques mois. Les disques étrangers étaient mal distribués et les compagnies françaises ne savaient pas comment prendre cette révolution. Le photographe Dominique Tarlé se souvenait avoir soumis chez Decca en 1969 des photos du *Rock'n'roll Circus*, le spectacle organisé et filmé par les Stones, à une femme de 70 ans qui transportait toujours avec elle un cabas noir avec une botte de poireaux qui dépassait. La mamie aux cheveux bleus qui courait les marchés aux légumes avait un poste de direction dans cette maison de disques et elle ne comprenait absolument pas l'intérêt de ces photos. En France, il était encore très rare de posséder un tourne-disque, alors qu'en Angleterre beaucoup de gamins avaient un ampli et une guitare. Les USA et la Grande-Bretagne partageaient la même langue, celle du rock'n'roll. Quand les Anglais commencèrent à produire du rock en imitant les Américains, ceux-ci ne mesurèrent pas immédiatement l'ampleur de la secousse sismique. La *British invasion* allait commencer dans des fracas d'effets larsen qui rappelaient ceux des piqués de Spitfire au-dessus de la Manche. Puis le côté divertissant et bon enfant du rock'n'roll selon Presley disparut au profit de quelque chose de plus déterminant : le sens. Chacun se mit à croire que les paroles de Dylan révéleraient le secret de l'univers. On écoutait les disques des Beatles pour y découvrir des messages occultes. La *British invasion*, cette arrivée massive et soudaine de groupes pop anglais sur la scène américaine, eut une influence considérable. Leur façon de construire leurs chansons en rompant avec l'art et la manière folk désorientait les chanteurs américains traditionnels. Les Byrds ne seraient restés qu'un groupe folk parmi d'autres s'ils n'avaient pas décidé d'imiter les Beatles, pour produire une sorte d'heureux mélange entre folk et pop anglaise. Et pas mal de groupes de la première vague psychédélique américaine, comme Moby Grape, avaient démarré en faisant du folk. L'échange se faisait dans les deux sens. Les Stones n'auraient jamais existé s'ils n'avaient pas entendu des morceaux de blues et de rock'n'roll américains.

Miles reprit son récit : « Si l'on retient comme critères la pureté et l'idéalisme, les sixties s'achèvent en 67, bien que leur esprit ne se soit jamais volatilisé. Il renaît çà et là sous d'autres formes. Le mouvement punk n'a-t-il pas été une suite logique des sixties ? C'était une nouvelle génération défoncée faisant de la musique et lançant ses propres fanzines. Même rébellion, même rejet de la société qu'à l'époque des groupes radicaux ou prohippies. » À Londres, il n'y avait pas que Twiggy, Mary Quant ou les Stones. Des centaines de mannequins, de couturiers, de musiciens participaient à un mouvement d'ensemble où tout le monde avait sa place. Le photographe allemand Frank Habicht y croisait de jeunes Suédoises, vêtues de bas noirs et de minijupes. Il me confia un jour ses impressions: « Je ne pouvais être qu'intéressé, photographiquement parlant surtout. J'étais aussi fasciné par une beauté que l'on surnommait "*The Acid Queen*". Je l'avais rencontrée au Middle Earth, un club où des groupes underground venaient jouer le soir. Elle était belle, mais elle se droguait, hélas... Tout le monde le savait. Une de mes égéries anonymes que j'ai beaucoup photographiée est ainsi morte d'overdose avant la fin du tournage de son premier film. Pour aider ces jeunes "en perdition", un prêtre se baladait à l'époque dans une église mobile. » C'est dans ce Londres-là que Barry Miles avait connu Marianne Faithfull. « Elle reprenait, tout comme Nico, le style Bardot, longs cheveux blonds et moue coquine. Je me souviens qu'un jour John Lennon a dit devant moi à Paul McCartney: "Plus nos copines ressembleront à Brigitte Bardot, plus nous serons heureux!". Tout le monde voulait une fiancée comme elle. Cette Française était un style à elle toute seule, et pas mal de filles de ma génération reprenaient sa coupe de cheveux, son attitude mi-provocante mi-femme enfant. B.B. était devenue une image et, sans contestation possible, la plus grande star des années 60. »

Les femmes de ces années-là avaient été les premières à bénéficier de la contraception et donc les premières dans l'histoire de l'humanité à obtenir enfin le contrôle de leur vie sexuelle et sentimentale. (On peut d'ailleurs voir dans le phénomène des groupies une manifestation du féminisme de l'époque, même si ça n'est pas évident à admettre.) Les femmes fixaient les règles du jeu amoureux, domaine jusqu'alors réservé aux hommes. L'époque était aux nouvelles expériences. En Californie, on lançait des communautés d'inspiration libertaire, en bannissant l'isolement du couple et les liens affectifs en duo. Tout le monde pouvait coucher avec tout le monde, et il était recommandé de le faire. Ces multiples tentatives n'eurent pas toujours les résultats escomptés. Certaines femmes purent cependant refuser de jouer le jeu de la docilité. « Nico, ajouta Miles, était l'égérie de Warhol, qui aimait s'entourer de femmes. Comme il était gay, il ne se sentait pas menacé par elles, et elles non plus. Janis Joplin était respectée par les hommes, car elle maîtrisait quelque chose de majoritairement masculin, le blues. Même chose pour Joni Mitchell. Mais ce ne fut pas avant le début des années 70 que les femmes commencèrent à se faire vraiment entendre. Tout est allé très vite. Un certain nombre de militantes se sont mises à considérer les hommes comme des ordures, appelant à la séparation géographique des deux sexes, voire à l'élimination physique du sexe dit fort. »

J'évoquai maintenant la Parisienne Catherine Harlé et son agence, un vivier de femmes-méduses. Nico, Amanda Lear, Caroline de Bendern, Anita Pallenberg, Deborah Dixon... Les mannequins furent les premières femmes à réussir à être libres et respectées. Elles pouvaient faire de grandes carrières, gagner de l'argent et même obtenir le respect des hommes. On a commencé à engager des filles très jeunes dans le monde de la mode, ce qui ne se faisait pas avant. Barry Miles avala une gorgée de thé et enchaîna : « Ces filles ont compris très tôt à quel milieu elles avaient affaire. De là à dire que certains de ces mannequins ont influencé leur fiancé... Les hommes gardaient le pouvoir. Patti Boyd aurait pu devenir une chanteuse comme Marianne ou Nico. Elle ne chantait pas plus mal ou pas mieux qu'elles ; ou elle aurait aussi pu être actrice, mais George Harrison lui a demandé de rester madame Harrison et de stopper net sa carrière de mannequin. Patti aimait prendre des décisions toute seule et elle y arrivait, car elle avait une forte personnalité, mais l'époque était encore très traditionnelle. Même dans les milieux de la contre-culture, les repères d'autorité restaient masculins. » Je n'étais pas certain que Miles avait raison sur ce point. L'exemple d'Anita Pallenberg, et d'autres, montraient un autre chemin, celui de l'affranchissement absolu. Je quittai Miles et laissai mes pas m'entraîner à la nuit tombée vers le carrefour de la Croix-Rouge. Des ombres effleuraient le pavé gras-mouillé que peignaient les brefs éclats jaunes du ballet des phares.

Le lendemain, j'appelai Eric Burdon chez lui, en Californie, à Joshua Tree. Le chanteur avait la voix pâteuse des réveils tardifs. Il partit très vite en roue libre. Paris l'inspirait… Paris le rappelait à ses bons souvenirs. Ne quittez pas… Bien avant de faire de la musique, Eric Burdon avait filé à Paris pour les boîtes et les albums de jazz que l'on ne trouvait pas en Angleterre. « J'avais 17 ans et venais de m'inscrire dans une école d'art londonienne – la plupart des musiciens devenus célèbres par la suite étaient des ex-étudiants d'arts plastiques déçus par les façons trop académiques de l'enseignement de l'époque –, je survivais en travaillant comme électricien, ce qui m'avait permis d'amasser un peu d'argent pour passer le mois d'août 58 sur les bords de la Seine… J'ai ainsi pu rencontrer Chet Baker et Memphis Slim qui me faisaient entrer en douce au Chat qui pêche ou aux Trois Mailletz, interdits aux mineurs. J'ai découvert l'Amérique à Paris, car à l'époque c'était vraiment la capitale mondiale du jazz. Il faisait chaud cet été 58 et on pouvait sentir la violence sourde dans les rues… La guerre d'Algérie… J'aimais voir les gens s'empoigner dans les cafés au sujet du général de Gaulle, même si je ne comprenais pas tout… Londres était beaucoup moins excitant, car, pour la première fois dans l'histoire de la Grande-Bretagne, celle-ci n'était pas en guerre. L'empire se délitait et les gens semblaient en être soulagés… On ne les enverrait plus à l'abattoir comme leurs parents ou leurs grands-parents. » À Londres, Eric Burdon avait intégré une bande de types aux allures de méchants motards, qui vivaient d'expédients pas clairs. L'un d'eux, surnommé « L'Animal », un personnage aussi primitif que brutal, adorait les histoires de Burdon. Celui-ci lui racontait des nuits entières ses virées sur les berges de la Seine où tout – ou presque – semblait permis... Il était devenu le jeune favori de la bande, et plus tard, lorsqu'il chercha un nom pour son groupe, « L'Animal » lui revint en mémoire... Six ans plus tard, Eric Burdon revint triomphalement à Paris, les « Animals » étaient célèbres... « Je me souviens que j'avais été invité à un grand bal XVIIIe donné dans une annexe du palais de l'Élysée et que ce soir-là, j'écrasais les pieds nus de Brigitte Bardot en improvisant avec elle un tango... » Le directeur de l'orchestre de l'Élysée avec lequel Eric Burdon avait sympathisé l'emmenait sur sa petite Vespa pour de longues dérives jusqu'à l'aube. C'était un ancien de la France Libre qui continuait de porter sous son imperméable un revolver chargé. Sans doute parce que l'orchestre était une couverture... Il y avait alors encore de vrais personnages qui inspiraient les Becker et Melville... « Marianne Faithfull était, elle, la mascotte du Tout-Londres. C'était alors une fille entourée de mecs. Elle était très aimée des musiciens, car elle pouvait fumer, boire et jurer comme un homme, et dans la seconde suivante changer de registre et se conduire comme la vraie *lady* qu'elle était. Je la croisais souvent dans les sixties et je l'ai toujours beaucoup aimée. Sa voix rugueuse montre qu'elle a eu une vie dure, même si derrière on peut percevoir quelque chose de sa douceur initiale. Elle a été là quand il le fallait, et son talent a fait le reste. Tout est une question de timing. Vous pouvez réunir tous les bons ingrédients pour créer quelque chose de merveilleux, si ce n'est pas le bon moment, rien ne se produira. Le bon timing, c'était alors d'appartenir à la génération née pendant ou juste après la Seconde Guerre mondiale. Les rock-stars de la grande époque sont des "bébés de la guerre" qui ont souvent défilé adolescents en portant des pancartes "CND" (Campagne pour le désarmement nucléaire), organisation dont Bertrand Russell était alors le président… »

Les jours suivants, je continuai à passer des appels. Je voulais prendre un verre avec Jean-Jacques Schuhl, prix Goncourt 1997 pour *Ingrid Caven*, l'auteur de *Rose poussière*, un livre que j'avais lu tout jeune. Il me faudrait décrire la façon *amusante* de se comporter, jouant au chat et à la souris, acceptant et reculant chaque fois que je l'appelais ou que je le croisais. Cela mériterait un livre. Schuhl m'évoqua cependant au téléphone ces « étoiles filantes », qui traversent *Rose poussière*, se souvenait d'une virée marseillaise avec Marie France, du fantôme d'Edie Sedgwick qui le poursuivait, mais qui était hors sujet pour moi. Je le revoyais de temps à autre. Je me souviens surtout d'une nuit de Noël chez le décorateur Vincent Darré. Pendant que Valérie Lemercier se prêtait à des contorsions physiques étonnantes sur *Où sont les femmes*, Schuhl s'éloignait, en crabe, crustacé moussu de blanc, aux yeux fermés de sombre. Il me proposa de poursuivre notre conversation dans une autre pièce où régnait un calme relatif. Il maintenait que la dernière fois où nous nous étions vus, c'était à un dîner donné pour Jay McInerney, mais je n'avais jamais dîné avec l'écrivain-œnologue. Je penchai plutôt pour un repas chez Davé après une conférence nocturne que Schuhl avait consacrée à Jim Jarmusch, à l'hôtel Scribe. « J'ai raconté n'importe quoi ce soir-là. » Il s'excusa à nouveau de son silence à l'époque de l'écriture d'*Égéries Sixties*. « J'ai alors traversé une époque très brumeuse et très sombre et je n'avais pas envie d'évoquer cette époque, tous ces gens disparus. » L'époque où j'avais vu son ami Frédéric

Pardo, mort peu de temps après et dont il sera question plus loin. Sa veuve m'avait offert par la suite un portrait d'Edwige Belmore, une fille amusante d'un temps plus proche, celui du Palace et des années 80, qui elle aussi était morte, oubliée. Avec Schuhl, la conversation cabotait d'un point à l'autre, sans ordre ni logique et c'était heureux; nous avions parlé du Saint-Tropez de mon enfance. Du photographe Jicky Dussart qui avait eu une histoire avec Anna Karina que je rencontrais elle aussi pour le livre. Schuhl m'évoqua sa visite à la dernière Factory, celle d'Union Square, en compagnie de Viva: « On aurait dit les bureaux d'une banque, avec des vigiles qui me surveillaient lorsque je me baladais dans les couloirs. » Schuhl écrivait « comme toujours, mais je ne sais pas trop ce que ça va donner. C'est plutôt désespérant. Je fais un pas en avant sans certitude quant au résultat. Un pas en avant deux pas en arrière ». Il lisait alors *Un Après-midi d'été*, le recueil de nouvelles de Frédéric Berthet. J'ignorais, il me l'apprit, que Jack-Alain Léger possédait la jaquette de *Rose poussière* sur son bureau lorsqu'on pénétra dans son studio après qu'il se fut jeté par la fenêtre. Je lui demandai s'il tenait un journal intime, mais non. « Il y a plusieurs genres de journaux, ceux dans lesquels l'auteur se regarde écrire comme dans un miroir. Le meilleur exemple est le *Journal* de Gide. Il y a aussi les journaux écrits de la main gauche, les meilleurs selon moi, je pense en particulier au *Journal inutile* de Paul Morand, publié posthumement. Extraordinaire parce qu'il ne se soucie de rien, il se lâche. » Eva Ionesco, une autre petite célébrité griffée Palace, avait surgi à ce moment-là, drapée dans une éblouissante robe blanche, avant de s'éloigner, apparition spectrale… Schuhl enchaîna sur ses souvenirs d'une visite dans le « bunker » new-yorkais de William Burroughs: « On a tiré au calibre 32, il avait tellement d'armes à feu ! La vodka, je me rappelle, était de la marque Great Wall of China et il y avait la photo de la Grande Muraille sur l'étiquette, une vodka dégueulasse. Ça devait lui plaire pour l'exotisme. Il a voulu varier un peu, "where is my blogel?". Il a disparu dans la pièce à côté et il est revenu avec une sarbacane ».

Vivre dans le chaos avec mon cœur à mes pieds

La voix chevrotante à la tristesse de caveau, il m'avait donné rendez-vous un jour d'hiver autour d'une bouteille de Vosne-Romanée, sous la rotonde d'un grand hôtel Rive droite. L'écrivain Bernard Frank avait été à sa façon le fidèle alter ego nonchalant d'une égérie des lettres, du Tout-Paris, et, pour ainsi dire, de la France entière. Françoise Sagan, écrivain, joueuse, vivante parce que viveuse. Dans le prière d'insérer du *Bleu du ciel*, Georges Bataille avait écrit : « Le verbe vivre n'est pas tellement bien vu puisque les mots viveur et faire la vie sont péjoratifs. Si l'on veut être moral, il vaut mieux éviter tout ce qui est vif, car choisir la vie au lieu de se contenter de rester en vie n'est que débauche et gaspillage. » Le mince filet de voix de Frank cherchait son passage parmi les conversations voisines, comme un ru entre des rocs de montagne. Les gens spirituels ne notent pas ce qu'ils disent. Ce sont des flambeurs qui se consument en paroles et se réchauffent à leurs feux. Tout ce que Frank, ce jour-là, tenta de me dire en vain se retrouve noir sur blanc dans l'une de ses chroniques qu'il me demandera de citer, quand nous nous séparerons sur le trottoir : « Les années 60 ont eu pour moi des airs de vacances à perpétuité. Et ces vacances, c'était alors ma vie. Je comprends que cette expérience où il s'agissait en définitive de récupérer les fatigues de la nuit pour affronter les nuits suivantes puisse sembler déplacée à ceux qui besognent et qui sont la majorité. Mais ils n'ont pas besoin d'exiger notre exécution immédiate pour parasitisme immoral. Les dieux s'en chargent très bien. Il y a la maladie, les disgrâces physiques, les remugles de l'esprit, la mort des autres et pour finir la sienne qui n'arrange rien quoi qu'on puisse dire. »

Frank passait alors toutes ses nuits dans les deux endroits qui comptaient à ses yeux, Castel et Régine, le premier symbolisant une certaine fraternité virile, tandis que le second était un vivier de jolies filles. « J'y accompagnais dans l'un et l'autre Françoise Sagan qui m'apporta, plus que ses livres talentueux, l'amitié. On m'avait proposé d'aller la voir, à la fin, à l'hôpital de Varengeville, mais je n'ai pas voulu. Par paresse, mais aussi parce que j'avais pensé qu'elle était plus entourée qu'elle ne le fut en réalité. » Frank avait une conception toute particulière de l'amitié, mais sa franchise, dans cet aveu assez terrible d'égoïsme, l'excusait presque. À ce qui semble être à des années-lumière de ce crépuscule assez cafardeux, Frank emmenait chez Régine Joke, son teckel à poil long, ce qui scandalisait certains habitués, réprouvant qu'on ose emmener la pauvre bête dans un endroit aussi enfumé. « Mais c'était moi, la pauvre bête ! » Sous Pompidou, Régine avait l'étoffe d'un chef d'État. On l'appelait « Maman ». Une maman assez enrobée qui, selon Frank, constatait : « J'ai encore grossi de quatre kilos cette semaine. » Ce à quoi Jacques Chazot répliquait : « Tu n'avais qu'à te peser sans ton cabas. » Elle riait. Vers 7 heures du soir, elle disait : « La nuit se lève. »

Bernard Frank quitta Paris au moment des événements de 68. Son sens du journalisme était si peu développé qu'il ne s'était alors absolument pas rendu compte qu'il ratait un événement sacré. Il était peu attiré par le Grand Soir. Il avait aimé le jeu, puis ça lui était passé. « Ce sont des passions que l'on perd, murmura-t-il, comme dans un sanglot. C'est pour ça que je suis toujours surpris quand un joueur se fait interdire. » L'écrivain perdait des fortunes. Sagan, aussi. Mais avec plus de panache, car c'était le chef de bande. « Elle était naturellement une égérie à cause de son prodigieux succès qui a duré longtemps, poursuit Frank. Elle n'avait aucune prétention, aucune fausse modestie non plus. C'est une des personnes qui avaient certainement la vision la plus juste de la relativité des choses. Je l'admirais. Nous avions chacun nos histoires, c'est peut-être pour cela que nous sommes restés proches aussi longtemps. Je l'ai rencontrée en 54 à un cocktail chez Denoël. On s'est connus parce que Florence Malraux, une amie intime de Françoise, lui avait montré "Grognards et hussards", un article des *Temps modernes* qui l'avait amusée. Elle avait l'amour du jeu, sans doute plus encore que l'amour de la littérature. Elle avait les moyens de perdre. Françoise écrivait, mais ne se considérait pas comme un écrivain. Jusqu'au bout elle a conservé le sens de la répartie. Elle était assez drôle. Elle était née le même jour que Sartre. Sagan le voyait souvent à la fin de sa vie, elle lui découpait sa viande dans son assiette parce qu'il ne voyait plus. C'était une présence gaie pour Sartre, entouré d'une cour qui lui faisait trop la morale et lui cachait sa bouteille de whisky. Françoise était moins moraliste que son entourage, elle balançait comme ça lui chantait. L'avantage de passer pour désagréable, c'est que, lorsque soudain on ne l'est plus, les gens vous célèbrent. Elle est morte complètement ruinée. La chute des passions entraîne sa propre chute. » J'avais moi-même rencontré plusieurs fois Sagan, dont une fois de façon épique chez elle, pour une interview. Elle dormait encore. On me fit asseoir et attendre. J'attendis et m'endormis. Me revint aussitôt en flash-back un Paris dissipé dans les volutes de souvenirs plus anciens, tels qu'on peut les pêcher dans les souvenirs d'Honoré Bostel, l'avocat-fêtard-journaliste-parieur. Remontons au Paris Rive gauche de 1949, là où l'avait laissé Jacques Baratier pour qui tout était déjà joué à cette époque. Bostel prend le relais. Avec lui, on pouvait revoir derrière les carreaux salis de pluie et de suie quelques Germanopratins pauvres et vêtus de coutil sombre, attablés chez Augustin, un bouillon où le patron, lorsqu'il était éméché, jouait du cor de chasse, un béret enfoncé jusqu'aux yeux. Ce type aimait aussi lâcher des lapins sous les banquettes à la moleskine crevée. « Il y avait là Raymond Duncan, le frère d'Isadora, qui s'habillait avec une toge grecque, Tristan Tzara, Alain Cuny, Éric Rohmer, Jacques Baratier, Jean Rouch. On ne payait qu'en sortant et on faisait la monnaie soi-même. Parfois Isidore Isou, le fondateur du lettrisme, passait par là, cherchant à recruter de jeunes gens pour lire ses poèmes au Poccardi. On pouvait y boire presque à volonté, et Isou donnait un peu d'argent à ceux qui y avaient mis le ton. »

Dans ses souvenirs, ramassés comme des haïkus, que m'avait confiés sa veuve, Bostel traçait des repères insolites et bien vivants. Plus tard, jusqu'au jour où Régine était devenue la gérante de L'Arlequin, la cave de Gaby de la Pergola, rue du Four. Un endroit si sale à son ouverture que la taulière disait : « Ça ne fait rien. Ils prendront ça pour de la patine même si ça sent le vieux rat mort. » La boîte se composait d'un escalier assez raide, d'un bar à droite et d'une salle, l'ancien Arlequin. Des vestiaires, des toilettes, et un tas de charbon (c'était une vraie cave) qui devint légendaire. Ce tas connut à l'heure des boueux ou du laitier les amours pressées des couples de la bonne société parisienne, dont Régine était un peu la nounou. Sa clientèle lui était fidèle depuis le Whisky à Gogo de Paul Pacini. Régine était une battante qui avait du punch. Un matin, vers les 6 heures, il restait dans la boîte une poignée d'irréductibles qui n'avaient pas envie de déguerpir et qui écoutaient de la musette pour se reposer des « diaboliques twists à gaine ». Soudain, un type un peu saoul lui avait lancé : « Tu nous emmerdes, la grosse ! » Régine, avec douceur, lui avait demandé de bien vouloir répéter ses propos. Ce qu'il fit et, devant sa copine ahurie, « la grosse » lui avait cloué le bec d'un uppercut bien senti. Sur sa civière de Police secours, le type avait ouvert un œil et, remuant un coin de sa bouche tuméfiée, avait murmuré : « J'espère que tu me laisseras entrer demain ! » À cette même époque, rue Princesse, chez Jean Castel, deux flics venaient souvent boire des coups en uniforme. C'était une telle époque de folie nocturne que personne ne les prit jamais pour d'authentiques pandores.

Paris, début des années 1960. Indépendance de l'Algérie. Pour la première fois de leur histoire, les Français n'étaient plus en guerre. Les seuls faits d'armes dont on parlait étaient les batailles rangées entre rockers. De Gaulle. Le grand bond en avant. Les Trente Glorieuses. L'explosion de la musique populaire et la mode démocratisée, deux tendances auxquelles Bernard Frank n'attachait pas d'importance parce qu'il avait d'autres préoccupations. La nuit, c'était autre chose. Une bizarre alchimie… Il avait noté dans l'une de ses chroniques : « Il me semble que nous descendons les marches qui nous mènent à des bars sombres avec ces battements de cœur que nous avions jadis lors de nos premières rencontres ou quand nous feuilletions le livre d'or des maisons de rendez-vous du XVIe pour y retrouver la bourgeoisie d'un film de Buñuel. Les restaurants comme les cafés m'ont toujours semblé l'un des éléments essentiels d'une ville. Plus, du moins autant pour ne choquer personne, que musées, églises et monuments en tout genre. C'est ce qui nous permet d'en supporter la tension, les cruautés quotidiennes. »

Le nom de Frank ne dira jamais rien aux Anglais électriques, ses contemporains, mais en est-il si éloigné par son goût du jeu et de la nuit? Ses souvenirs croisaient ceux que d'autres me livreraient plus tard. Comme un pont suspendu entre la nuit et la pensée qui s'incarnait en volutes de fumée, scotch, filles et poker. Sur mon jeu de cartes, Bernard Frank représentait le roi de pique, créateur de bons mots, mais jamais dupe des ficelles qui animaient ce théâtre d'ombres chinoises.

Proche de l'écrivain, Jean-Pierre George m'apparut quelques jours plus tard. Dandy à tête de Topor, yeux exorbités comme si ceux-ci voulaient lâcher les amarres. George n'avait pas oublié son grand amour, la strip-teaseuse Rita Renoir. Son livre, *Le Diable et la Licorne*[1], m'avait plu. Il évoquait, avec une écriture raffinée, ponctuée de jolies salves, leur amour fou. Lors d'un déjeuner place Balard, il me parla de Tina Aumont, croisée souvent dans des dîners, des soirées chez des amis. Il avait conservé quelques souvenirs d'elle, mais, comme dans les romans de Modiano, tout restait flou. Des mots peints avec de l'encre de brouillard. Ses silences me laissaient libre de remplir les blancs. George arrivait pourtant à rassembler quelques moments de ce passé :

« Tina était une fille fascinante. J'habitais alors avec Rita dans le XIIe arrondissement. Elle était venue dîner chez nous et nous avions passé la nuit à parler et à boire. C'était, je me souviens, après la première représentation du *Diable*. Tina était piquante. Je dirais surtout sexuelle. Ce soir-là, à la maison, il y avait Jack Nicholson et Frédéric Pardo, le compagnon de Tina, qui donnait dans la peinture cinétique, avec un certain goût du détail… »

Dans le taxi du retour, j'entendis Nancy Sinatra chanter « Vivre dans le chaos avec mon cœur, avec mes pieds ».

1. Éditions de la Table Ronde, Vermillon, 2004.

Paris-Londres, intérieurs nuit

« Tout ce qui s'est produit à Londres
entre 1965 et 1970 est bien, au fond. »
Michel Houellebecq

Pendant ce temps, Londres semblait s'être mué en stroboscope géant. Les marchés couverts, éclairés par des lumières psychédéliques, crachaient leur sono et des nuages de fumée d'herbe. Et là-dedans, de jeunes filles de la bonne société et de la moins bonne, toutes mélangées, se baladaient durant la nuit, parfois avec leur bébé de quelques mois. Les gens connus, écrivains, pop-stars, comiques, acteurs, photographes venaient presque tous de la classe ouvrière. « Un mélange total de supercarburant », m'avait lâché la journaliste Juliette Boisriveaud qui avait vécu le meilleur de l'époque. On voyait la différence avec la France, où appuyer sur un déclencheur était souvent pratiqué par des play-boys dilettantes et indolents, heureux de joindre l'utile à l'agréable. Il aurait fallu être milliardaire pour vivre tout ce qu'avaient vécu des photographes de la trempe de Willy Rizzo. Être invité dans des fêtes, rencontrer des gens qui vous conviennent ensuite dans leur somptueuse villa où traînent des filles splendides… Rizzo, marié trois fois, m'avoua n'avoir fait que suivre le conseil de Sacha Guitry : « Il faut toujours épouser de jolies femmes, c'est plus facile après pour s'en débarrasser. »

Je retrouvai le Londres de 64, en compagnie de Frank Habicht, qui m'était tombé dessus par hasard. Ce photographe allemand, installé en Nouvelle-Zélande depuis des décennies, avait eu une première vie, moins pastorale, dans le Londres des sixties. Redécouvert par un couple de producteurs français, son travail période *Blow-Up* lui avait valu une rétrospective chez Colette. Son Londres en noir et blanc était plein de cover-girls danoises, de Stones post-pubères, d'égéries de Sloane Square à gueules de gouapes. Je le rencontrai chez ses amis, à deux pas de la présence lumineuse de la tour Eiffel. Il y avait aussi un ancien commandant de sous-marin atomique, une romancière russe, et le meilleur spécialiste au monde des boxeurs juifs auxquels ce dernier venait de consacrer un ouvrage. C'était un dîner parisien qui ne manquait pas de sel. Habicht paraissait perdu, loin de sa contrée peuplée de moutons. Je lui posai un tas de questions. Il me répondait de sa voix douce.

« Le premier reportage photo que j'ai réalisé à Londres était consacré aux Rolling Stones. En 64, ils n'étaient pas si célèbres que ça, et pas prétentieux. Je les ai considérés comme des gens normaux, pas comme des Attilas qui allaient faire table rase du passé. J'avais été photographe de plateau pour *Top of the Pops*, ce qui m'avait permis de rencontrer beaucoup de stars de la musique. L'émission était un merveilleux mélange de gens et d'ambiances. Beaucoup d'étrangers vivaient à Londres, souvent des étudiants qui venaient apprendre l'anglais. J'étais un garçon timide, mais j'arrivais à surmonter mon trac parce que je sentais que quelque chose d'unique se passait. Je me rappelle que, à l'heure du déjeuner, il y avait de la musique dans les bureaux, et les gens se mettaient à danser ! Ce genre de choses vous permet de vous ouvrir aux autres, de vous sentir à l'aise. J'allais souvent à l'Ad Lib, l'endroit le plus *groovy* de la planète. On y rencontrait les rock-stars, les couturiers, les photographes de mode, qui étaient alors plus célèbres que les musiciens. Puis le Scotch of Saint James avait remplacé l'Ad Lib comme la boîte la plus branchée. »

L'Ad Lib, situé au-dessus du cinéma Prince Charles sur Leicester Square, finit par brûler. Malgré les efforts du propriétaire Brian Morris pour relancer une boîte dans les locaux de Covent Garden, l'élite préféra le Scotch of Saint James. Au fond d'une cour pavée donnant sur Mason Garden, dans le quartier de Saint James, le Scotch était situé juste à côté de Buckingham Palace. L'atelier du photographe Gered Mankowitz était au coin, et la future galerie Indica du mari de Marianne Faithfull, John Dunbar, se trouvait aussi dans les parages. Pour pénétrer à l'Ad Lib, il fallait frapper et se laisser épier à travers un judas. Vous étiez happé par un escalier en colimaçon. C'est là que Keith Richards avait tabassé une nuit le producteur Robert Stigwood, qui devait de l'argent aux Stones. Dans la grande salle, vous croisiez les Beatles, les Stones, les Yardbirds, Eric Clapton, Long John Baldry, Keith Moon, David Bailey, Roman Polanski, John Barry et sa toute jeune épouse Jane Birkin, ou même les Searchers. Vicki Wickham arrivait toujours juste après *Ready Steady Go!* accompagnée du groupe du moment, P.J. Proby, lui, débarquait toujours avec son joueur de bongo personnel. Donovan, toujours fauché, empruntait de l'argent chaque nuit pour payer son taxi du retour.

Dans ses mémoires[1], Andrew Loog Oldham exhumait ses souvenirs à l'Ad Lib, qui coïncidaient avec ceux du mélancolique Frank Habicht, et ceux de Nick Kent figurant en légende au tableau peint par Guy Peellaert dans *Rock Dreams*: « Tom Jones était souvent sur scène, même si les vedettes du rock ne lui prêtaient pas la

1. *Rolling Stoned*, Flammarion.

moindre attention, méprisant sa façon ridicule de traiter son nouveau succès. Sonny & Cher partageaient leur gloire récente avec les Hollies pendant que Lennon et McCartney, Jagger et Richards, moi et nos copines occupions un coin dans l'ombre, à fumer et à nous moquer des autres. Brian Epstein commençait à se retirer, choisissant de ne pas s'amuser avec nous. On célébrait le fait d'être partie prenante du business le plus excitant du monde, un club où on se réjouissait de son statut avec des potes, et où on frimait devant les autres. Le timing des entrées et des sorties s'exécutait sans faute, les mots que l'on prononçait étaient comptés et mesurés, chaque pas sur la piste de danse était une décision consciente. C'étaient les sixties… Que demander de plus ? » Habicht n'en demandait guère plus. Dérives et attentes. Au Café De Santis près de King's Road, il voyait beaucoup d'artistes étrangers qui se lançaient dans la peinture, le théâtre, les performances : « Le *Swinging London* impliquait toutes sortes de gens, pas seulement le monde de la mode et de la photo, mais aussi des gens plus ordinaires, moins aisés, qui malgré cela cherchaient à produire des choses artistiques ou divertissantes. Les jeunes expérimentaient, à leur façon, tout ce qui leur semblait bon. C'était une forme d'opposition au conservatisme de leurs parents. Le dimanche, ils venaient aux puces pour vendre leurs disques, leurs œuvres, leurs vêtements… Rien n'était dicté par personne, le prisme était vraiment très large. »

Peu après cette soirée avec Frank Habicht, j'étais tombé sur le photographe Terry O'Neill, lors d'un vernissage de portraits des rock-stars des sixties, à la galerie Atlas à Londres. Mick Taylor et Bill Wyman, mais aussi Anita Pallenberg et Patti Boyd, y avaient fait un saut. Comme un écho à ce que m'avaient affirmé Miles et Habicht, O'Neill m'évoquait d'une pointe sèche trempée dans une goutte de fierté ses années londoniennes.

Il avait été un vrai précurseur. « J'avais commencé par être batteur de jazz, mais, très vite, j'avais jugé préférable, financièrement parlant, de me mettre à la photographie et j'étais devenu vraiment bon en peu de temps. En 64, je m'étais fait engager dans un quotidien national qui m'avait envoyé photographier les Beatles. Ils étaient déjà connus des gamins, mais les grands journaux n'avaient encore jamais publié de photos d'eux ni d'aucune autre pop-star. Je suis parti à Manchester et j'ai mis trois mois à convaincre mes rédacteurs en chef de publier les photos. Cela eut un certain retentissement, au point que nos lecteurs nous écrivaient pour nous demander quel serait le prochain groupe ou le prochain chanteur à figurer dans le journal. C'est ainsi que j'ai fait une séance avec Marianne Faithfull. Je n'en avais jamais entendu parler avant de la rencontrer, mais on m'avait affirmé que c'était une fille sexy. J'avais donc décidé de la faire poser en guêpière... Lorsque je l'ai rencontrée, j'ai compris que je ne pourrais pas la rendre vraiment bandante : elle avait l'air encore trop innocente ! J'avais juste auparavant travaillé avec les Stones. Andrew Oldham les avait fait venir à Londres pour moi. En les découvrant, j'avais été pris de panique, car je m'étais immédiatement rendu compte que ça n'allait pas être simple de les faire accepter au journal : les Stones ne ressemblaient à rien de très excitant physiquement et, de plus, ils étaient habillés n'importe comment. J'avais donc décidé de photographier aussi un autre groupe moins moche, les Dave Clarke Five. Mon thème de "La belle et la bête" fut encore une fois un énorme succès. Nos concurrents se mirent à nous copier. La pop music avait conquis les adultes. Mais j'avais un avantage sur les autres photographes : j'étais bien plus jeune qu'eux et je comprenais ce qui était en train de se passer. Avec le succès, les Stones se sont embellis. Et c'est en 1968 que j'ai réalisé pas mal de clichés de Jagger sur le tournage de *Performance*. Il était très facile à photographier, avec une façon naturelle de poser, une aisance... en tout cas à cette époque. J'ai fait beaucoup de photos marrantes de lui, une avec un sèche-cheveux... Le genre de clichés qu'il ne ferait plus aujourd'hui, les autres non plus d'ailleurs. Ce sont les années 80 et les managers qui ont tout foutu en l'air. Aujourd'hui, il faut attendre le verdict de l'entourage de la star au sujet des photos qu'elle accepte de voir imprimer, quand elle veut bien qu'on les publie. Tout le côté amusant de la chose a disparu et c'est triste. Et la plupart des célébrités musicales d'aujourd'hui ont une durée de vie très limitée, comme un frigo ou une machine à laver bidouillés pour l'obsolescence programmée. Ces types sont jeunes, mais usés à mort dès le début, et n'ont pas de talent. Et en plus ces nullards se la jouent à mort ! En 1965, on se mélangeait, on faisait la fête entre photographes et musiciens, et les Beatles étaient les seuls musiciens à être considérés comme des stars ». Terry O'Neill se souvenait que, lors des soirées à l'Ad Lib, sa bande plaisantait en se demandant ce que chacun ferait à... 25 ans. Personne, dans son entourage, n'aurait jamais imaginé que la fiesta durerait si longtemps. Trop beau pour être vrai. « Il y avait de nouvelles choses à voir ou à faire chaque jour... On demandait à ses potes : “Vous pouvez imaginer Mick Jagger avec un micro à 50 ans?” Non, ils ne le pouvaient pas, et pourtant ce type tient toujours son micro contre ses grosses lèvres ».

Terry O'Neill, Barry Miles et Frank Habicht, j'avais maintenant une vue d'ensemble du Londres de ces années-là. Plus tard, l'acteur Christian Marquand et l'agent de photographes Albert Koski la compléteraient. Et Paris ? Après Baratier, Frank m'avait dépeint, en Signac du stylo, une ville noire en pointillés. Je gardais quelques images en tête : une jeune Américaine aux cheveux courts vendant le *Herald Tribune* sur les Champs-Élysées, des minets en shetland battant la semelle devant le Drugstore, une ou deux photos de situationnistes ivres dans des bars de la montagne Sainte-Geneviève. Sinon, le grand vide, le trou noir et un grand blanc. J'avais pourtant retenu les paroles d'Anita Pallenberg : « C'est à Paris que tout a vraiment commencé pour nous les filles… »

L'homme de la nuit Gérald Nanty, Bernadette Lafont, Deborah (*Dixon*) Roberts, l'ex-compagne du réalisateur Donald Cammell, et quelques autres m'auront donné un point de vue plus contrasté. Question d'optique, sans doute. Dans ses mémoires pleins de charme parce que sans filtre, Dave Davis, frère de Ray, le compositeur et chanteur des Kinks, donnait le *la* : « En 64, Paris et Londres étaient les deux endroits les plus importants en Europe pour la musique et la mode. Et la nuit y était équitablement chaude. Les Kinks venaient souvent à cette époque à Paris pour des concerts ou des shows télévisés. Le club le plus dingue de la capitale française était Castel, un endroit scandaleux où tout pouvait arriver et généralement arrivait. Oubliez ce que vous avez pu entendre sur le club 54 à New York à la fin des seventies ! Chez Castel, d'étranges personnages peinturlurés dansaient tout au long de la nuit avec des cochons, des poules et même des moutons ! Il m'arriva de trouver tout ça un peu too much. Mais l'atmosphère était excitante et les gens étrangement chaleureux et amicaux. Les Parisiens ont toujours eu un immense respect pour les artistes, si dingues soient-ils. En fait, les plus dingues sont les meilleurs ! »

Deux îles menaient la danse, l'Angleterre et Castel, îlot perdu au milieu d'un océan de conventions et d'ennui… Mais au commencement de la nuit parisienne était L'Eléphant blanc, une boîte qui tournait avec deux orchestres. Ensuite vint l'heure de Paul Pacini, le propriétaire du Whisky à Gogo, l'inventeur, en compagnie de

Jean-Claude Merle, le premier mari de Yolande Castel, du concept de boîte de nuit, avec deux platines, pour passer d'un disque à l'autre, ce qui n'empêchait pas les trous entre chaque morceau… Régine modernisa la chose après, avec l'arrivée du twist. Régine, la grand-mère des branchés. On y allait pour frimer, pour se montrer. Castel, c'étaient les copains d'abord. Gérald Nanty se souvenait d'avoir vu Jean Castel virer la suite du roi du Maroc, parce qu'il ne les connaissait pas. La célébrité de celui-ci datait de 1962, de la même époque que Régine. Deux ambiances différentes, mais qui attiraient les mêmes. Régine avait monté une boîte de nuit traditionnelle et Jean Castel un bistrot avec boîte de nuit. Régine et Castel s'aimaient bien. Ils avaient une estime mutuelle, comme deux professionnels. D'autres établissements de nuit, Régine qui n'était jamais très charitable ni tendre avec ses concurrents, disait des horreurs, souvent avec raison. En revanche, il lui arrivait de venir dîner chez Castel. Ce dernier, lui, n'avait jamais aucun état d'âme et allait dans les boîtes des autres.

Castelorama

« Matin : la fin de la nuit et l'aube de l'abattement. »
Ambrose Bierce

Un soir de l'année 1965, chez Castel, deux filles étaient arrivées déguisées en bonnes sœurs... Une façon comme une autre de protester contre l'interdiction de la pièce *Sade*, qui se jouait au théâtre de la Huchette. Les soupeurs du foyer au rez-de-chaussée ne les avaient pas reconnues. Elles avaient alors décidé de faire la quête et, avec l'argent récolté, d'offrir à boire à la ronde. Les gens rigolaient, sauf un type vraiment outré, le surréaliste Philippe Soupault, sans doute déjà un peu gâteux, qui jugeait leur accoutrement honteux. Dehors, un garçon très saoul s'était emplâtré contre une borne et voulait absolument aller à la police déposer une plainte contre celle-ci. Le jour même, George Harrison avait fait courir tout Paris à Agathe Godard afin de lui trouver des espadrilles. Le Beatles était végétarien, et il était hors de question pour lui de porter des chaussures en cuir. On le voyait discuter avec Zouzou, assez fracassante d'allure : « Bomber jacket de l'armée américaine, jeans, bottes de cow-boy, et les cheveux coupés en brosse... » À une autre table, la belle Isabelle Pons, que l'on apercevait dans *One plus one* de Godard, pour qui le producteur Raoul Lévy s'était suicidé un 31 décembre, à Saint-Tropez, d'un coup de fusil de chasse dans le ventre... Autre ombre envolée, Sagan, qui passa cette même nuit à demander à ceux qui passaient près d'elle : « Alors, ça va mieux ? » Touchés de sa sollicitude, les gens lui demandaient : « Mais comment ? Vous êtes au courant ? » et se mettaient à lui dévoiler leurs tristes vies. Françoise Sagan ne passait jamais une soirée chez elle. (Elle définissait ainsi les soupers après le théâtre : « Feu de bois, poutres apparentes, Vivaldi, cinq cents francs. ») La romancière, qui n'avait pas besoin de beaucoup de temps pour travailler puisqu'elle écrivait avec une facilité déconcertante, avait organisé un 31 décembre un réveillon pour les esseulés, afin que les célibataires le soient moins... Marguerite Duras, aussi, était attablée, avec une bande de scénaristes ténébreux, un peu bidon. Des types qui l'admiraient, mais dont on n'entendrait plus jamais parler. Paris avait toujours été plein de ces imposteurs aux airs pénétrés, qui courent moins après la gloire qu'après les jolies filles naïves. Marguerite Duras, que ses proches avaient surnommée « Peter Lorre » à cause de son côté rondouillard chinois et de ses yeux globuleux... Tout le monde était pauvre à l'époque, mais la pingrerie de Duras n'était pas une légende. Elle arrivait sans rien aux soirées, en jetant avec superbe : « Je m'apporte. » Pour elle, aucun doute là-dessus, sa présence était un cadeau sans prix, la « pièce maîtresse » de la soirée. Les gens ne lui en tenaient pas rigueur parce que, après tout, elle était Duras. Anna Karina se trouvait là, créature déjà mythique, parce qu'elle vivait et tournait avec Jean-Luc Godard, celui qu'on considérait comme le génie du siècle. « Anna Karina était elle-même une fille assez étrange, fantasque. On ne pouvait pas dire si elle était belle ou pas, m'avait confié à son propos le journaliste Pierre Bénichou. Mais c'était quelqu'un qui existait vraiment. Ce soir-là encore, on reconnaissait Philippe Leroy, le héros du *Trou* de Jacques Becker, qui faisait, depuis, carrière à Cinecittà. Un type assez dingue dans son genre, qui tombait les filles de la rue Princesse. Débarquant un jour avec Marie-Laure Prouvost, la mère de leur fils Jean, au volant de sa Ferrari dans la maison de campagne de Juliette Gréco, il avait bondi hors de la voiture, s'était déshabillé, puis avait sauté dans l'étang de la propriété avant même de dire bonjour. Ensuite, il s'était battu avec le jules de Gréco, un ancien Waffen-SS français reconverti dans la plus pacifique production de films. Aussi amusant qu'imprévisible, Philippe Leroy était passé des mots aux poings avec la même aisance qu'il était sorti de son bolide brûlant pour plonger dans l'eau glacée.

Le bruit courait chez les habitués de Castel que les musiciens étaient les meilleurs coups, alors toutes – ou presque – voulaient essayer les pop-stars et les jazzmen de passage rue Princesse. Les gens consommaient sans moralité, mais sans amoralité non plus. Personne ne semblait jamais dormir. Tout le monde travaillait, en faisant la soudure aux bulles de champagne. Les gens se laissaient aller dans le délire, dans la poésie de l'instant, parce qu'il y avait des tas de gens riches qui adoraient les entretenir. Ce qui ne signifiait pas forcément coucher. Il fallait avoir du caractère pour ne pas tomber dans le glauque sexuel, pour ne pas devenir un jouet entre les mains de ces richards. Ces filles et ces garçons possédaient une forme de liberté qui se fait rare. La liberté naturelle… Personne n'aurait eu le mauvais goût de penser au lendemain. Jamais ! Cela aurait été obscène ! Les filles qu'on croisait la nuit chez Castel ou chez Régine étaient prêtes pour l'aventure. Il suffisait d'avoir un look, de l'esprit, pour entrer partout. La nuit n'était pas encore du pur marketing, avec ces acteurs et ces chanteurs vendus comme des têtes de gondole et se faisant payer pour aller dans des soirées.

Fille de pharmacien, Agathe Godard s'était enfuie de Châteauroux à 17 ans pour rejoindre Montparnasse et Saint-Germain-des-Prés. Comme il fallait gagner sa vie, elle avait joué les modèles pour des artistes, dont Giacometti. L'été de ses 18 ans, elle avait accepté de suivre en vacances un médiocre barbouilleur, mais qui payait bien les séances de pose. Le type avait passé à Raymond Queneau le manuscrit d'un roman qu'Agathe venait d'écrire, inspiré plus ou moins par Giraudoux. Queneau y croyait suffisamment pour prendre *Pousse avec ton pain*[1] dans la légendaire collection blanche. Ça avait fait plaisir à la petite Agathe d'être publiée chez Gallimard, mais sans plus. La vie était – et reste pour elle – un jeu. Un soir, à minuit, elle avait débarqué chez L'Ami Louis en guêpière, couverte d'une cape sur les épaules et avec quinze centimètres de talon. Les gens semblaient tétanisés. « On se demande bien pourquoi. » Le personnel avait été d'un flegme formidable. « Tout était jeu. » Voilà ce qui rapprochait Agathe Godard de Zouzou, la merveille de ces années-là : « En avoir rien à foutre de rien. » Provoc, insolence pour pas un rond. Comme Anita Pallenberg, toutes cherchaient « à s'éclater ». Mignonnes, elles attiraient les types pleins aux as, mais elles les envoyaient balader la plupart du temps. Zouzou aurait pu jouer une autre carte avec Brian Jones. Agathe Godard, avec des rois du pétrole ou des nababs de la finance. Mais elles n'eurent jamais de plans de carrière. Godard divorça à 22 ans d'un milliardaire d'origine lettone sans exiger de pension alimentaire. Trop indécent. Quand le Mouvement de libération des femmes s'est créé en 1970 elles avaient la nette impression d'avoir déjà vécu et gagné les combats dont on leur rebattait les oreilles. Parce que tout ce que ces amazones avaient en commun, c'était une liberté qui ne se discutait pas. Elles sortaient souvent seules, sans leur copain. La plupart

1. Éditions Gallimard, 1960.

arrêtèrent ce genre de fiesta en 68. Le mois de mai les avait changées. Mais beaucoup s'étaient mises à prendre du LSD, à planer avant de se crasher. Agathe Godard avait rencontré à 19 ans un neurochirurgien de l'université du Michigan qui lui avait proposé de servir de cobaye pour une expérience filmée à la mescaline. Accord... et déroute. On avait dû l'hospitaliser. Un cauchemar total qui la dégoûta à vie des paradis artificiels. « L'héroïne, les yeux qui se ferment, la bouche qui s'ouvre et qui vous transforme en une espèce de marshmallow décérébré... » Elle embrayait sur une litanie de noms : « Dani, autrefois ravissante. Une espèce de petite poupée du Sud, mignonne, très bien foutue qui se foutait de tout... À L'Alcazar, elle chantait *Papa vient d'épouser la bonne* et elle faisait chaque soir un triomphe. Zouzou, inimitable parce qu'elle s'habillait en garçon, avec ses bermudas, un côté Brando de *Sur les quais*, un profil magnifique. Marie France, découverte sur la scène de L'Alcazar, une célébrité de Saint-Germain-des-Prés, devenue le comble de la féminité. Elle faisait une Marilyn fabuleuse, pendant que Galia, un travesti, mimait Joséphine Baker à la perfection, avec ses bananes et tout le tintouin. Nico rencontrée à la Factory où j'avais un peu traîné. Warhol m'avait d'ailleurs fait tourner une scène dans un de ses films. À l'époque, il avait des cheveux noirs et jaunes et tricotait un pull entre deux prises. Nico, le meilleur des antidotes contre la maternité. Elle ne s'occupait pas de son fils. Je n'ai jamais voulu avoir d'enfants parce que ça change trop la vie. Les femmes de notre espèce étaient incapables d'être mères. » Un témoin de l'époque me dira : « on pouvait appeler ces filles à 2 heures du matin, et même si elles étaient couchées, elles prenaient une douche et rappliquaient... C'est là que les projets naissaient. Le compositeur Frédéric Botton avait écrit devant Agathe Godard, sur un bout de table de Castel, *Viens faire dodo sur mes dollars*. Quant à Jacques Charrier, l'ancien mari de Bardot, il apprenait à danser le twist aux jolies filles, qui finissaient la nuit autour d'un plat de spaghettis dans les appartements privés de Régine, une femme pétulante qui ne se privait jamais de draguer les jeunes gens de bonne famille. Increvable ! On pouvait aussi tomber sur Pierre Rey, alors considéré comme le plus beau journaliste de Paris. Et le plus flambeur. Rey vivait la nuit, jamais levé avant 2 heures de l'après-midi. Chez Régine, l'une des plus folles de la bande était la comédienne Elsa Martinelli, qui avait eu un rôle important dans l'inénarrable *Candy* de Christian Marquand. « L'un des personnages les plus fascinants et les plus allumés des années 60 » m'avait dit du réalisateur, avant de disparaître, son ancienne compagne Marie-Laure Prouvost. Celui-ci était un type assez disjoncté qui tournait tout en dérision. Mort à 70 ans de la maladie d'Alzheimer. Son grand ami Brando lui envoyait des fax en disant qu'il pensait à lui, mais qu'il était trop mal en point pour venir le voir. Marie-Laure Prouvost avait vécu une dizaine d'années avec ce séducteur sympathique boulimique dont elle me révélera plus tard quelques joyeux faits d'armes.

Bostella for ever

« En 1967, l'archevêque de Tolède mettait à l'index la bostella. Ces petites séances musicales de thérapie de groupe, où l'on se couchait par terre pour ensuite se relever, ne lui plaisaient guère ».
Honoré BOSTEL

Retour à la case Bostel. Ce journaliste, pitre, joueur et pilier de Castel, avait aussi commis *Stratégie du pari couplé, De quoi rire 1* et *De quoi rire 2, Le Roman d'un turfiste* et *J'ai été vieux très jeune*... Sans oublier *Chiennes de vie*, jamais publié, où l'on trouvait en filigrane les mémoires d'un épris de dinguerie qui y filait les aphorismes. Plus qu'un organisateur de fêtes, ce grand type bâti comme un tonneau au visage d'oiseau possédait un esprit pointu. Il mit au monde la bostella, avec Marc Doelniz, une nuit chez Castel. Une danse née d'une chanson idiote d'Enrico Macias. Honoré Bostel annonçait : « Rythme cardiaque normal, dansons la bostella. » Il y avait un refrain lent, ensuite des couplets très rapides. Au moment du refrain lent, Bostel et ses copains se lamentaient, en se roulant par terre et en faisant mine de pleurer. Ensuite ils se levaient et adoptaient la mine de ceux qui vont mieux. *Tutto va bene*. La bostella, danse d'amertume et d'allégresse, contenait, d'après son inventeur, trois temps : un temps de bonheur, un temps de détresse, un temps de sérénité. C'était *Trabadja la moukhère* sur une ambiance textuelle à la Schopenhauer. « La bostella, affirmait Alexandre Vialatte qui s'y essaya une fois ou deux, est un grand exorcisme qui purge l'âme. » Thèse. Antithèse. Synthèse. La famille d'Yvan Hornst – le vrai nom de Bostel – venait de Paris. Son grand-père était avocat, son père, professeur d'économie au Collège de France. Une famille de têtes pensantes. Yvan avait fait des études de droit et s'était retrouvé avocat à 21 ans en raflant tous les prix d'éloquence. Premier secrétaire de la conférence du stage, il recevait sa clientèle chez sa grand-mère, qui habitait un immense appartement délabré de l'avenue George-V. On n'avait jamais changé les rideaux, les pompons jaune passé étaient en loques. Des colonnes, quelques meubles. Et Yvan qui n'était pas encore Honoré Bostel, au milieu de ce champ de ruines, un spectacle à lui tout seul. Il pouvait passer des soirées à parler en alexandrins. Sa présence illuminait n'importe quelle soirée par son humour et son sens de la cocasserie absurde. Mais, quand il n'aimait pas quelqu'un, il se mettait à boire, devenait agressif et s'arrangeait pour que Jean Castel lui interdise l'entrée. Bostel avait fait le coup à un metteur en scène qu'il ne pouvait pas voir en peinture. Il accueillait en revanche à bras ouverts un oiseau de nuit infatigable, son grand ami le comédien Maurice Ronet, un homme fin, cultivé, et terriblement ivrogne. Mort à 52 ans.

Lorsqu'il était devenu journaliste, son rédacteur en chef lui avait dit : « Mon cher Yvan, vous ne pouvez pas écrire à Paris avec un nom allemand, trouvez-moi autre chose ! » Comme il adorait le cuisinier Pascal Honoré Bostel, il était devenu Yvan Honoré Bostel. Ses amis l'appelaient tous Yvan ; les gens qui le côtoyaient professionnellement, Honoré. Il répondait aux deux. Il buvait énormément et, par moments, non, il ne buvait plus. À l'époque du tournage à Paris de *What's New Pussycat*? Bostel avait croisé Woody Allen chez Castel. L'Américain ne parlait pas français. Yvan, trois mots d'anglais. Mais Allen avait beaucoup ri à ce que ce grand phoque lui disait, sans rien comprendre. Certains m'avaient évoqué avec bonheur la soirée Pacra, du nom d'un ancien théâtre situé au début du boulevard Beaumarchais. Les habitués de Castel, déguisés pour l'occasion, avaient formé des groupes différents, chacun d'entre eux devant présenter un tableau vivant. S'étant fait coudre pour l'occasion un costume de Mickey sur mesure, Yvan Bostel s'était retrouvé dans *Le plateau de fromages,* en présentateur de fromages vivants. Marc Doelnitz traversait la scène avec une robe de danseuse qui ne s'arrêtait jamais… Honoré Bostel était un ludion gargantuesque, une créature de Castel, comme celui-ci était un peu sa créature. Castel et Bostel sont des noms qui vont très bien ensemble. C'était, tout cela, le Paris des années 60, dans lequel débarqua une bande venue d'outre-Manche et d'ailleurs.

Les ombres de la rue Delambre

> « Horreur et désolation. Tout ce que j'ai pu être et faire,
> perdu, dépensé, enfui, dissipé, irrécupérable...
> Pour la profonde nuit de l'âme,
> il est toujours trois heures du matin, jour après jour. »
> F. SCOTT FITZGERALD

Tout le monde, ou presque, avait évoqué devant moi le couple Donald Cammell – Deborah Dixon. Un peintre écossais – qui deviendrait avec Nicolas Roeg le coréalisateur de *Performance* dont il avait écrit le scénario – et un mannequin texan installés à Paris dans les sixties roulant à tombeau ouvert dans l'ancienne Alfa Romeo rouge d'Ali Khan. Leur appartement, un atelier d'artiste situé en plein Montparnasse, rue Delambre, fut le décor de beaucoup de rencontres, de chassés-croisés, de relations amicales ou amoureuses, parfois tumultueuses. Je décidai d'aller rendre visite à Deborah Dixon, désormais Roberts, dans son loft du canal Saint-Martin, où elle séjournait avec son mari poète, lorsqu'elle n'était pas dans le Gers à mitonner des livres sur l'art de vivre du Sud-Ouest. Une grande et belle femme aux yeux clairs, un sourire sans cesse en embuscade, dévoilant des dents du bonheur. Elle semblait étonnée de mon intérêt pour une période qu'elle jugeait paléolithique. Sans nullement me convaincre, Deborah Dixon m'affirma dans un premier temps avoir tout oublié. Tant de scandales, trop de secrets, et de morts. Il nous fallut deux rencontres pour que le puzzle s'assemble. Elle avait fini par se souvenir de l'essentiel. Et d'abord de sa rencontre avec Donald Cammell à New York au début des années 1960 par l'intermédiaire d'un ami photographe. Selon elle, c'était un prodige de la peinture, encouragé tout jeune dans cette voie par son père. Ce portraitiste très en vue à Londres s'était doublé d'un séducteur insatiable. Il avait d'abord épousé une Grecque afin que celle-ci puisse obtenir des papiers américains. Ils s'aimaient beaucoup, mais lui ne voulait pas avoir d'enfant. Elle en attendait un, il la quitta aussi sec. Puis apparut Deborah… L'amour fou, direction Paris en 1961, où le couple trouva un appartement à deux pas du Rosebud, de la Coupole, du Select et du Dôme. Y avait-il sur terre un endroit plus délicieux? Il semblerait que non. « Paris est une fête », avait affirmé Hemingway.

« Une époque assez unique, me lâcha Deborah. La vie était fantastique. On s'amusait énormément. Les gens arrivaient de partout. Paris était un théâtre permanent. Un jour, Mark Davis, un ami très doué pour dénicher des gens bizarres, a débarqué chez moi avec une superbe blonde. C'était Anita Pallenberg. Elle était si belle que Jonvelle l'avait photographiée dès son arrivée à Paris. Je l'ai toujours beaucoup aimée malgré ce qui nous a séparées. Si j'ai fini à l'époque de *Performance* par m'éloigner de tout ce monde, j'ai toujours regretté de ne plus voir Anita, une des seules personnes de ces années-là à me manquer. C'est une femme cultivée. Les gens s'intéressaient à Anita ou à moi parce que nous avions une éducation. Ça peut sembler prétentieux de dire ça, je sais, mais c'était la vérité. Anita est un personnage clé des sixties, et pas seulement pour les relations qu'elle a eues avec Brian et Keith. Elle possédait une énergie, une vitalité, une force hors du commun. »

À Paris, Donald Cammell s'était mis en tête de faire du cinéma. Il écrivit des scénarios, *The Touchables* et

Duffy, un film « très mauvais », de l'aveu de Deborah. Son seul mérite était de réunir autour de Susannah York les trois « J », James Mason, James Fox et James Coburn. La rencontre de Cammell avec l'univers des Stones – Brian Jones amené rue Delambre par Anita – et sa fascination pour les gangsters de l'East End allaient lui fournir l'idée d'écrire une histoire très rock'n'roll et très violente. Ce serait *Performance*, avec Mick Jagger, James Fox et Anita dans les rôles principaux. Deborah fréquenta beaucoup Brian Jones lorsqu'il venait à Paris, entre 1964 et 1968. « C'était un type intelligent, sauvage, et d'une grande timidité. Mais nos rapports n'ont jamais été bons. Le point culminant de notre relation fut le fameux voyage en Bentley jusqu'à Tanger. Un voyage pénible, en compagnie d'Anita et de Keith. Brian souffrait d'asthme et n'arrêtait pas de se plaindre. Il a eu soudain une violente crise dans le sud de la France. À un moment, il s'est senti si mal que notre chauffeur a suivi une ambulance qui nous a conduits à l'hôpital d'Albi, où les médecins ont insisté pour le garder. Il avait fait un début de congestion pulmonaire. Brian aurait préféré continuer, mais ce n'était pas possible. Il était trop mal en point. C'est comme ça que l'histoire d'amour a commencé entre Keith et Anita. Nous sommes repartis jusqu'à Barcelone, où nous avons fait la fête. Et ça a mal tourné. On nous a même mis en prison. Nous étions allés boire dans un bar des Ramblas et, dehors, quelqu'un a reconnu Keith et a cassé devant nous l'une des vitres de la Bentley. Keith s'est énervé, a insulté le type et a appelé la police, mais les flics nous ont gardés toute la nuit, persuadés que c'était Keith qui avait commencé. Ils voulaient absolument que nous le dénoncions. Absurde ! Ce fut un voyage vraiment étrange. Le chauffeur de Brian était un type pas clair, qui a d'ailleurs fini par trahir son patron. J'en ai eu assez et j'ai repris un avion pour Paris. Je n'avais pas envie de continuer. Après tout, je n'étais pas vraiment prévue : ils m'avaient embarquée sur le chemin en passant par Paris... Brian les a finalement rejoints à Tanger, mais ça s'est mal passé avec Anita, qui avait commencé son idylle avec Keith. Il est ensuite repassé par Paris et a habité un peu chez le photographe Tony Kent. Il était dans un état épouvantable. Il ne savait plus ce qu'il disait ni ce qu'il faisait. Après, ça n'a fait qu'empirer. Il était obligé d'avoir son chauffeur-garde du corps tout le temps près de lui pour le soutenir parce qu'il prenait tellement de pilules qu'il n'arrêtait pas de se casser la figure. C'était fini pour lui. Les Stones l'ont foutu à la porte et il est mort juste après. »

Deborah continuait de gagner sa vie comme mannequin. Elle faisait beaucoup la fête et rencontrait tout ce qui comptait alors dans le monde des arts. Son ami l'artiste Daniel Pommereulle en fit l'héroïne de *One more time*, un film muet de huit minutes où elle est filmée allongée par terre. « J'adorais Daniel, me confiait Deborah. Je le voyais beaucoup à l'époque. Il a fait des trucs intéressants, notamment *Vite*, un film qui est un vrai chef-d'œuvre. Je me souviens d'une installation avec un plateau de fromages en marbre, des lames de rasoir et des pilules. Il incarnait à la perfection ce que j'aime chez certains Français, l'insolence, l'élégance et le culot. Paris était alors assez marrant et, contrairement à ce qui a été affirmé plus tard, la politique était absente de nos préoccupations, en tout cas jusqu'aux premiers mois de 68. On passait beaucoup de temps avec Donald à la Coupole à discuter avec Barbet Schroeder, Christian Marquand qui avait présenté Brando à Donald, Pommereulle, Patrick Bauchau. On refaisait le monde, mais d'une façon plus poétique que politique. »

La Coupole. J'avais relu ce qu'en avait dit Bernadette Lafont dans ses mémoires[1]. Une parenthèse nécessaire

1. *La fiancée du cinéma*, Ramsay, 1985.

et un fondu enchaîné logique avec Deborah Dixon : « Je menais une vie de joyeuse défroquée dans un Paris "en fête". Si des regards innocents s'étaient égarés du côté de la Coupole, après 10 heures du soir (l'heure des enfants sages), ils auraient reçu le choc de leur vie. Sachez que la Coupole était, ces années-là, le plus grand spectacle de Paris. Nous arrivions, bande de délabrés, les cheveux teints en vert, en jaune, ou fardés et portant des costumes bariolés. Prenant l'assistance-œuf mayonnaise à témoin, nous improvisions des happenings qui firent la joie des échotiers-eau de Vichy. Pierre Clémenti, jambe rouge, jambe noire, entièrement nippé par Jean Bouquin, était notre Monsieur Loyal. Zouzou, l'ex-twisteuse en rupture de ban avec *Salut les copains*, arrivait au bras de Donovan ou de Brian Jones. Après le happening de la Coupole, on se traînait chez Castel pour danser (il faut remarquer combien tout ça se passait à fleur de fric). Là, nouvelle découverte pour la ringarde que j'étais : la danse en solitaire. Une pratique qui convenait idéalement aux exhibitionnistes que nous étions. La petite Bernadette réalisait que l'art n'était pas uniquement le lieu de la douleur et de la solitude, qu'au contraire on s'y frottait joyeusement. »

« On allait beaucoup chez Castel, poursuivait Deborah Dixon, moins chez Régine qui était alors boulevard Montparnasse, quand ça s'appelait encore L'Épi Club. » Mais, surtout, celle-ci avait découvert le Maroc à l'occasion d'une série de photos de mode que l'avait envoyé faire Catherine Harlé. Coup de foudre pour Tanger, si bien qu'elle y entraîna son amant Donald Cammell. À l'hôtel Minza, ils rencontrèrent William Burroughs et Brion Gysin. Il y eut des vacances dans le Midi, avec Tina Aumont et Frédéric Pardo, Dominique Sanda et Christian Marquand, les couples qui avaient *switché*, dont il reste un polaroïd flou avec les ombres des platanes… Un été à Grimaud avec, entre autres, Cammell, Anita Pallenberg, "*Groovy Bob*" Fraser, Patrick Bauchau, l'été du tournage de *La Collectionneuse* d'Éric Rohmer… « On faisait vraiment ce qu'on voulait. Comme je gagnais de l'argent avec les photos, je pouvais me permettre de décoller de Paris quand ça me chantait ! » À Paris, le ballet des rencontres ne cessait pas. Tina Aumont, « splendide, mais déjà un peu perdue », Mijanou « plus belle, plus fine que sa sœur Brigitte Bardot ». « Marianne Faithfull était une fille possédant une grande fantaisie, jugeait Deborah. Exceptionnelle. Dotée d'une sorte de romantisme tragique, assez européen, à mes yeux d'Américaine… Un besoin profond de se détruire pour vivre, pour aller jusqu'au bout. Elle avait débarqué un jour rue Delambre, et nous étions tout de suite devenues très proches. Je la voyais souvent quand elle habitait en Irlande dans le manoir que lui avait loué Mick. C'était à la fin du tournage de *Performance*. Elle se tenait un peu à l'écart de l'ambiance sexuellement confuse régnant sur le plateau, car elle sortait encore avec Mick. Keith, lui, avait été très agacé par ce film, car il était persuadé qu'Anita avait eu une histoire avec Mick. Anita était spéciale parce que dotée d'une grande intelligence qu'elle mettait au service d'un charme unique. Elle avait beaucoup de mystère, et pour ne rien gâcher, elle était amusante. Je l'avais rencontrée à son arrivée de New York où elle avait un peu vécu alors qu'elle était mannequin chez Catherine Harlé. Anita était trop excentrique pour la plupart des gens, raison pour laquelle elle faisait peur à la plupart des producteurs. Elle a, en définitive, peu tourné. En définitive, ce n'était pas si grave, car elle aimait mieux vivre sa vie et ne faisait rien pour convaincre les gens du cinéma de l'engager. Et puis il y avait Nico, la troisième figure féminine importante de ce temps-là avec Marianne et Anita. J'étais partie avec elle faire un shooting dans les Alpes, et je me souviens qu'un soir, elle m'a dit : « Tu sais, je vais devenir chanteuse, je vais écrire des chansons comme Bob Dylan. » Je croyais qu'elle plaisantait, car elle chantait si mal ! Elle était touchante, un peu perdue. Je ne la trouvais pas très intelligente. Très innocente, en tout cas. Trop ? »

Deborah Dixon s'était définitivement éloignée de ce petit monde au moment de *Performance*. Donald Cammell et elle s'étaient séparées juste avant le début du tournage, mais il avait insisté pour qu'elle soit conseillère artistique sur le film. Elle devait s'occuper des décors, des costumes. Pas un très bon souvenir. Le pressentiment que c'était la fin d'une époque. D'un âge d'or. « Les gens commençaient à trop se défoncer. » Tout ça commençait à la lasser et à l'inquiéter, comme si elle voulait sauver sa peau. À l'instar de James Fox, l'acteur qui jouait le gangster. Tellement secoué par le tournage qu'il abandonna le cinéma pour suivre un mouvement religieux, dans lequel il resta une dizaine d'années.

En ce sens, *Performance*, ce mélange de stupre et de stup', de terreur et de décadence, résumait et achevait les sixties. Le personnage interprété par James Fox était inspiré par un de leurs amis, David Litvinov, un Juif russe extrêmement brillant, au débit frénétique, qui ne faisait rien de sa vie, mais qui était lié au milieu underground et aux bandes de malfrats de l'East End dont les plus célèbres étaient les très redoutés et très cruels frères Kray. « Donald n'était pas vraiment fasciné par le rock, poursuivait Deborah. Il adorait la littérature, Genet, Borges. Et le blues. D'ailleurs, pour moi, la source cachée des années 60, ce sont les années 50. La beat generation a énormément influencé les années 60. Tout ce qu'on a trouvé formidable dans les sixties, les fifties l'avaient déjà inventé. En 66, 67, la messe était dite… J'avais arrêté de faire des photos et je me suis dit qu'il était temps que je passe à autre chose. Je suis partie en Amérique pendant dix mois, et ensuite je suis allée à Zurich étudier l'astrologie avec la fille de Carl Jung. De retour à Paris, en 1971, j'ai rendu visite à Anita à Nellcote. C'était, comment dire, assez spécial. Je me souviens de deux enfants âgés d'une dizaine d'années, les fils de membres de l'équipe gravitant autour des Stones, qui menaient l'existence agitée de stars du rock'n'roll. Ils passaient leur temps à mettre des disques, à fumer et à traîner dans les coins. Un désastre. Je crois qu'ils ont eu du mal à s'en remettre. Et comment voulez-vous qu'il en ait été autrement? Et puis j'ai perdu la trace de Donald. J'ai appris son suicide à Los Angeles et cela ne m'a pas étonnée. Il était fasciné par le pouvoir destructeur des célébrités musicales de ces temps-là, la force brutale des gangsters. Turner, la rock-star incarnée par Mick Jagger dans *Performance*, lui ressemble beaucoup. Je pressentais que les choses allaient mal finir pour lui. Il parlait sans cesse de suicide. Il faisait des dépressions terribles, restait muet pendant des jours. C'était un être très tourmenté. Je n'ai jamais trop su pourquoi. Il était difficile à vivre et faisait peur aux gens, car il ne prenait jamais de précautions pour leur dire ce qu'il pensait d'eux. C'était un homme sans concession, qui ne faisait jamais semblant. » Cammell avait été démoli par l'insuccès qu'avait rencontré son dernier film, *Wild Side*, par ailleurs charcuté par les hommes de Hollywood. Personne n'avait oublié la scène finale de *Performance*… une balle dans la tête, comme Cammell plus tard. Mais, cette fois, ce n'était plus du cinéma. Barbet Schroeder m'avait raconté son agonie pour le moins étrange. Les secours ne trouvaient pas la maison. Il avait alors dit à sa femme : « C'est pas si désagréable de mourir, si j'avais su, j'aurais sauté le pas depuis longtemps. Maintenant, je vais enfin rencontrer Borges. »

Deborah sortait maintenant de ses cartons poussiéreux des photos apparaissant à la lumière après des années de claustration. Galerie de figures célèbres ou oubliées, cassées ou fracassées. Suki qui voulait tant ressembler à Anita. Robert Fraser en compagnie d'Oliver Bolland. Anita Pallenberg et Deborah, rue Delambre. Les Cammell en compagnie de Brian Jones et de Robert Fraser à Fès. Brian avait emmené dans son trip marocain Linda Lawrence, la mère de l'un de ses enfants, qui allait plus tard épouser Donovan. Un cliché près de chez Robert Fraser, à Londres, où l'on reconnaissait le photographe Michael Cooper complètement raide. Deborah étalait encore et encore des photos. Tony Kent, Keith Richards, Robert Fraser, Marianne Faithfull, Serge Gainsbourg et même Bruno Coquatrix. Anita Pallenberg à Barcelone. Donald et Deborah à Majorque. À Saint-Tropez avec Anita Pallenberg. Soudain Deborah fit apparaître le 45-tours de Stash Klossowski, l'un des deux fils de Balthus, qui aurait tant aimé être une star, mais cela fit pschitt. Voici encore une série d'images de Michèle Breton, une jolie fille que Donald avait repérée sur une plage de Saint-Tropez et qu'il fera tourner dans *Performance*. Qu'était devenue Michèle Breton ? Des photos du couple Cammell prises à New York par Norman Parkinson. D'autres encore, de Deborah avec Burroughs et Gysin au bar du Minza, à Tanger. Sur la table, les morts et les vivants se mêlaient sans qu'on leur demande leur avis. Ils n'avaient plus leur mot à dire. Deborah n'était pas du genre à regarder dans son rétroviseur. Ça lui fait tout drôle de contempler ces vieilleries où l'arrogance attendrissante de la beauté, de la célébrité et de la richesse livrait un combat perdu d'avance.

Lovely Linda

Donovan chantait à Paris, toujours aussi bien. Ce monument tranquille de la musique populaire avait depuis des lustres abdiqué les pompes de la renommée lustrée. Dans la loge du Trianon Palace où je l'avais rejoint avec Zouzou, Linda Lawrence, sa femme, nous avait accueillis gentiment, avec l'une de leurs filles. Petite femme blonde et douce, qui avait été mannequin puis avait partagé la vie de Brian Jones avant de retrouver, au Château Marmont, Donovan en plein trip Gram Parsons (à l'époque de *Wild Horses*, et des champignons hallucinogènes avalés à Joshua Tree). Elle se souvenait – comment aurait-elle pu oublier? – de cette histoire belle et triste où rien ne s'était passé comme prévu, sauf la naissance de Julian, leur garçon. J'avais en tête les photos que m'avait montrées Deborah Dixon. Instantanés en noir et blanc pris par Donald Cammell dans les souks de Fès, où l'on voit Linda et Brian déambuler parmi les étals colorés. Ce devait être le voyage de la dernière chance puisque rien n'allait vraiment entre eux, malgré la naissance du petit Julian. Ce fut un désastre. Brian Jones rentrait d'une tournée triomphale des Stones aux États-Unis, d'où il n'avait cessé de lui envoyer des cartes postales et des lettres affectueuses. Linda pensait que ce périple marocain avait pour but de resserrer leurs liens, mais il lui annonça bientôt la mauvaise nouvelle : « Il faut se séparer pour le moment. Tu es trop bien pour moi, et je ne veux pas t'impliquer dans tout ce qui se passe. Je te donnerai un peu de fric si tu signes ce document. » Les Stones commençaient à gagner beaucoup d'argent et Jones ne voulait pas que Linda Lawrence en bénéficie. Elle retourna en Angleterre complètement déprimée et sans un rond. Il lui restait mille livres sur son compte en banque, qui servirent à payer une note de téléphone faramineuse laissée par Brian Jones. « Et pourtant, m'expliqua Donovan, le matin du concert, au début, Linda et Brian étaient toujours ensemble. Ils habitaient chez les parents de Linda et, au bout d'un an, elle est tombée enceinte. » « C'est le moment où tout a commencé à merder, en partie à cause de l'irruption d'Andrew Loog Oldham comme manager du groupe », ajouta Linda. À cette époque, Brian écrivait des chansons qu'il voulait intégrer dans les futurs albums des Stones. Mais Andrew n'y croyait pas trop et n'avait d'yeux que pour Mick et Keith. Ce favoritisme et cette indifférence devant ses efforts rendaient Brian, furieux d'autant qu'il n'avait aucune confiance en lui-même. Andrew et le reste du groupe les trouvaient ringards, avec leur bébé et leur projet de mariage. Linda était rejetée, et Brian la rendait responsable de son isolement. Lucide sur son propre état physique et mental, il lui répétait souvent : « Tu mérites mieux que moi et, de toute façon, je sais que je vais mourir avant 30 ans. » Après leur rupture marocaine, Linda était partie s'installer un temps à Paris, où elle travailla comme mannequin chez Catherine Harlé avec Anita et Deborah. De temps en temps, elle emmenait Julian voir son père, mais celui-ci était de plus en plus défoncé, ce qui rendait tout échange impossible. Et puis Anita s'était installée avec Brian. Pour Linda, c'était la fin de l'espoir auquel elle se cramponnait encore. Ils ne seraient plus jamais ensemble. « J'avais tenté en vain de lui expliquer que c'était idiot et cruel pour Julian de se séparer maintenant. Mais c'était trop tard. »

Dans les mémoires[1] d'Andrew Loog Oldham, Linda dressera un portrait contrasté de Brian et de son entourage, qui explique bien des choses. « C'était une personne forte, y affirme-t-elle. Il manquait de confiance en lui, mais en même temps il savait ce qu'il voulait. Mick et Keith étaient jeunes, ils étaient faciles à manipuler. Et c'est exactement ce qu'Andrew faisait. Mais ça ne marchait pas avec Brian. » Donovan m'avait raconté tout ça, très zen et sans une once de médisance. Dans les loges, il ne cessait de couver Linda des yeux. Plus tard, je les vis s'éloigner sur le boulevard, Donovan, Linda, l'ancienne « Today-Girl », et leur fille. Ils semblaient un peu perdus. J'arrêtai un taxi dans lequel ils s'engouffrèrent. Le roadie-garde du corps-homme à tout faire portait les guitares et marchait seul dans la nuit de Paris. On était loin de l'époque du petit prince du folk anglais roulant en limousine et enseignant en Inde à John Lennon les rudiments du picking. Mais le gentil Donovan n'avait pas vendu son âme au diable, et certaines de ses chansons, devenues des classiques, continueront longtemps leur chemin, sans que personne ne songe à mettre un bémol à tant de grâce.

1. *Rolling Stoned*, chez Flammarion.

Everybody must get stoned

Quelques semaines plus tard, une sexagénaire aux yeux très bleus qui avaient vu ce que la vie offre au regard lorsqu'on sait lui lâcher la bride déroula un autre passé, presque le même, entre rêveuse bourgeoisie et quatre cents coups. Marie-Laure Prouvost avait aimé toute jeune l'acteur Philippe Leroy, avec lequel elle eut un enfant, et plus tard, une autre tête brûlée (et un peu calcinée par l'usage immodéré de stupéfiants), le comédien et réalisateur Christian Marquand. Ces deux-là avaient parié, et en partie perdu, car le cinéma ne tolère pas les petits malins qui jouent les filles de l'air. Marie-Laure aimait les beaux garçons, sur le modèle de ceux qu'affectionnait son grand-père, Jean, le propriétaire de *Match*, qui passait tout à son équipe de play-boys roulant en spider Alfa Roméo. Avant de disparaître, cette femme intéressante m'avait brossé un beau portrait de Marquand, dont elle n'ignorait rien d'une existence faite d'une succession de réussites et d'échecs qu'il ne cherchait ni à provoquer ni à éviter. « Fataliste de tempérament, Christian avait tendance à laisser les choses se faire d'elles-mêmes… » Au milieu des années 1960, Marquand eut soudain envie de larguer les amarres avec ce Paris resté à quai. Il s'envola pour Londres, comme d'autres avaient fait en 1940 le voyage pour rejoindre le Général. Il voulait, après beaucoup de ses contemporains, respirer l'air de la liberté, là où il « se passait des choses ». La nouvelle France libre refaisait le voyage outre-Manche pour rejoindre les troupes aux ordres de rock-stars armées de Stratocaster. Marquand était accompagné de son ami Peter Zoref, alors attaché de production de Carlo Ponti. Ils louèrent un vaste appartement à Kensington Court. Une habitation à la décoration lugubre et aux courants d'air glacés. Ils ne connaissaient pratiquement personne, mais eurent la chance de tomber dès leur première virée nocturne sur le galeriste Robert Fraser, le sésame indispensable pour tout nouvel arrivant. « The London Mayor », comme le surnommaient ses amis et la presse britannique (quand ils ne l'appelaient pas "*Groovy Bob*"), lequel ne fermait jamais les portes de son appartement, ce qui en faisait le point de rencontre obligé de ce que la planète comptait d'artistes importants. Fraser avait aussi ses entrées dans l'aristocratie ou dans la pègre. À ses dîners, vous pouviez vous retrouver entre une cousine de la Reine et l'un des frères Kray, entre David Bailey et une call-girl, entre un musicien célèbre et Lucian Freud.

Dès le premier soir, Marquand et Zoref firent chez lui la connaissance de Terry Southern, coauteur avec Mason Hoffenberg de *Candy*, un roman qui cartonnait en Amérique et que Marquand mit en scène quelques années plus tard, avec un bonheur incertain. Cette satire des sectes, gourous et autres charlatans qui commençaient de fleurir sur la côte ouest était assez amusante à lire, même si l'on était loin du *Candide* génial de Voltaire dont elle s'inspirait vaguement. Southern semblait persuadé – et cela le faisait jubiler – que ce fourre-tout d'ésotérisme et de philosophie orientale mal assimilée qui séduisait une bonne partie de la jeunesse américaine risquait de détruire à plus ou moins long terme l'*american way of life*. C'est ce soir-là, selon Marie-Laure Prouvost, que Christian fit sa première expérience au LSD. Southern lui avait tendu un sucre humide qu'il fit fondre sous sa langue. Marquand n'avait peur de rien et surtout pas des expériences inédites. N'aimait-il pas répéter à sa petite amie que « se retenir » est une expression répugnante ? J'avais moi-même expérimenté l'acide à 16, 17 ans. J'imagine ce qu'il dut ressentir, le décollage, les premiers vertiges, la déformation visuelle et auditive, les perceptions acoustiques se transformant en sensations optiques, la révélation de ce qui se trame sous la peau des autres. L'hilarité devant l'environnement vu comme dans un miroir déformant... et l'angoisse face aux objets inanimés, soudain doués de mouvements très humains... Un voyage dans l'univers de l'âme.

« Christian avait eu un choc, poursuivait Marie-Laure Prouvost, en découvrant assise à sa gauche une jeune femme. Elle lui tendait gentiment une cigarette bizarre en souriant. C'était Marianne Faithfull, qui lui avait alors fait l'effet d'être un ange tombé du ciel. Il m'avait souvent raconté cette première expérience. Il ne voulait pas que Marianne s'éloigne de lui et, ayant compris qu'il avait besoin de réconfort après cette expérience un peu folle, elle ne lâcha plus sa main de toute la nuit. Il ne dormit pas la journée suivante, car, le soir même, il devait organiser chez lui une fiesta afin de célébrer le concert de Bob Dylan au Royal Albert Hall. » Le concert avait été bon. Si bon que Bob Dylan eut droit à la plus grande *standing ovation* de l'histoire de la salle, même si certains l'avaient accusé de trahison pour être passé à l'électricité. Épuisé et pourchassé par ses fans, il avait atterri chez Marquand pour se réfugier presque aussitôt dans l'une des salles de bains. Tina Aumont, qui fut mariée à Marquand, me raconta un jour les festivités : « Les gens les plus dingues avaient répondu présents. Certains débarquaient de France et même des États-Unis. Seule ombre au tableau, l'absence de Brando, mais il n'aimait pas la foule et détestait les fêtes. En outre, l'acteur était pris par un projet qui lui tenait particulièrement à cœur et qui rencontrait de grosses difficultés de financement en raison de son sujet jugé scabreux. C'était *Reflets dans un œil d'or*… Dans cette *party*, il y avait, paraît-il, dix fois plus d'invités que prévu. Les copains des copains s'étaient incrustés jusque dans la chambre de Christian, où des inconnus allongés sur son lit lui firent comprendre qu'il était de trop. » Des types étaient arrivés avec un énorme sac de cocaïne qu'ils avaient vidé sur la table basse du salon. Un bon kilo, dans lequel ils plantèrent des pailles. Chacun des invités attendait poliment son tour. Dans les toilettes où il tentait de se réfugier, Marquand était tombé sur un rouquin en train de se planter dans le bras une seringue d'amphétamines. Au fur et à mesure qu'il poussait sur le piston, ses cheveux se dressaient sur sa tête, ses yeux devenaient de plus en plus rouges, ce qui était assez raccord avec la teinte de ses cheveux. Furieux du boucan, les voisins furent conviés à se joindre à cette orgie psychédélique et désertèrent les lieux dévastés à l'aube. Dylan ne quitta pas la salle de bains, où il ne parvint pas à convaincre Brian Jones que *Like a Rolling Stone* n'était pas une chanson écrite contre lui.

Noces provençales avec Brando en paysanne

De retour à Paris, après le tournage du *Jour le plus long* en Normandie, Marquand avait signé avec la Comacico, une société de production italienne, pour sa première mise en scène, une adaptation des *Grands chemins* de Giono. Dans l'escalier, contrat en poche, Marquand tomba sur une jeune fille à la beauté si bouleversante qu'il faillit tomber. C'était Tina Aumont qui me raconta en détail la scène, comme si c'était hier : « Nous étions pétrifiés, incapables de bouger, de parler, amoureux à la première seconde. Vadim, qui me suivait et qui me connaissait, nous présenta. Christian me proposa d'aller boire un café chez Carette, place du Trocadéro. Nous avons parlé de tout, mais surtout de nos familles. De mon père qu'il connaissait et des drames qui avaient perturbé mon enfance chaotique. Quelques jours après, je m'installais chez lui, rue de Bassano, sans l'accord de mon père, qui était inquiet. J'étais toute jeune et Christian avait la réputation un peu sulfureuse d'être un tombeur compulsif. » Tina et Christian se marièrent à Saint-Antonin, en Provence, où Lilou, l'une des sœurs Marquand, possédait une maison. Ils avaient prévu de loger leurs invités dans les hôtels des environs. Mick Jagger et Keith Richards à Roussillon, Jean-Pierre Aumont à Apt, la famille de Christian entre Banon et Saint-Antonin. La meute de journalistes fut lâchée lorsque Brando, le meilleur ami de Christian, débarqua dans la région. Il ne pouvait pas faire un pas sans être mitraillé. « Nous étions en porte-à-faux, car la plupart des photographes étaient de bons copains de Christian, se souvint Tina. Marlon avait trouvé la parade en se déguisant en paysanne provençale, avec une jupe rouge, un châle de dentelle blanche sur ses larges épaules et une ombrelle noire pour masquer son visage. Il réussit un certain temps à se promener ainsi sans être reconnu. »

Après quelques jours de farniente au bord de la piscine, Tina et Christian souhaitaient lever le camp. Elle avait envie de tourner, car elle estimait en avoir assez appris chez Stella Adler. De son côté, Marquand voulait réaliser *Candy*, le roman de Southern dont il avait enfin acquis les droits. Brando, à qui il avait fait part de ce projet, s'était engagé par écrit à tourner dans le film, quel que soit le rôle. Un beau cadeau de mariage. Le trio s'enfuit de Saint-Antonin en pleine nuit à l'insu des paparazzis. Marquand devait d'abord respecter un engagement : tourner dans *Lord Jim* à Londres aux côtés de Peter O'Toole. « Ce dernier était beau comme un dieu, mais se saoulait à mort. Il avait mis au point une technique très particulière pour se mettre dans l'ambiance, se souvenait Marie-Laure Prouvost. Il commençait par avaler cul sec une demi-bouteille de gin Bombay dans laquelle il versait quelques gouttes de citron vert et un demi-verre de Schweppes. Christian avait dû s'y mettre pour être à la hauteur de leur amitié. Que la fête commence ! Ils choisissaient ensuite les personnages qu'ils se juraient d'être jusqu'à l'aube. Ça allait du marin au maquereau, du légionnaire au gangster… »

Une nuit, ce jeu avait failli mal tourner.

« Ils avaient décidé d'être des funambules, et O'Toole avait amassé sur la piste de danse d'une boîte toutes les chaises qu'il avait pu trouver. Le jeu consistait à se hisser au sommet et à se jeter ensuite dans le vide. Ils firent ainsi plusieurs fois le "saut de la mort" devant les habitués affolés. Mais ces duettistes étaient tellement imbibés qu'ils ne sentaient rien en s'écrasant lamentablement sur le sol. » Une fois le tournage achevé, Christian Marquand s'envola pour l'Afrique du Sud, où Burton tournait *Les Comédiens.* Le but de ce voyage était de lui faire signer une lettre identique à celle de Brando, ce qu'il fit de bon cœur.

« Christian est rentré tout excité à Paris, continue Tina Aumont. Je l'étais aussi, car j'étais enceinte. Mais j'ai fait une fausse couche. Christian me reprochait amèrement de n'avoir pas pu lui donner un enfant. J'étais déçue par son comportement, que je trouvais injuste. Quelque chose en moi s'était brisé. En quelques semaines, tout était joué. Nous avons entamé la procédure de divorce. » Marquand était parti à Athènes pour *La Route de Corinthe*, un film de Claude Chabrol. Il y retrouvait deux oiseaux de nuit qu'il aimait et qui allaient mourir assez jeunes, Jean Seberg et Maurice Ronet. Ronet, ce feu follet qui ne prenait pas d'héroïne pour la bonne raison que « l'on ne trinque pas avec des seringues ».

Splendeurs et misères de Tina Aumont

Plusieurs rendez-vous remis. L'incertitude qui fait souffler le chaud et froid. L'insistance amicale de certains avait fini par agir. Tina Aumont, de sa voix lente et grave, et à bout de souffle, m'avait donné rendez-vous aux Halles, chez Joe Allen. Il faisait froid, si froid ce jour-là, et nous nous étions retrouvés dans la rue devant le restaurant américain. Sa démarche était lente, comme anesthésiée par une épouvantable souffrance. Tina avançait vers moi, personnage entre chien et loup, posé sur un fil fragile, plus vraiment jeune, mais pas si vieille que ça, même si les épreuves lui avaient façonné un masque de tragédie où se lisaient les blessures, les manques, les pleurs d'enfance. Elle avait perdu sa mère, l'actrice Maria Montez, à 5 ans. Cinq ans plus tard, son père, Jean-Pierre Aumont, se remariait avec Marisa Pavan, une autre comédienne. À cette époque, Tina fut expédiée chez les bonnes sœurs en Suisse. Cela expliquait peut-être son mariage précoce avec Christian Marquand. Une libération ? « Un événement bien marquant », comme avait en tout cas déclaré le présentateur de télé Yves Mourousi. Et un événement qui faillit ne pas en être un. Pour l'empêcher de revoir Christian, la belle-mère de Tina l'avait envoyée en Amérique où son père jouait à Broadway dans *Les Tovarich*, une comédie musicale avec Vivien Leigh. Avant de rentrer en France, son père lui avait simplement dit : « Si tu décides de vivre avec Christian, je veux que tu l'épouses. » « Nous nous sommes mariés un peu précipitamment », convenait Tina Aumont. « Il faut dire que j'étais pressée pour une autre raison : je ne voulais plus dépendre de ma belle-mère, avec laquelle je ne m'entendais pas. Christian avait un charme fou, des amis fantastiques, aussi dingues que lui, la palme revenant au scénariste Paul Gégauff. Pour une petite écolière comme moi, c'était le rêve ! Mais un rêve qui n'a duré que trois ans. Heureuses années. La vie nous a séparés. Voilà ! » Et puis, il y a tout ce que la vie nous reprend, comme si on devait un jour ou l'autre payer des agios sur le bonheur. Nadine Trintignant, l'une des sœurs de Christian, avait écrit un livre sur la maladie de l'acteur, qui avait ému Tina. Elle était allée le voir, mais, lorsqu'elle s'était rendu compte qu'il ne la reconnaissait pas, elle n'avait pas insisté et n'était jamais revenue.

Après l'épisode Marquand, Tina avait commencé de frayer avec l'artiste Daniel Pommereulle, le réalisateur Philippe Garrel, le peintre Frédéric Pardo avec lequel elle vivra une grande passion, des hommes « fabuleux » qui avaient attendu et encouragé les événements de 68. « Et voilà que je me retrouve en pleine explosion, coincée à Rome par le tournage de *Partner*, avec Bertolucci effrayé à l'idée que je le plante pour rejoindre les barricades… et j'ai fini par en ériger une en plein Rome ! Le film s'est quand même fait. C'est à cette époque que j'ai rencontré Garrel, alors qu'il poursuivait le tournage du *Lit de la Vierge*. Nous sommes tout de suite devenus très amis. J'ai tourné avec lui dans *Marie pour mémoire, Le Révélateur* et *Les Hautes Solitudes*, où il m'a offert le rôle principal. J'ai beaucoup vu Nico à cette époque-là, car elle jouait dans *Le Lit de la Vierge*. On avait loué une maison sur un petit îlot en face de Positano, où j'ai vécu quelques mois avec mon peintre, Frédéric Pardo, mais aussi avec Clémenti, Garrel et Nico. Là-bas, j'ai découvert une autre

Nico que celle que j'avais vaguement connue dans les fêtes ou à l'époque du Velvet Underground. Une femme hors du commun, c'est évident, mais comme tombée du ciel dans cette maison louée à l'origine pour le tournage de Garrel. Elle se défonçait beaucoup et ça coûtait cher – matériellement et physiquement –, et Garrel a mis en scène une génération qui lui ressemble. Une génération qui l'intéressait non pas pour sa beauté physique, mais pour sa beauté intelligente. Philippe est avant tout un esthète. Il a inventé un cinéma que certains peuvent trouver barbant. En fait, on riait beaucoup en tournant, même si ça ne se voit pas trop à l'écran ! On improvisait tout ce qu'on disait. »

Tina Aumont se lança dans le cinéma par hasard. À Londres, Marquand lui conseilla d'appeler son ami Joseph Losey, au cas où elle n'aurait rien d'autre à faire. Le réalisateur américain était en train de préparer le tournage de *Modesty Blaise* et il lui a aussitôt proposé un rôle avant de lui donner rendez-vous à Amsterdam. « Ils m'ont mise sur une bicyclette. Le seul problème, c'est que je ne savais pas en faire ! J'avais aussi une scène très chaude avec Terence Stamp. Mais, comme la censure était encore impitoyable à l'époque, nous avons dû retourner la scène en plus soft en Angleterre. » Un grand moment dans une carrière en dents de scie, avec une nébuleuse de célébrités. Tina rencontra Bob Dylan lors de la fameuse fiesta londonienne de Marquand. Mais l'homme que Tina m'affirma avoir le mieux connu à cette époque est sans conteste Brando, le meilleur ami de Marquand. « C'était quelqu'un de fantasque, mais qui savait être sympathique, soupire-t-elle. J'ai passé d'excellents moments avec lui à Hollywood. Christian m'avait aussi présentée à Dennis Hopper, très drôle et surtout très fou, à l'époque gravement alcoolique. Nous voyions aussi pas mal Jack Nicholson, qui était tombé raide dingue de Rita Renoir, la célèbre strip-teaseuse qui se produisait alors rue de la Gaîté. Marlon adorait faire de la moto. On se retrouvait avec Paul Newman, qui était son voisin, Brando, Christian et moi, et on s'embarquait pour des randonnées incroyables. Je me souviens aussi de l'ocelot qu'il enfermait dans sa salle de bains. Cela dit, Marlon ne m'a jamais vraiment impressionnée, parce que je le voyais avant tout comme un ami. Il m'avait fait tourner des bouts d'essais pour *One-eyed Jack*, car il avait besoin pour un rôle d'une jeune fille indienne. C'est resté dans les archives. Grâce à ces bouts d'essais, j'ai pu tourner ensuite dans *Texas, nous voilà !* un mauvais western avec Delon. À l'époque, je ne courais pas le cachet. Je prenais ce qui venait. J'avais un bon agent et des amis merveilleux. Je suis toujours partie de l'idée que dans la vie il y a des hauts et des bas, et que cela ne sert à rien de s'angoisser. Il faut laisser le destin jouer sa partie. »

Au tout début de sa liaison avec Marquand, Tina devait faire une « rencontre fabuleuse » : Anita Pallenberg, croisée la première fois rue Delambre, chez Deborah et Donald. « Une fille superbe, dit-elle en s'animant. La plus belle de la bande. Et la reine incontestée de Paris dans les années 64, 65. Cammell était lui-même un personnage amusant et intéressant. Il le fallait pour avoir réalisé un ovni comme *Performance*! J'aurais bien aimé jouer dedans. J'ai un peu tâté le terrain, mais je n'avais pas le physique androgyne de Michèle Breton. Quand j'allais à Londres, je sortais avec Anita, Deborah et Marianne. Lorsqu'on ne passait pas nos nuits à l'Ad Lib, on faisait des balades plutôt fantastiques dans les parcs de châteaux anglais. Nous aimions aussi aller boire des verres dans les bars des palaces. Et puis il y avait les concerts. Les plus excitants étaient ceux des Who. J'ai eu beaucoup, beaucoup de chance de vivre cette époque mythique. J'ai fini par prendre un appartement là-bas, car je n'en pouvais plus de Paris. Tous les gens que j'avais envie de voir vivaient à Londres. J'ai été une fan des Stones de la première heure. Je ne voulais pas écouter les Beatles, car ils ne possédaient pas cette violence, cette dégaine impayable des Stones. Celui que j'ai le mieux connu, c'est Brian. Il était très généreux. Malheureux et vulnérable comme un enfant. Nous avions un grand ami en commun, Robert Fraser, avec lequel on sortait tous ensemble. On était les plus beaux et aussi… les plus excentriques. C'était tellement chaleureux ! On n'avait pas de temps à perdre pour être malheureux. Ni pour Brian, ni pour Anita, ni pour personne. J'ai des souvenirs amusants, comme ce jour où Brian a débarqué chez moi, persuadé qu'Anita se cachait dans un placard. Ils s'étaient engueulés et il la cherchait partout… J'ai eu une chance énorme, je le répète, de traverser ces années miraculeuses. Comment ne pas être nostalgique ? Mais la mort de Brian, qui venait d'être viré de son groupe comme un malpropre, fut pour moi comme une cassure. C'est une des raisons pour lesquelles je n'ai jamais sympathisé avec Jagger. La noyade de ce pauvre Brian a sonné le glas des sixties, la fin d'un certain Londres. La morale de tout ça ? Christian et les *swinging sixties* m'ont offert sur un plateau l'adolescence que je n'ai pas eue. Et ce fut le plus beau des cadeaux. »

Après avoir tourné dans les *Casanova* de Fellini et de Comencini, Tina Aumont ne put remettre les pieds en Italie, car elle risquait la prison pour s'être fait expédier d'Asie une statuette bourrée d'opium. Elle reconnaît s'être abîmée dans la drogue. Si loin, si fort. Au point de s'expédier de la dope dans un petit bouddha… « J'ai été une victime de la drogue. Consentante puis dépendante. Et ça a été horrible. J'ai arrêté parce qu'on s'en lasse. Cela dit, je ne pense pas avoir été jamais trop défoncée pour tourner, en tout cas personne ne s'en est jamais plaint. Jamais. J'ai dû arrêter parce qu'il y a un moment où le corps n'en veut plus. Je ne regrette rien, la drogue m'a appris tant de choses sur moi, et sur les autres. Ça m'a montré aussi Londres… sous un autre angle!… Dans les années 60, la dope a ouvert mes yeux de petite fille. Prendre des trips en compagnie de Brian Jones était quelque chose de vraiment merveilleux. Le LSD était encore d'une qualité très pure. J'ai horreur de la dépendance, et la dépendance, c'est l'héroïne. L'horreur dans tout ça, c'est le shoot, et je suis heureuse d'avoir arrêté toute cette merde. Je ne conseillerais à personne d'y toucher, mais, pour mon propre cheminement, je ne le regrette pas. » Je la regardais s'éloigner dans la rue Pierre-Lescot, en avant, calme et droite.

Pluie et larmes, sur l'air du temps qui passe

Boris Bergman, Juif émigré d'Angleterre, très à gauche, dirigeant le journal *Unité* du lycée Carnot, retrouvait tous les jeudis devant le Drugstore Michel Taittinger, son ami. Ils étaient tous là à battre la semelle de leur Carvil, ou à se risquer à boire des verres à l'intérieur de temps à autre. Ils improvisaient les journées à partir de ce rendez-vous. Après le bac, ils venaient davantage les week-ends. Mais Bergman, le futur parolier d'Aphrodite's Child et d'Alain Bashung, préférait prendre le large sur le ferry, direction Douvres et enfin Londres, avec en tête La Poubelle, fameuse boîte française…

Petit homme sans âge, affublé d'un bonnet, il m'avait reçu dans son appartement de Montmartre, si haut perché que l'on pouvait distinguer les pistes de Roissy et le ballet des avions. Des vinyles par milliers, des bobines 16 mm avec projecteur de cinéma sorti tout droit de *La dernière séance*, des affiches de westerns, et des sushis avant de se mettre à table pour déballer des fragments sixties en accordéon où tout se bouscule, bande du Drugstore, cobaye sous LSD, Nico, Marianne Faithfull, Zouzou en lanceuse de salamis chez Eddie Barclay… Bergman est un moulin à paroles enchantées, un derviche tourneur de phrases idéales. Un parolier qu'on écoute les yeux fermés, en s'embarquant à ses côtés dans une téléportation rétroactive. Sixties acidulées, mais sixties noir et blanc aussi, entre Carnaby Street en veste mauve et de Gaulle en DS noire… Souvenirs de baston chez les « bourgeois ». La bande de minets sortait parfois les griffes, Zouzou en première ligne.

« En 68, j'avais écrit *Rain and Tears*, un gros tube d'Aphrodite's Child, surtout grâce à la voix de Demis Roussos et la production de Vangelis. Je m'étais contenté de trouver trois mots que n'importe quel crétin ayant fait six mois d'anglais aurait pu assembler. Impressionné, Barclay m'avait invité dans son appartement de l'avenue de Friedland. Après le dîner, nous avions fumé un cigare dans son bureau, puis il m'avait proposé, comme à tous les "espoirs" qu'il faisait venir chez lui, un contrat d'exclusivité discographique *et* éditorial. Soudain il m'avait lancé: "On se connaît, non?" Je niai, alors qu'il avait raison. En 1962 ou 1963, avec Zouzou et quelques potes de la bande du Drugstore, on avait foutu un bordel insensé à une garden-party qu'il avait organisée au bois de Boulogne. On balançait les tables par terre, on jetait les petits fours sur les robes longues, Zouzou faisait voler les tranches de salami, c'était merveilleux! Nous avions dû quitter les lieux en courant. Très vite. » Zouzou aimait aller danser en minijupe au Relais de Chaillot. Vers la fin de son existence agitée, la bande du Drugstore traînait dans cette boîte située en face du cinéma Balzac. On y voyait souvent le futur réalisateur Alain Cavalier, et ce type qui partirait bientôt pour gober des acides à Katmandou. Le Relais de Chaillot était tenu par un certain Izy Spieghel, qui s'y fit descendre, avant que Delon reprenne l'affaire. « Je connaissais un peu le tenancier refroidi parce qu'il m'avait "demandé" d'écrire des chansons pour sa petite amie, Annie Philippe. Il y avait pas mal de sales business à l'époque: un type du milieu m'a ainsi un jour intimé l'ordre de composer pour sa poule en me braquant un Magnum sur la tempe. J'étais mal: je ne maîtrisais pas encore assez le français à l'écrit, mais le type m'a dit : "Tu vas l'écrire, c'est comme ça." Et j'ai obéi. Je ne suis pas le seul à qui c'est arrivé. »

Bergman avait goûté aux acides en tant que cobaye pour les laboratoires Sandoz. Il avait fait son trip, dans la rue, suivi par un caméraman. Le LSD 25, ce diéthylamide de l'acide lysergique, est tiré de l'ergot du seigle, découvert par le chimiste suisse Albert Hofman en 1943. « Ça m'a fait comprendre pas mal de choses, sur les mots, sur les sons, sur le sens. J'ai, par exemple, pris conscience du fait que l'aspect sonore du mot compte autant, voire davantage que sa signification elle-même. Le LSD nous aide à mieux voir comment fonctionne notre esprit. C'est quelque chose qu'on ne saisit pas trop, en France. J'ai aussi fumé des pétards, pris de la coke à l'occasion. Mais pas d'héroïne. Les gens que j'ai vu tomber là-dedans sont tous devenus des sous-hommes. »

Il faisait maintenant défiler, comme à la parade, les filles dont il était question ici. En rang par deux, ou presque. Net et précis. Et ça avait de la gueule.

« Anita ? Une walkyrie doublée d'une tueuse (c'est d'ailleurs un peu la même chose). Dani ? C'est Dani.... Nico ? Elle était formidable. Écrire de si beaux textes en anglais, alors que ce n'était pas sa langue maternelle... Elle avait une grande élégance de cœur, comme Marianne et Zouzou. Leur point commun ? Une lucidité absolue. Zouzou me fait penser à Oscar Wilde. Elle dit davantage de mal sur elle-même que toute autre personne pourrait en dire. Valérie Lagrange ? Elle était venue me voir pour que je lui écrive des textes, mais le côté Katmandou, non merci... Je le lui ai dit, et cette fille désarmante de gentillesse m'a répondu : "Tout à fait d'accord." Et, une heure après, je l'accompagnais docilement sur un bateau où psalmodiaient deux cents types en toge orange devant des bâtons d'encens.

« Marianne Faithfull ? La diva de la bande. Elle me faisait plutôt rire, même dans ses excès. Je me souviens qu'une fois son manager lui avait dit : "Marianne, don't drink, we are going to record !" (*accent français*) et elle lui répondit aussi sec : "I want a club sandwich" (*imitant l'accent élégant de Marianne*). Du coup, celui-ci proposa d'aller lui en chercher un au Fouquet's, en face. Et là, Marianne lui assena le coup de grâce : "I want a club sandwich from the hôtel Crillon." À cet instant-là, elle était un mix parfait de Gloria Swanson dans *Sunset Boulevard* et d'Edwige Feuillère dans *La Folle de Chaillot*. Elle est proprement extraordinaire. C'est une femme qui écrit très bien, qui lit énormément. Elle est d'ailleurs la première de toutes ces filles à avoir enregistré avec Gainsbourg. Elle a ouvert la voie aux autres. Elle a été le poisson-pilote, en quelque sorte. On peut lui écrire des textes d'homme, elle aime ça. Elle me fait penser à Rickie Lee Jones et Nanette Workman, sur certains points. Ultra-lucides, ultra-talentueuses, ultra-cassantes si on les emmerde… Si je devais trouver des traits communs à toutes ces filles (ou presque), je dirais que ce sont de grandes amoureuses : elles sont allées jusqu'au bout de leurs modèles, voire plus loin. Marianne, Nico et Zouzou, on pourrait les mettre dans la catégorie femmes belles de partout. »

Talitha Getty, la princesse de Marrakech

> « On compare souvent les Getty aux Kennedy.
> C'est une erreur. Le clan Kennedy est la famille royale
> d'Amérique, nous non ! Mais si vous cherchez une tribu
> qui puisse symboliser authentique glamour, scandales à gogo
> et collection hallucinante de personnes aussi dingues
> qu'intéressantes, alors je crois que vous sonnez à la bonne
> porte en vous adressant à ma famille. »
> John GILBERT GETTY, musicien de rock et acteur

Il posait sur une photo de Michael Cooper aux côtés d'Anita Pallenberg et de Talitha Getty. De l'étoffe dandy, avec cet air un peu crâneur des types des vieilles familles du Sud. Le décorateur américain Bill Willis était une légende à sa façon, vivant à l'image d'un Pierre Loti dans un ancien harem de Marrakech à la splendeur nécrosée. Je tâtonnai, dans une ambiance entre chien et loup où l'on devinait sous des plafonds sculptés, hauts comme des voûtes de cathédrales, les djinns emprisonnés, les âmes mortes errant entre les colonnades mauresques et les longs couloirs plongés dans l'obscurité. Quelques instants plus tôt, j'avais poussé une porte banale, monté une volée de marches et je m'étais retrouvé devant cet homme mince de 69 ans, qui portera éternellement sur le visage les stigmates de la jeunesse sous le masque du déclin, traits communs à certains heureux du monde. Ses yeux étaient cernés de khôl et plus tard, lorsque la conversation roulait, je compris pourquoi ce visage ne m'était pas inconnu : il ressemblait en moins raviné à celui de Keith Richards. Vêtu d'un sweat à capuche rouge, ce « snobtambule », comme il aimait se définir, venait de se réveiller. Après tout, il était 6 heures du soir, une heure raisonnable pour un oiseau de nuit.

« D'habitude, j'ouvre le bar à 9 heures du soir, mais, pour vous, je ferai une exception. Que voulez-vous boire? me lança-t-il au bout de quelques minutes alors que nous nous étions repliés dans sa chambre, près d'une cheminée. Vous êtes dans le nid intime où je ne reçois que des amis très proches. Mais comme c'est l'unique endroit chauffé, à la guerre comme à la guerre ! »

Sur les murs, des affiches de tennismen en action tranchaient avec l'ambiance Mille et Une Nuits. La télévision était allumée et, alors que mon hôte s'était évaporé quelques instants, je contemplai l'écran muet où défilaient des images curieuses. Des corps d'un vert de crêpe lorsque la pâte commence tout juste à cuire étaient jetés çà et là dans des fourrés, sur des pelouses, ou dans des sous-bois. Je compris soudain que ce n'était pas une fiction gore, mais un reportage sur les médecins légistes américains qui étudient ainsi les corps en putréfaction afin de mieux comprendre les mécanismes criminels. Ces corps dansaient sous mes yeux dans une sorte de ronde macabre dont je sentais presque l'odeur insoutenable de chair molle et gonflée. J'étais ici pour parler d'une morte et tout cela semblait trop raccord pour être vraiment sérieux. Bill Willis vivait seul, avec ses deux domestiques, dans un ancien harem de vingt-trois pièces acquis en 1973 dans le quartier de Sidi Bel Abbes. Lorsque le froid rigoureux de Marrakech installait ses quartiers d'hiver, il se retranchait dans trois pièces où brillaient des feux aussi salutaires que des vigies de détresse. À l'étage, beaucoup de chambres d'amis, désormais vides. Willis n'invitait plus personne.

Ce spectre était arrivé à Marrakech en 1966 après avoir habité quelques années à Rome.

« Je suis né à Memphis Tennessee. Un vrai sudiste aux origines en partie huguenotes. J'ai étudié l'architecture, mais j'ai surtout été très tôt intéressé par la déco. » À Rome, il ouvrit un magasin de décoration en haut de l'escalier de la place d'Espagne. Le succès, la mondanité et les dîners. Il y rencontra une toute jeune femme échappée de la *dolce vita*. C'était Anita Pallenberg. « Elle avait 18 ans à peine, et voulait être mannequin ou faire du cinéma. Elle était alors la girlfriend du peintre Mario Schifano. C'est aussi à cette époque que j'ai rencontré Paul Getty Junior. Un dimanche après-midi, on frappe à ma porte. J'ouvre, pieds nus et en robe de chambre. Je tombe nez à nez avec un inconnu qui me dit : "Je suis Paul Getty Junior et voici ma femme Gail. Je cherche un appartement pour elle, car nous nous séparons." J'allais quitter le mien, voilà ce qui expliquait la visite inattendue du couple. Je les ai menés dans le salon en leur expliquant qu'il m'était malheureusement impossible de leur faire visiter ma chambre, occupée par une petite frappe que j'avais ramassée la veille, et cela sembla les fasciner. Nous avons dîné ensemble une semaine plus tard avec des amis italiens et sommes devenus immédiatement très proches. Ils achetaient beaucoup de choses dans ma boutique. »

On était en 1963. Gail Harris devait se remarier avec l'un de ces bellâtres aux biceps d'acier qui pullulaient alors dans les péplums italiens des années 60. Deux ans plus tard, au domicile londonien de Claus von Bulöw, alors secrétaire particulier de Paul Getty Sr, son fils rencontra Talitha Pol, une Hollandaise née à Java qui avait passé ses premières années dans un camp de prisonniers tenu par les Japonais. Coup de foudre et mariage en décembre 1966 avec *party* psychédélique sur la terrasse de leur appartement romain, qui fut le théâtre, dit-on, de mémorables orgies. Deux ans plus tard, en mai 68,

Talitha donnait naissance à un garçon nommé tout simplement Tara Gabriel Galaxy Gramophone Getty.

« Talitha était et elle reste l'une des plus belles femmes que j'aie jamais connues, poursuit Willis. Elle possédait des yeux en amande et une touche indonésienne, visible lorsque l'on observait l'ossature légèrement orientale de son visage. Sa peau avait le nacré du lait. Tous les hommes en étaient dingues. Je me rappelle que, plusieurs années après notre rencontre, alors que nous étions en train de dîner sur la terrasse du palais qu'ils avaient acquis à Marrakech, j'ai soudain déclaré à Talitha : "Tu es si incroyablement belle que, si j'aimais les femmes, je te sauterais dessus !" Elle m'a répondu : "Bill, venant d'un homme peu porté sur le sexe féminin, je dois t'avouer que c'est le plus beau compliment que l'on ne m'ait jamais fait."

Willis avait débarqué en touriste à Tanger, venant de Rome afin de retrouver ses amis le galeriste Robert Fraser et l'antiquaire Christopher Gibbs. Tout le monde lui répétait depuis des années : « Bill, tu es fait pour le Maroc ! » Il finit par céder aux chants des sirènes et se retrouva à l'ombre d'un minaret au bord de l'Atlantique. Talitha et Paul Getty, qui venaient de se marier à Rome, l'avaient rejoint à l'occasion de leur lune de miel. Le trio avait loué une voiture et décidé de faire le tour du Maroc, mais ils s'étaient retrouvés à Marrakech à Noël 1966 et leur destin allait en être bouleversé. Au bout d'une semaine passée à La Mamounia ancienne époque (douze dollars la nuit), Paul Getty avait demandé à Bill de l'aider à trouver une maison afin de l'offrir en cadeau de mariage à Talitha. C'est ainsi qu'ils avaient déniché une énorme bâtisse en ruine située derrière leur hôtel. Un endroit très pur, merveilleux, magique. Les Getty en avaient pris possession à partir de 1967, après que Willis y avait effectué un certain nombre de travaux. Ils venaient souvent avec une cour d'invités prestigieux dont les Rolling Stones, que Bill avait rencontrés à Londres.

« On découvrait l'herbe, la cocaïne, le LSD. Mais on était jeunes et forts et il nous semblait que rien ne pourrait nous détruire. Je plongeais dans la coke la tête la première, car j'ai toujours cru en une seule divinité, le dieu des expériences. Je fais partie de ceux qui considèrent la curiosité comme une gentille qualité et non pas un vilain défaut. J'ai essayé les femmes, apprécié les garçons, adoré la drogue, comme un amateur de bons vins aime les bons crus, de Bourgogne ou de Saint-Émilion. Seul l'excès était proscrit. Et qui dit excès dit héroïne. J'en ai toujours – et heureusement ! – eu très peur. Mais enfin, mon cher, la drogue était alors une chose joyeuse. J'avais comme vieille amie une Américaine impeccable vivant en Espagne, affublée d'un mari et d'une ribambelle d'enfants qu'elle quittait six semaines par an pour aller se piquer comme une folle à Londres. Arrêt total et retour jusqu'à l'année suivante. Il y avait alors de la discipline prussienne dans la débauche. Mais toutes les bonnes choses ont une fin, comme on dit chez vous. Je prenais tellement de drogues qu'un beau jour je me suis dit que, si je restais à Londres, je serais expédié dans un asile de fous dans les six mois ou les pieds devant jusqu'à mon Tennessee natal. Je ne raffolais d'aucune de ces deux perspectives, alors j'ai déserté les rives de la Tamise. Je garde quand même de bons souvenirs des fêtes que je donnais ou de celles auxquelles j'étais convié. C'est ainsi que j'ai connu Marianne Faithfull, à l'époque où elle était mariée à John Dunbar. Elle était une grande star de la musique folk à l'époque, une sorte de Joan Baez britannique. Elle était bouleversante de beauté ! Le type qui m'a présenté ce milieu très rock'n'roll était le marchand de tableaux Robert Fraser. L'un de mes trois meilleurs amis, rencontré à New York au début des années 60 et mort du sida en 1983. Anita et Marianne sont les deux seules filles que j'aie connues dans les années 60 qui étaient sublimes en minijupes. Et vous savez pourquoi, mon cher ? Parce qu'elles possédaient des jambes déliées de jeunes garçons, avec de si jolis genoux ! Elles avaient aussi en commun de sortir du même milieu, la bonne société cultivée. Nous étions des pionniers, prêts à tout pour goûter la pomme empoisonnée, comme un vilain pied de nez à nos parents, et à la vilaine sorcière que figurait la société.

— Quand vous avez retrouvé Anita à Londres en 1966, elle était alors avec Brian Jones ?

— Tout à fait ! Un garçon difficile, ce Brian Jones. Je louais un bel appartement à Londres qui donnait d'un côté sur la Tamise, et de l'autre sur le parc de Battersea. J'y organisais des fêtes assez marrantes. Jusqu'à un certain point. Un soir qu'ils venaient de se garer en bas de chez moi, Brian et Anita s'étaient violemment battus contre le capot de leur Rolls. Chic, mais choc ! On sonne. J'ouvre et découvre Anita, le visage en sang. Ne trouvez-vous pas que c'est une manière assez extravagante d'arriver à un dîner de gentlemen, tout drogués soient-ils ? La suite de mes aventures marocaines avec les Rolling Stones fut à la fois amusante et cauchemardesque. Je n'en avais encore jamais parlé à quiconque, mais la presse a raconté n'importe quoi et je me fais vieux. Il faut que tout ce fatras d'anecdotes soit transmis aux générations futures, bien que, entre nous, j'ai horreur du rock'n'roll et de toute cette mythologie de pacotille. Je suis un type du Sud et je préfère les originaux, les bluesmen que j'écoutais adolescent sur les radios réservées aux Noirs, aux pâles copies de blancs-becs européens. Encore que les Rolling Stones étaient vraiment bons à leurs débuts... Mais ne me parlez jamais de ce Bowie ! Quel crétin, celui-là. J'ai dîné un soir chez Mick avec ce type, et il m'a semblé complètement demeuré. Lorsqu'il est parti, j'ai dit à Mick : "Mon coco, tu n'as pas de souci à te faire, ce monstre-là avec ces mèches immondes ne te fera jamais de l'ombre." Et la suite a prouvé que je ne m'étais pas trompé ! »

Vraiment? Willis s'exprimait dans un très bon français, teinté par endroits d'un zeste de préciosité, détail assez exotique venant d'un Américain. Son timbre clair résonnait sous la voûte et prenait son envol au fur et à mesure que sa consommation de bourbon augmentait. Sur l'écran de télévision, les prélèvements de chairs pourries révélaient la présence attendue d'asticots. « Au printemps 1967, j'étais tranquillement allongé sur une plage de Tanger, où j'étais retourné après la longue lune de miel des Getty, lorsqu'une Bentley s'est arrêtée sur le sable à deux pas de moi. C'étaient Keith, Brian et Anita. Ils logeaient à l'hôtel Minzah et m'ont invité à les rejoindre. Nous avons fait une fête démente toute la nuit et, le lendemain à l'aube, nous avons décidé de partir pour Marrakech. Ça reste le meilleur voyage de mon existence parce que je me suis endormi, ivre d'alcool, de kif et de fatigue dès que je me suis installé dans la Bentley et que je me suis réveillé à Marrakech. Une téléportation divine digne de *Star Trek*. Anita et Brian étaient encore ensemble. Afin de nous sentir vraiment chez nous, nous avions réservé tout un étage de l'hôtel Saadi. Au début, c'était bien : Brian et Keith avaient apporté une pile de 45-tours remarquables, du pur blues et du bon rythm'n'blues période Otis Redding, que le chauffeur confiait au disc-jockey lorsqu'on allait en boîte en lui demandant de ne passer que ces disques en notre présence. Avec les Rolling Stones, on dîne à 2 heures du matin, ça me convenait, car je suis aussi un "snobtambule" dans leur genre. Dire que j'adore la nuit est faible. Mais, là, j'avoue que c'était un peu fatigant parce que Brian et Anita se bagarraient dès leur réveil en fin de journée, jusqu'à l'aube, lorsqu'ils allaient dormir et, qui sait, je l'espérais pour eux, faire l'amour. Seulement voilà, je sentais venir le danger. Keith était alors célibataire et physiquement très attrayant. Je l'ai toujours trouvé beaucoup plus "hot" que Brian ou Mick. Il observait tout ce grabuge comme un fauve planqué derrière un arbre qui attend son heure… et, un beau jour, le fruit est tombé tout mûr dans sa jolie gueule. Il n'avait plus qu'à se baisser pour ramasser Anita. Brian a débarqué un après-midi dans ma chambre dans un état d'excitation assez remarquable. Il semblait comme choqué et anéanti. Il m'a dit sur le ton pleurnichard qu'il prenait souvent : "Ils sont tous partis, Anita au bras de Keith, et en plus, les salauds, ils m'ont laissé la note à payer !" Je pense qu'il aurait dû ne s'en prendre qu'à lui-même. On ne peut pas impunément tabasser une femme sans en subir un jour les conséquences. Brian était un type complètement paranoïaque qui semblait accepter avec une sorte de félicité perverse le rôle d'éternelle victime. Il était surtout victime de lui-même, de la folie qui le rongeait peu à peu. Je me souviens aussi qu'un peu plus tard, alors que nous logions au Palais Getty, et alors que nous étions couchés, Brian avait arraché les fils téléphoniques de la maison parce qu'il n'arrivait pas à obtenir Anita. Je l'aimais bien, mais il était impossible à vivre. Je voudrais, à son sujet, vous raconter une horreur très intime qui date de ma découverte – et de mon addiction – à la cocaïne. Je passais ma vie à sniffer. Un soir, lors d'un dîner que je donnais dans mon appartement londonien, je m'étais réfugié dans ma salle de bains avec Brian pour préparer des lignes de coke. Je possédais un joli petit boîtier hollandais en argent datant du XIIIe siècle, qui pouvait contenir exactement deux grammes. Après m'être fait une ligne, j'ai tendu l'objet à Brian qui l'a fait tomber dans la cuvette en pleine action : il venait de pisser et de tirer la chasse.

Je lui ai balancé avant de claquer la porte : “Tu es le type le plus irresponsable que je connaisse !” Rencontrer trop jeune le succès peut s'avérer désastreux lorsque celui-ci n'est pas maîtrisé. Les sollicitations de toutes parts, les montagnes d'argent qui vous tombent dessus, tout cela peut être catastrophique pour un être fragile. Ce garçon me semblait aussi assez inculte. Je me souviens qu'un soir, à Londres, il m'avait demandé sans rire qui était la chanteuse que j'écoutais dans mon salon. C'était Bessie Smith. »

Je souhaitai maintenant le faire parler de Talitha, de son passage sur cette terre et de la fascination qu'elle provoquait chez tous ceux qui l'approchaient. De sa mort aussi. Elle avait été précipitée dans un monde qui allait trop vite pour elle, dont elle ne voulait plus, mais qui refusait de la laisser s'en tirer à trop bon compte. Une vague l'entraînait vers un tourbillon vertigineux. Bouche de l'enfer. Elle criait, personne ne l'entendait. Le monde était à ses pieds, mais elle était à terre. Elle était enchaînée à ce monde, condamnée à un simulacre de *dolce vita* rock'n'roll. Poudre blanche et rideau noir avec gravé en lettres d'or, sur le marbre d'un tombeau prêt à servir, le mot « Fin ». Comme avant elle, Brian, et après elle, Edie Sedgwick et Nico, elle n'était pas assez forte pour lutter… Son innocence si séduisante avait fini par peser sur ses pauvres épaules… Vie, éclat, dissolution, une douleur très profonde avait englouti sa substance. Veines, déveines.

« Talitha est morte d'héroïne alors qu'elle n'en prenait pas spécialement, poursuit Bill. J'avais découvert la cocaïne à Rome et tout naturellement j'en faisais profiter mes amis Paul et Talitha. Mais Paul est allé beaucoup plus loin que moi à cause d'un prince italien, un opiomane avec lequel il passait un mois par an dans des fumeries de Thaïlande. Paul est devenu accro à l'héroïne. Il pouvait se le permettre, car il était immensément riche. Moi, non, je devais garder intactes mes facultés nécessaires pour gagner ma vie. Le charme unique de Talitha émanait d'un mélange de fragilité et d'innocence qui troublait ses contemporains. Une rose sur un tas de fumier. Lorsqu'ils débarquaient dans leur palais de Marrakech, généralement à Noël et à Pâques, ils n'avaient qu'une idée en tête: organiser des fêtes sublimes. Des fêtes à la marocaine, avec orchestre. Rien du côté formel de Marie-Hélène de Rothschild ou d'Alexis de Rédé. Nous n'étions pas des poseurs et ne supportions pas les raseurs. Même dans notre façon de consommer de la drogue, nous étions discrets et jamais sordides. Nous nous défoncions sans cette ostentation qui semble avoir contaminé aujourd'hui tout le show-business. Je me souviens d'une fête un 31 décembre, où étaient présents les Beatles et les Rolling Stones. Une fête des Mille et Une Nuits très réussie, mais qui avait fait fondre en larmes Talitha lors des préparatifs. Les responsabilités de maîtresse de maison la terrorisaient. Et puis il y avait la drogue qui prenait de plus en plus de place dans la vie de Paul. Talitha est morte dans leur appartement romain. La vérité est qu'elle voulait divorcer. Elle était allée à Rome parler des modalités de la séparation avec Paul. Ils avaient fini par prendre ensemble de l'héroïne, comme un illusoire calumet de la paix. Ce qui était une prise normale pour Paul était beaucoup trop pour Talitha qui a fait une overdose. Je suppose que Paul était tellement défoncé qu'il n'a pas saisi la gravité de l'état de Talitha. Lorsqu'il s'est enfin rendu compte qu'elle était dans le coma, il a appelé une ambulance, mais elle est morte avant d'arriver à l'hôpital. Elle avait 30 ans. Je ne peux pas imaginer Talitha vieille parce que ma mémoire a gardé l'image d'une splendeur bien vivante. Je repense à leur lune de miel à Tanger, lorsqu'ils avaient écrit leurs prénoms dans le sable. J'ai rarement vu deux personnes aussi heureuses, aussi pleines d'amour l'une pour l'autre. Mais la drogue ne tolère pas que vous soyez heureux. Et je doute que Paul le fût un jour dans le chaos que fut son existence ».

Deux ans après la mort de Talitha, l'un des fils que Paul avait eus avec sa première femme fut enlevé par la mafia calabraise, qui exigea une rançon de 3,2 millions de dollars en échange de sa libération. Le vieux grippe-sou de Getty Senior refusait de débourser un cent alors que, au même moment, il pouvait dépenser en une matinée six millions de dollars chez Christie's. Lorsque l'oreille droite de Paul Getty III fut expédiée à un journal, le grand-père se décida enfin à aider son fils à réunir la somme qu'il n'avait pas, mais en la déduisant de son futur héritage. Les deux hommes ne se revirent jamais. L'alcool, la drogue, les médicaments, le diabète et une cirrhose mue en cancer eurent raison de Paul Getty Junior, le 17 avril 2003. En souvenir de son abominable partie de bras de fer avec son propre père pour sauver la vie de son fils otage, il avait fait inscrire sur le mur de son appartement londonien de Green Park, cette phrase : "*Money isn't everything, but it sure keeps you in touch with your children.*"

« Le lendemain de l'annonce de la mort de Talitha en 1971, reprenait Bill Willis, une dame a téléphoné pour proposer de racheter le Palais Getty. Accablé de douleur, Paul a accepté de le revendre pour une bouchée de pain à cette épouse de l'un des plus grands noms de France. Elle semblait ignorer les règles élémentaires de la bienséance. Ce que cette dame fit subir au Palais était monstrueux de mauvais goût. Lorsqu'Alain Delon et Mireille Darc l'ont ensuite racheté, j'ai essayé de le remettre en état. »

La dernière fois que Bill Willis vit Anita, c'était il y a mille ans ou presque. Il passait quelques jours à Nellcote, la villa que Keith avait louée à Villefranche en 1971. « Il y avait tellement de drogue dans cette maison que j'ai été soulagé de la quitter en vie. C'était une demeure sublime qui avait une particularité : un lavabo ovale en porcelaine sans vidange. Il fallait le tourner vers le bas et tout partait dans des évacuations. Les rampes des escaliers en ciment étaient sculptées en branches d'arbres jusqu'à un petit quai d'embarquement. Si vous voulez connaître le fond de ma pensée, Talitha, Anita et Marianne ont une multitude de points communs. C'étaient des femmes ravissantes, désirables, éduquées. Le père de Talitha était William Pol, un peintre connu, l'arrière-arrière-grand-père d'Anita était Arnold Böcklin, qui a peint *L'Île des morts*. Ces créatures étaient pleines de curiosité et de courage, parce qu'il faut être courageux pour tenter sans cesse de nouvelles expériences. Des filles de bonne famille tombées un peu par hasard dans un milieu qui allait à toute vitesse. Un milieu qui n'existe plus. Dans les années 20, un chanteur invité à donner un récital lors d'une réception dînait avec les domestiques à la cuisine. Depuis l'époque du *Swinging London*, une rock-star est fêtée comme un prix Nobel de littérature dans les dîners en ville, et c'est un peu excessif. »

Bill Willis avala une rasade de bourbon, se tut un moment. Je regardai le feu de cheminée. Sur les murs plongés dans une semi-obscurité, les tennismen semblaient s'animer, au gré des flammes dansantes.

« J'ai 69 ans, reprit-il en me fixant de ses yeux clairs cernés de noir. Je ne suis pas vraiment reclus, mais je refuse que mes vieux amis me voient décliner, comme je refuse de les voir plus ou moins ravagés par le temps qui passe. C'est sans doute de la vanité mal placée, mais je prends. J'étais un fils unique, choyé, et j'adore la solitude. Quand une chose est bonne, elle est toujours bonne ; quand elle est belle, elle est toujours belle. J'ai eu une belle vie et une belle carrière. J'ai travaillé pour Yves Saint Laurent, Pierre Bergé, les Agnelli et tout le gotha de Marrakech. Une amie membre d'une grande famille aristocratique britannique m'a demandé un jour de lui énumérer pour un livre qu'elle préparait les petits bonheurs et autres avantages de l'après-cinquantaine. Mais c'est une bouffonnerie totale ! Il n'y a pas beaucoup de joie d'avoir plus de 50 ans. J'aimerais bien avoir 28 ans de nouveau, et vous savez pourquoi ? Parfois je regarde les photos du passé et je constate que je n'ai jamais été aussi beau que sur l'une d'entre elles où j'ai 28 ans. Pas 27, ni 29. Non, 28 ans ! Le nombre d'or de toute vie humaine ! 50 ans, c'est le bout du monde et le début de la chute finale. Profitez-en, mon cher », me glisse-t-il en me raccompagnant à la porte de son palais désert. Je me demandais si cet avertissement n'était pas un clin d'œil à la fameuse phrase prononcée par Frank Sinatra lors de la fête donnée pour ses cinquante ans et que m'avait souvent répétée mon père. Le crooner avait terminé son discours de remerciement par ces mots : « J'ai peut-être cinquante ans aujourd'hui, mais mon âme aura éternellement vingt-huit ans. »

Vingt-huit ans... Lorsque Bill Willis ne rêvait pas encore aux minutes heureuses des jours écoulés. *De sa chandelle qui expire, on aperçoit la lueur...*

L'histoire étrange
du nombril de la cousine d'Anna Karina

« Tu t'en vas à la dérive
Sur la rivière du souvenir... »
Serge Gainsbourg, *La Noyée*

Anna Karina, elle aussi, avait croisé Anita et Nico, cover-girls comme elle chez Catherine Harlé. Elle était arrivée à Paris avec ses 17 ans, sa queue de cheval et une grande innocence, quittant Copenhague sans connaître un mot de français, espérant devenir comédienne. Pour survivre, et en attendant que son français s'améliore, elle dessinait des portraits à la craie sur les trottoirs. Ça ne rapportait pas gros... Chez elle, au Danemark, elle avait été fille d'ascenseur dans un grand magasin, mais elle était vite redescendue parce qu'il y avait sans cesse des petits vieux qui tentaient de la tripoter sous sa jupette grise.

Au Lutétia, on ne voyait que ses yeux immenses sous un chapeau de diseuse de bonne aventure. Anna Karina était devenue une légende un peu par hasard. Légère, souriant au passé qu'elle promenait comme un trophée agréable à contempler, mais pas plus que ça, Anna Karina se souvenait de ses premiers pas sous les sunlights un peu ternes de la ville – passante sans souci, un peu affamée, se nourrissant de cafés aux Deux-Magots, là où ses grands yeux feraient mouche dans ceux d'une femme, Catherine Harlé.

« Lorsque j'ai débarqué à Paris en 1958, je ne savais pas où habiter, aussi me suis-je précipitée à l'église danoise qui m'a trouvé une chambre de bonne dans le Marais, raconte Anna Karina, qui marie joliment des restes d'accent nordique à des expressions parigotes. Comme je n'avais pas un rond, je traversais Paris à pied sur mes hauts talons, vêtue de ma robe noire en tricot. Et c'est en me déplaçant à pinces que j'ai découvert par hasard Saint-Germain-des-Prés, où je trouvais que les filles me ressemblaient davantage qu'ailleurs. Des tronches un peu négligées, un peu bohèmes… Aux Deux-Magots, Catherine Harlé m'a abordée en anglais pour me proposer de faire des photos. Je lui ai demandé quel genre de photos, car dans ma tête j'entendais la voix de mon grand-père me mettant en garde avant de quitter Copenhague contre ces Parisiens embobineurs qui pouvaient vous expédier dans un bordel d'Amérique du Sud. J'étais méfiante, mais j'ai accepté, même si je n'avais aucune idée comment poser. Sur ma première série réalisée pour *Jours de France*, je portais un chapeau Balmain et des vêtements qui me vieillissaient énormément. Avec ce que j'avais gagné, j'ai pu me nourrir quinze jours. Hélène Lazareff, la patronne de *Elle*, trouvait que mon nom, Ann-Karin Bayer, ne faisait pas très mannequin, aussi, après avoir réfléchi un instant avec Coco Chanel, elle m'avait rebaptisée Anna Karina.

— C'est à cette époque que vous avez rencontré Anita Pallenberg et Nico ?

— Oui. Anita était une fille marrante, très vivante. Elle n'était pas encore avec son petit Rolling Stones, Brian Jones. On a fait beaucoup de photos ensemble. Avec Nico aussi. Elle était gentille, mais, à cette époque-là, pratiquement mutique. Une fille à part, comme déjà habitée par son propre univers. Moi, je voulais percer dans le cinéma, mais, en attendant la gloire, je n'arrêtais pas de travailler comme mannequin, et j'acceptais tout, même les réclames pour les machines à laver. J'économisais comme une folle pour atteindre la somme symbolique de cinq briques que je considérais comme nécessaire pour vivre trois ans à Paris, si la chance tournait.

— Jean-Luc Godard vous a découverte dans un film de pub où vous apparaissiez, la tête dépassant d'un bain de mousse…

— Il m'a fait venir chez lui pour *À bout de souffle*. Il fallait que je me déshabille. Et j'ai refusé. Il a pris, comme vous le savez, quelqu'un d'autre qui avait été plus conciliant. Jean Seberg. Mais, plus tard, il m'a fait revenir pour un autre projet. Je lui ai demandé s'il fallait encore se déshabiller ; il m'a répondu : "Non, pas du tout. Revenez demain signer votre contrat. Je vous dirai ensuite ce que vous devrez faire." Et voilà, comment on se retrouve à tourner dans quelques films marquants. » À propos de Marquand, Anna Karina se souvenait de la première fois où elle avait vu Tina. « Nous étions voisines puisque j'habitais par le plus grand des hasards rue de Bassano, au-dessus de chez elle, lorsqu'elle vivait avec Marquand. C'était une jeune femme d'une beauté intense, assez réservée et habitée par un grand feu intérieur. Un jour, ma cousine, qui était venue me voir à Paris, est tombée dans le hall sur un petit Américain blond à l'œil bleu vif et qui s'est montré tout de suite très entreprenant. C'était Marlon Brando, qui logeait chez les Marquand. Ma cousine n'était pas vraiment impressionnée. Brando avait pourtant réussi à la mettre dans son lit. Jusqu'au moment où l'acteur s'est mis en tête de la pénétrer par le nombril. Il insistait sans vraiment rigoler. Elle l'avait pris pour un dingue et s'était barrée vite fait. »

Miller's Residence

« Si tu veux devenir une star,
commence par apprendre à boire de la vodka. »
Robert Mitchum à Michael Madsen

Le photographe Dominique Tarlé donnait une fête à l'occasion de son vernissage londonien. Cela se passait à la Miller's Residence, une maison du XVIIIe siècle transformée par son propriétaire en un insoupçonnable palais des Mille et Une Nuits croulant sous les tableaux, les tentures, les tapis, les étoffes aux motifs cashmere, les poteries, les candélabres dégoulinants de cire, comme si Oscar Wilde et Audrey Bearsdley avaient hérité des razzias du pirate Morgan pour en faire un modèle de capharnaüm *flabby chic.* Dans le grand salon où un feu crépitait, des cascades de fruits exotiques voisinaient avec des magnums de Veuve Clicquot bien frappés et bientôt sabrés d'un coup de sabre d'Empire. *Beggar's Banquet* ressuscité sur Westbound Grove, à deux pas des puces de Portobello. De jolies femmes vêtues et coiffées comme il y a quarante ans, *Mary Quant meets Vidal Sasoon,* parlaient à voix basse, alanguies sur l'un des canapés aux motifs turkmènes. Quelques obscures beautés passées, au regard triste et alcoolisé, témoignant de ce que le temps réservera à leurs cadettes. Un couple d'Américains était venu de San Francisco en jet privé pour acheter quelques photos à Tarlé. Le type, un musicien qui avait aussi fait fortune dans la nouvelle économie, me raconta comment John Entswhistle, le bassiste sexagénaire des Who, était mort à Las Vegas quelques mois auparavant, entre deux putes, après avoir perdu un million de dollars d'un coup au casino, bu des hectolitres d'Aberley de dix ans d'âge et sniffé un peu trop de coke. Inutile était désormais le soleil pour un long sommeil. Tout cela était-il vrai ?

Anita Pallenberg fit soudain son apparition, marchant difficilement avec une canne, fatiguée, mais contente d'être là, dans ce revival tranquille des sixties. Le maître des cérémonies allait d'un groupe à l'autre. Le champagne coulait. On attendait maintenant Patti Boyd. Elle apparut enfin, embrassa Anita, *blonde on blonde.* Elle était toujours très belle, fine et cambrée, avec quelque chose d'animal qui n'avait pas disparu avec les années. Sexuelle. Elle rentrait de je ne sais quel royaume microscopique d'Asie très en vogue et ne semblait pas tenir en place. Assez nerveuse, de grands yeux d'où se dégageaient force et domination. Présentations. Elle était volubile. Ce n'était pas difficile. Zouzou et Amanda Lear m'avaient parlé d'elle avec beaucoup de sympathie. Elles l'avaient rencontrée lorsqu'elle vivait avec George Harrison, timide et gentille jeune fille, dans l'ombre du Beatles taciturne et pince-sans-rire. Mannequin chez Models 1, comme Amanda Lear, elle avait posé pour Mary Quant, était devenue ambassadrice de la marque Too Cool Britannia, copinait avec Jean Shrimpton et David Bailey. Patti Boyd avait été vite repérée par Richard Lester, qui l'avait choisie pour tourner plusieurs spots de pub, dont un pour une marque de chips. Avant de lui proposer le minuscule rôle d'une écolière prénommée Jean dans *Quatre garçons dans le vent* que les Beatles tournèrent sous sa direction en 1964. Pour ce film, Patti n'avait pas nécessairement besoin de sortir de la Royal Shakespeare

Company. Elle n'avait qu'un mot à apprendre et c'était une question : « Prisoners ? » Patricia Anne Boyd, à l'état civil, s'en était bien sortie. Au fait, quel Beatle prisonnier allait-elle délivrer de la cohorte des fans énamourés ? George Harrison l'avait remarquée. Il lui signa un autographe et l'invita dans sa loge, ce qu'elle refusa. Il l'invita à dîner, ce qu'elle accepta. Ils devinrent amants. Elle dut apprendre à se défendre, parfois physiquement, contre des filles qui l'insultaient en l'accusant de leur avoir dérobé leur George bien-aimé. Ils se marièrent le 21 janvier 1966 dans le Surrey, tous les deux habillés par Mary Quant. En sa compagnie, elle testa la philosophie brumeuse du Maharishi Mahesh Yogi et la conduite casse-cou de George, qui finit, pour elle, par une hospitalisation. Une nuit, lors d'une fête, Eric Clapton avoua à George qu'il était amoureux de sa femme. Celui-ci répliqua : « D'accord ! Je te l'échange contre ta petite amie. » Ce n'était pas vraiment drôle et Patti fit la grimace. Le couple battait de l'aile. Pourtant Patti s'obstinait à y croire encore et résistait aux avances régulières de Clapton, qui composa *Layla* rien que pour elle. Une dizaine d'années plus tard, lassée de George et enfin prête, elle divorçait et épousait à Tucson, en Arizona, le guitariste anglais.

« Mais Eric se défonçait de plus en plus à l'héroïne, me dit-elle. Dans ma grande naïveté, j'avais cru pouvoir l'aider à s'en sortir. Il a alors arrêté la dope pour plonger la tête la première dans l'alcool. C'était dur et décevant. »

Lorsque Patti Boyd apprit que Clapton venait d'avoir un enfant avec une « actrice de porno italienne », elle quitta la maison pour ne plus y revenir. *Too much is too much*.

« Je me souviens que je me suis retrouvée seule dans le métro. Il y avait une affiche pour un concert d'Eric. Je ne savais pas si je devais en rire ou en pleurer. Je comprends ce qu'ont traversé Anita, Zouzou et Marianne. C'est dur de se retrouver démunie et seule face à soi-même, comme ça, d'un coup. Mais c'est aussi un challenge, une épreuve qui vous pousse dans vos retranchements, à aller plus loin et à vous révéler meilleure que vous ne le croyiez.

— Vous n'avez pas l'air si proche ce soir d'Anita...

— Oh, je la croise de temps en temps, mais, vous savez, cette femme est un peu le diable. Il ne faut pas trop s'approcher du diable sinon qui sait ce qui peut vous arriver? »

Elle se mit à rire et dans ses grands yeux à la Van Dongen dansaient des petites flammes. Vivantes, crépitantes, brûlantes, comme l'existence de cette créature devenue photographe. Elle allait s'envoler pour San Francisco, qui accueillait dans une galerie une rétrospective de ses « photos de famille », comme elle dit. Souvenirs de vacances ou de bamboches avec George Harrison et d'autres, devenus des témoignages inestimables. J'avais trop bu, je montai me coucher. Dehors, de mon lit suspendu, je regardai par la fenêtre le ballet des ombres frôlant les murs. Seul, un livre ouvert, *Baltiques* de Tomas Tranströmer, et des pensées qui s'échappaient comme des lambeaux de nuages flous.

À 20 ans, j'avais mené la vie de Palace sans rien avoir dans les poches. J'étais jeune alors et je courais les rédactions. Mais ce qui me faisait encore plus cavaler, c'était cette cour des Miracles aux allures de piste aux étoiles où officiait un Monsieur Loyal qui avait droit de vie ou de mort sur la meute hurlante. Fabrice Emaer, le créateur de cette autre parenthèse enchantée (1978-1983). Mes amis et moi, ou ceux que j'apercevais de loin en loin, menions une existence fondée non pas sur l'alternance des jours et des nuits, mais sur celle des nuits et des jours. La nuance est importante : il me semblait évident que la nuit éclairait ma vie et rejetait dans l'obscurité le jour, pâle antichambre du faubourg Montmartre. Notre biorythme obéissait à la loi des rapaces nocturnes. Cœur chaud, sang froid, si l'on veut. J'habitais rue Quincampoix, près des Halles. Ma cantine était le Royal Mondétour, un restaurant tenu par des bouledogues auvergnats où je rencontrais la styliste Adeline André qui avait mis au point la veste à trois manches, son ami hongrois Stefan qui ressemblait à un boyard échappé d'un film de Murnau, l'illustrateur Dominique Gangloff, son amie Corinthe, Philippe Krootchey, le chanteur Henri Flesh, le cinéaste Vincent Dieutre qui me faisait écouter Gesualdo (avant de filer à ses rencontres en lançant à la cantonade son palindrome un peu bancal : « Le Palace, on s'en lasse pas »), Titus, le dandy de poche à béret FTP, Cyril Putman qui était encore un enfant, Edwige, David Rochline, Paquita Paquin, François Baudot, Alain Pacadis qui s'était endormi une nuit sur la moquette de mon studio de la rue Quincampoix… Une cohorte d'ombres que je ranimais cette nuit-là à Londres, cette nuit sans sommeil, sur la pointe des pieds, car ce *name-dropping* était forcément déprimant. Beaucoup étaient morts, d'autres avaient disparu, d'autres étaient devenus fous, d'autres enfin trimballaient leur existence comme un fardeau devenu encombrant et s'arrangeaient pour redessiner un passé d'ancien combattant des boules à facettes. Je les évitais, car je n'ai jamais aimé cette image du passé que, peut-être, ils me renvoyaient.

Grande Amanda et petit Brian

La fête se rappelait à nos bons souvenirs avec Amanda Lear, qui fit quelques belles nuits du Palace, avant de tourner diva télégénique transalpine, brushing à la Farrah Fawcett et lucidité de sceptique grec derrière cette comedia dell'Rai. Elle arrivait de Rome où elle venait d'achever le tournage d'un film américain avec Ernst Borgine et Vincent Gallo, qui jouait son fils, et m'offrait *Forever glam*, sa compil' de reine du disco, qui sortait tout juste. « Follow me », chantait-elle en 1978 sur les fonts baptismaux du Palace. Je la suivais dans un restaurant chinois du bas des Champs-Élysées. La voix sonore, si identifiable, de canard résonnant au fond d'un tunnel, vêtue d'un ensemble panthère stars and strass. Amanda, ce n'était pas un scoop, presque une fixation, me parla de Madonna, qui, assurait-elle, avait tout pompé à ses débuts sur son look (blouson de cuir sur petit tee-shirt), sa coiffure qui rebiquait, une invention de José Hébert, le coiffeur de la divine Farrah Fawcett. Elle vivait ça comme un hommage. « Tout compte fait, je préfère avoir influencé Madonna qu'Annie Cordy. J'ai marqué toute cette période disco. J'ai été une *disco queen*, comme Gloria Gaynor, Grace Jones, Donna Summer et les Village People, ces folles moustachues. L'ère disco a représenté l'apogée d'un monde insouciant. Il n'y avait pas encore le sida ni le terrorisme diffus et omniprésent, et la cocaïne n'était pas encore aussi répandue que le sucre ou le café.

Un soir, Fabrice Emaer m'a appelée à Londres : "Je lance dans deux semaines une nouvelle boîte et j'aimerais que vous l'inauguriez". Je me suis retrouvée sur la scène du Palace devant un millier de personnes triées sur le volet (cinq mille attendaient dehors). *Paris Match* avait dépêché Roger Peyrefitte pour faire un grand papier. J'ai eu ce soir-là Paris à mes pieds. Tout ça me faisait rigoler, car je n'avais pas attendu le Palace et la France pour être une superstar internationale. *Façade* a fait ensuite sa couverture, et Pacadis a beaucoup écrit sur moi. J'ai curieusement fait la fermeture du Palace lors d'un *gay tea dance*, il y a dix ans. La boucle était bouclée. À sa grande époque, le Palace était plus amusant que le Studio 54. Là-bas, ma bande, c'était Lisa Minelli, Andy Warhol, Paloma Picasso qui n'avait pas encore hérité de son grand-père. »

« *From the beginning* ». Amanda déroulait son ère paléolithique, mais je souhaitais remonter au précambrien, et un peu plus loin encore, lorsque cette grande fille sautait à pieds joints le Channel, du passage Choiseul à Chelsea, sur *Runaway* des Small Faces. L'enfant aimait la peinture, passant son temps avec des crayons de couleur à la main. Une fois métamorphosée en belle blonde, Amanda s'était inscrite aux Beaux-Arts. C'était une étudiante fauchée qui se trouvait moche : trop maigre, les cheveux trop raides, un appareil dentaire, des jambes qui n'en finissaient pas. Mais un jour, devant le Flore, « une petite femme boulotte » se leva et lui sauta dessus : « Je m'appelle Catherine Harlé. J'ai une agence de mannequins. Voulez-vous travailler pour moi ? » Amanda ne savait pas trop quoi répondre, car elle n'avait jamais défilé ni posé. Mais elle avait faim, de reconnaissance et de célébrité. Catherine Harlé avait ajouté : « Vous êtes exactement le type de fille que je cherche. Je vous engage. »

« Ce que je prenais pour des défauts, m'expliquait Amanda en plongeant ses baguettes dans un bol de riz, étaient des qualités dans le milieu de la mode. On cherchait de grandes tiges filiformes et dégingandées qui ressemblaient vaguement à Françoise Hardy, la référence absolue… Catherine Harlé m'a alors présentée à Paco Rabanne, qui est tombé fou amoureux de ma dégaine. Il me faisait porter des robes en métal qui me tailladaient de partout. »

Comme Amanda n'avait pas un sou, Catherine lui avait proposé de rappliquer passage Choiseul, dans sa maison de trois étages où tout le monde passait, les jolies filles comme les garçons, attirés par elles, Anna Karina, Nico, Elizabeth Teissier, Olga Georges-Picot… À peine posé son baluchon, elle rencontra une autre *roommate*, Anita Pallenberg. Anita vivait alors sa passion tumultueuse – on pourrait d'ailleurs l'écrire tumulte-tueuse, tant c'était parfois violent – avec Brian Jones. Tout en travaillant pour Catherine Harlé, Amanda décida de poursuivre ses études artistiques à Londres à la Saint Martin's School of Art. Elle était après tout britannique et c'était pour elle un retour aux sources. Harlé la recommanda auprès de Models 1, une agence anglaise avec laquelle elle travaillait. À Londres, par Anita et Brian, elle rencontra Marianne Faithfull, les Stones, les Who et les Beatles. « À l'époque, me dit-elle entre deux nems, c'était très chic de sortir avec des rock-stars. Aujourd'hui, il y a une baisse de niveau : les mannequins préfèrent les footballeurs. »

Patti Boyd, une autre copine top, vivait alors avec George Harrison. La vie assez tranquille d'Amanda bascula le jour où Anita plaqua Brian Jones pour Keith Richards. Assez mal en point, Brian était venu habiter chez elle, sur Sloane Avenue. Ils resteront quelques mois ensemble, mais ce fut vite insupportable. « Brian était complètement drogué. Il prenait des somnifères pour dormir, du speed au réveil, de la défonce agrémentée d'alcool pour tenir le coup la journée. Une horreur. Un beau jour, j'en ai vraiment eu marre de cette vie apocalyptique et je l'ai largué. Je devais partir retrouver Dalí en Espagne lorsque Brian m'a appelée en me proposant de passer chez lui, dans sa nouvelle maison de campagne. Il insistait en me faisant comprendre qu'il avait besoin de ma présence à ses côtés, et maudissait les Stones qui l'avaient laissé tomber alors qu'il était au plus mal. Il voulait me faire écouter ses enregistrements réalisés avec les musiciens de Jajouka, qu'il se passait en boucle. J'ai cédé. Il a envoyé son chauffeur me chercher, mais, en chemin j'ai réfléchi et me suis dit non, ce n'est pas possible, je ne veux pas retomber dans cet enfer. J'ai alors demandé au chauffeur de me déposer à l'aéroport. J'ai quitté la Bentley sans regret. J'ai pris un avion pour Barcelone et, le lendemain, à peine installée à Cadaquès chez Dalí, j'ai appris la mort de Brian. Ce fut terrible pour moi parce que, si j'avais été là, je ne l'aurais jamais laissé nager seul avec tout ce qu'il ingurgitait. Les gens qui l'entouraient étaient vraiment des cons inconscients. Sa noyade m'a longtemps traumatisée, pourtant je ne pouvais vraiment plus le voir. C'était au-dessus de mes forces mentales et physiques. La petite amie la plus attentionnée, la plus compréhensive ne peut rien faire pour un junkie dépressif. Brian avait avant tout besoin d'un bon médecin et d'un psychiatre. »

Amanda reprit à Londres son existence de mannequin étudiante en arts et fêtarde, mais c'est à Paris que son cœur battait désormais. Pour un vieil homme qui tenait du génie et du clown un peu pathétique. Amanda avait fait quelques années auparavant une rencontre qui allait changer sa vie. Un soir, après avoir défilé pour Paco Rabanne, Donald Cammell et le couturier l'avaient emmenée dîner chez Castel. Cammell, un « type très intelligent et très avant-garde », avait pris quantité de photos de cette blonde hypertypée. Des décennies plus

Londres, 1965. Deux« birds » très déplumés à l'assaut de la liberté sexuelle et de l'hédonisme inspirant.
© Frank Habicht / IDEAS FOR FILMS

De gauche à droite : fin de repas très agitée sur fond de Kinks, Robert Fraser, Deborah Dixon, Anita Pallenberg et Patrick Bauchau à Grimaud, en 1967.
D. R. Collection Deborah Roberts

Trio infernalement assorti : Jean-Pierre Kalfon, Bernadette Lafont et Valérie Lagrange dans l'objectif de Pascal Aubier.
© Pascal Aubier

Deux « Today girls » londoniennes du printemps 1966
avec un clone de Julie Driscoll au premier plan.
© Frank Habicht / IDEAS FOR FILMS

Frank Habicht avait intitulé cette photo « Le Jugement dernier ».
Dans cette boutique de King's Road cohabitaient sur les murs Veruchka, Lyndon Johnson, Frank Zappa, sans oublier le pape Paul VI… Parmi les filles, solitaire, au troisième plan, un futur Rolling Stones nommé Ron Woord.
© Frank Habicht / IDEAS FOR FILMS

Catherine Harlé, la femme qui fit débuter Nico, Anita et Amanda, et que Dutronc immortalisa dans « Les Playboys ».
D. R. Collection Nicolas Harlé

Tanger, 1966 : William Burroughs et Deborah Dixon au bar de l'Hôtel Minza.
La jonction entre la beat littérature et la bande de Donald Cammell.
© Donald Cammell

Brian Jones en 1966 dans la médina de Fès, avec en arrière-plan sa petite amie
Linda Lawrence qui épousa ensuite Donovan.
La révélation d'une autre musique possible…
© Donald Cammell

L'atelier de Donald Cammell et de Deborah Dixon, rue Delambre, à Montparnasse, fut l'un des endroits stratégiques de l'axe Paris-Londres. Ici, Deborah et Anita, lookée Zorro, en 1965.
© Donald Cammell

Zouzou, splendide égérie de Saint-Germain-des-Prés, en compagnie du cinéaste Philippe Garrel, à l'époque de *Marie pour mémoire*, en 1967.
D. R.

Donald Cammell, le co-auteur de *Performance*, et Deborah Dixon,
sa compagne et sa muse des folles années parisiennes.
D. R. Collection Deborah Roberts

Festival du Jeune Cinéma, Hyères, avril 1968.
Debout : Alain Jouffroy, Philippe Garrel, Jacques Doniot-Valcroze,
Françoise Brion. Assis : Jackie Raynal et Charles Matton.
D. R. Collection Pascal Aubier

Un couple légendaire du Paris underground de la fin des sixties : la comédienne Tina Aumont et le peintre Frédéric Pardo.
D. R.

Anna Karina, ici avec le cinéaste Pascal Aubier, débuta comme cover-girl chez Catherine Harlé avec Anita Pallenberg et Amanda Lear.
D. R. Collection Pascal Aubier

Alejandro Jodorowski dans toute son éclatante beauté, à l'époque où il rencontra Catherine Harlé.
© Catherine Harlé

Sublime madone : Anita Pallenberg, dans l'objectif de Catherine Harlé.
© Catherine Harlé

Garçonne motorisée, égérie oubliée du Londres sixties, cette fille intrigante prénommée Renée était, d'après le photographe Frank Habicht, « *The leader of the gang* ».
© Frank Habicht / IDEAS FOR FILMS

Un petit groupe doué pas encore trop célèbre : les Rolling Stones en 1964 avec le timide Keith Richards planqué à droite.
© Frank Habicht / IDEAS FOR FILMS

Autre point de rencontre essentiel des Anglais et des Français : l'agence de mannequins de Catherine Harlé, passage Choiseul. De gauche à droite : Michel Taittinger, Amanda Lear, Denis Deegan et Nicolas Harlé, le fils de Catherine. Derrière : Keith Richards, jamais sans sa guitare…
© Catherine Harlé

1969 année érotique et entente plus que cordiale entre la France et l'Angleterre, à travers deux de ses plus beaux spécimens.
© Frank Habicht / IDEAS FOR FILMS

Découverte au Flore, une beauté énigmatique alors étudiante
aux Beaux-Arts : Amanda Lear photographiée
par Catherine Harlé.
© Catherine Harlé

tard, elle conservait le souvenir d'un réalisateur « trop en avance pour son époque, chez qui je passais beaucoup de temps ». C'est rue Delambre, chez le couple Cammell-Dixon qu'Amanda se lia avec Roman Polanski, Patrick Bauchau, Barbet Schroeder, avec La Coupole comme lieu nocturne de ralliement...

Chez Castel, ce soir-là, Donald Cammell et Paco Rabanne l'avaient présentée à Salvador Dalí, qui s'était écrié en la voyant : « Vous avez la plus belle tête de mort que j'aie jamais vue ! » Agréable à entendre pour une fille qui s'était préparée pendant trois heures. Pas vraiment contente, elle avait balancé à l'oreille du flegmatique Paco : « Mais qui c'est, ce con-là ? Pour qui il se prend ? » La situation s'était aggravée lorsque Amanda expliqua benoîtement à Dalí qu'ils étaient collègues, puisqu'elle aussi était artiste peintre. Le maître à moustaches aérodynamiques l'avait regardée comme si elle avait professé la pire des horreurs : « Ma pauvre fille, ne me montrez jamais vos peintures ! Les femmes n'ont aucun talent artistique. Celui-ci réside exclusivement dans les couilles et, comme vous n'avez pas de couilles, vous n'avez pas de talent ! »

« Je pensais ne plus jamais revoir ce macho, mais il m'a rappelée le lendemain pour m'inviter à déjeuner et là, loin de sa cour de pédés obséquieux, de pétasses immondes, de garçons coiffeurs sans intérêt, il s'est révélé être un amour. Plein d'humour, il me raconta des histoires fascinantes. Nous sommes restés ensemble une quinzaine d'années avec l'accord de Gala qui fermait les yeux et m'aimait beaucoup. Il était mon amant, mon ami, mon père, mon grand frère, mon professeur de peinture, mon gourou, mon Pygmalion... Dalí m'a présentée à tout ce que la terre comportait de génies ou de personnages importants, de Rostropovitch à Onassis, du roi d'Espagne à Alice Cooper, le rocker aux serpents. »

Amanda ouvrait de grands yeux, de si grands yeux que Dalí trouvait qu'elle avait le regard d'une libellule. Elle continuait de faire ses allers et retours entre Paris et Londres, où ça marchait bien. David Bailey réalisa à cette époque des photos d'elle. « J'ai refait récemment une série avec Bailey, mais il est malheureusement toujours dans le registre *Blow-Up*: "Vas-y chérie, comme ça, là oui… tu me fais bander…" Un truc de vieux con démodé. Pourtant c'est vrai, les stars de Londres, dans les années 60, étaient non seulement les rockers, mais les photographes : David, mais aussi Terence Donovan, Terry O'Neil… »

Un jour de 1966, Dalí offrit un billet d'avion à Amanda pour le rejoindre à New York, au St Regis. Le soir de leurs retrouvailles, ils allèrent boire un verre au Max Kansas City, dans le Village. La première personne sur laquelle Amanda tomba était Nico, déjà rencontrée chez Catherine Harlé. « Comme toujours complètement abrutie avec sa grosse voix monotone d'outre-tombe et d'outre-Rhin. » Nico lui présenta Andy Warhol, Paul Morrissey, « le plus doué de la bande », Lou Reed, John Cale, Gérard Malanga, Candy Darling, Jack Curtis, Viva Superstar, toute la clique de la Factory. Warhol l'invita peu après au Radio City Music-Hall à un concert des Jackson Five avec le petit Michael « déjà formidable ». Mais Andy trouvait ça *boring*, comme à peu près tout dans la vie. « Je les préfère à la télévision, viens, on s'en va… » lui lança-t-il de sa voix monocorde et triste. « Ça m'a énervée, mais Andy était comme ça, préférant l'artifice à la réalité. »

À New York, Amanda tomba amoureuse d'un riche Américain riche complètement camé (il faut croire qu'elle les attirait) et l'histoire s'acheva en queue de poisson. Dalí ne savait quoi faire pour elle, c'est Gala qui lui remonta le moral et lui paya un billet pour rentrer à Londres. Un jour qu'elle défilait pour Ossie Clark,

« un type bourré de talent que tout le monde pompait, Saint Laurent le premier, et qui finit poignardé en 1996 par son amant », un homme l'accosta dans les coulisses et se présenta : « Je m'appelle Bryan Ferry et je suis le chanteur de Roxy Music, je vous ai trouvée fascinante et je voudrais que vous posiez sur la pochette de notre prochain album. » Amanda n'avait jamais entendu parler de ce type ni de son groupe, mais accepta aussitôt, car elle avait besoin d'argent. Elle dut poser avec une panthère noire qui la terrifiait et exigea qu'on bourre la bête de Valium. On lui administra une telle dose que le félin redoutable se transforma en carpette amorphe. La panthère ne tenait plus debout, mais la pochette de *For your pleasure* n'était pas si mal.

« Et j'ai commencé à sortir avec mon Brian numéro 2, un gentleman bien élevé qui me montrait partout. Au bout de quelques mois, je connaissais tout ce que l'Angleterre comptait de stars, de Freddy Mercury à Elton John. C'est aussi l'époque où je faisais de la figuration dans les concerts de Roxy Music en traversant la scène habillée dans la même tenue que sur la pochette. » Mais, un soir, alors qu'elle somnolait chez elle, car elle avait conservé son pied-à-terre, Amanda reçut un appel de Marianne Faithfull :

« "Ma chérie, me dit-elle, je suis avec David Bowie qui est tombé fou amoureux de toi. Je te le passe." Bowie attaqua direct : "Je vous trouve sublime sur la pochette de Roxy Music. Venez dîner avec moi. Je vous envoie ma limousine." Bowie insistait malgré l'heure. J'ai fini par céder, curieuse de connaître Ziggy Stardust. Et je tombe dans le vestibule de sa maison sur un garçon épouvantable de laideur, avec des poils rouges en guise de cheveux, des dents de travers, un œil crevé, les sourcils rasés, une chose effrayante, comme sortie d'un mauvais rêve, qui me lance : "Je suis raide dingue de vous !"

Vous imaginez ma réaction de stupeur et d'inquiétude. Pourtant je dois avouer que, dès qu'il s'est mis à parler, je l'ai trouvé fascinant, assez pour rester avec lui un an et demi. C'est la première (et dernière) fois de ma vie que je suis sortie avec un garçon qui se maquillait plus que moi. Dès le lendemain, j'avais largué Bryan Ferry et David m'emmenait assister avec Mick et Bianca à un match de boxe qui m'a foutue K.-O.... d'ennui, et comme je n'avais pas vraiment d'atomes crochus avec Bianca, vous imaginez dans quel état j'étais. Notre histoire commençait fort, mais bon... »

Deux jours après, Amanda reçut chez elle un coup de fil d'une dame qui lui dit : « Bonjour, je m'appelle Angie. Pourrais-je parler à mon mari ? »

« Je tombais des nues parce que David s'était bien gardé de me dire qu'il était marié, et qu'il avait un enfant. Angie rentrait de voyage et j'ai alors pensé que notre idylle éclair était terminée. David, qui était à mes côtés, m'a alors prise dans ses bras et m'a dit : "Mais pas du tout ! Tu vas adorer ma femme, elle est très sympathique et elle comprend tout à fait mes multiples désirs." »

C'était reparti pour un ménage à trois, comme avec Dalí et Gala. Une situation pour le moins ambiguë qu'elle accepta, car elle était tombée amoureuse de « la chose effrayante ».

« Il faut dire qu'Angie a été formidable avec moi. Elle m'emmenait faire du shopping, choisir les dessous affriolants qui, selon elle, exciteraient David. Je dois reconnaître que David est la première personne qui m'ait conseillé de me lancer dans la chanson. Pour les autres, jusqu'à présent, c'était : "Sois belle et tais-toi !" Je n'en revenais pas. Il me disait : "Tu dois absolument chanter, car tu as un timbre extraordinaire." Il m'a payé des cours de chant et de danse et m'a mise sous contrat avec son manager Tony Defries. Ils m'ont expédiée à New York, installée dans une suite hors de prix et fait enregistrer un titre, *Star*, qui n'est jamais sorti. David organisait *party* sur *party* pour fêter mon futur succès, mais rien ne venait. Amanda Superstar pouvait toujours attendre ! On se foutait de moi ! Je me suis fâchée et suis rentrée en Europe et puis, coup de pouce génial du destin, une maison de disques allemande, Ariola, m'a contactée pour faire de moi une reine du disco. Lala Andersen, Zarah Lander, Marlène, Hildegarde Kneiff... Les Allemands adorent les blondes à voix grave. J'ai ainsi enregistré mon premier album à Munich. »

Quand elle repensait à ses années londoniennes, Amanda semblait partagée entre la nostalgie et une certaine tristesse empreinte de dégoût, ce qui peut se comprendre.

« J'ai des images inoubliables. Keith et Anita formaient un couple spectaculaire. Lui était devenu assez beau, sous l'influence indéniable d'Anita, avant de tomber complètement dans la came. Anita me fascinait parce qu'elle était en avance sur les modes. Toutes les filles essayaient de lui ressembler en copiant sa frange et ses tenues aussi excentriques que sexy. Elle avait lancé un genre de fille maigre, qui n'a pas froid aux yeux ni sa langue dans sa poche, un peu pitre et beaucoup partie, toujours en minijupe, qu'il vente ou qu'il pleuve. J'ai perdu volontairement tout contact avec elle, car je déteste la déchéance et la vieillesse accélérée, que je considère comme une maladie évitable. Je ne bois pas, je ne fume pas, je mange sainement, je marche et je suis toujours pas mal conservée. Voilà le prix à payer pour ne pas devenir une épave comme tant de copines de cette époque. Et pourtant j'ai pris de l'acide comme tout le monde. Je suis une survivante, ils sont tous morts ou presque. La plupart de ceux que je voyais à La Casserole sur King's Road, Francis Bacon, George Best qui a passé quelques nuits avec moi, Keith Moon avec lequel j'ai eu aussi une histoire, mais il était si bourré du matin au soir que je ne comprenais rien de ce qu'il me racontait et nous ne faisions pas grand-chose au lit. Tous morts et enterrés d'avoir picolé jusqu'à plus soif. J'avais des mœurs très libres parce qu'on était *free love, free sex, free drugs*, et je faisais ce que je voulais. J'ai vécu un parcours merveilleux, avec une chance inouïe parce que j'ai réussi une carrière extraordinaire en ne sachant rien faire de mes dix doigts. Londres était beaucoup plus amusante que Paris, parce que c'était une ville en ébullition. Tous les jours, les cinéastes, les musiciens, les photographes, les peintres se réveillaient avec de nouvelles idées qu'ils confrontaient entre eux. Aujourd'hui, c'est impossible, car les artistes ont peur de ne pas devenir millionnaires et se jalousent. Quand j'y repense, j'étais juste une jolie fille blonde, mais avec un "plus" qui faisait la différence : j'étais la copine de Salvador Dalí, ce qui fascinait les rock-stars. Ces types incultes étaient persuadés que Dalí peignait ses montres molles sous LSD. Je n'arrivais pas à leur faire entendre le contraire, et pourtant Dalí avait une sainte horreur des drogues. C'est moi qui ai présenté Yoko Ono et les Beatles à Salvador. Ça me donnait une aura incroyable. Je n'étais pas une blonde de plus dans le circuit rock'n'roll. Mais la proximité de ces gens-là m'a valu aussi ma part de déboires : j'ai été arrêtée à cause de Brian Jones pour possession de drogue. Comme une idiote, je trimballais dans mon sac à main ses Mandrax et son héroïne. La police a fait un jour une descente chez moi et trouvé des substances illicites. Et je me suis retrouvée au tribunal… »

Autres souvenirs, autres figures aperçues, des visages qu'elle brosse à grands traits… « Zouzou était vraiment magnifique, l'œil un peu cerné, une gueule pas possible. Une chic fille qui n'a pas été traitée comme elle aurait dû parce qu'elle n'a pas été assez pute. Elle ne jouait pas de rôle autre qu'être elle-même. Les filles vraies, pures et dures comme elle, sont souvent broyées par la vie. Penelope Tree, qui avait été mariée à David Bailey, était ma grande copine. J'étais tout le temps fourrée à Primrose Hill, chez eux. Il y avait aussi Veruschka, que Dalí aimait beaucoup. Il l'avait fait venir à Cadaquès à l'occasion de la préparation d'un numéro de Noël de *Vogue France*, dont il était le rédacteur en chef. Il trouvait qu'elle avait quelque chose de Mao Tsé-toung et, comme Veruschka prenait tout à la lettre, elle avait débarqué en Espagne déguisée en Grand Timonier. »

Amanda m'apparut fascinée par son propre destin, comme s'il s'agissait de celui de quelqu'un d'autre. Elle avait toujours vécu dans la schizophrénie la plus totale entre l'Amanda célèbre qu'elle découvrait en différé sur les écrans télé et celle qu'elle croyait être. Comme si elle avait de plus en plus de mal à faire cohabiter le personnage public, excentrique, provocateur, et le personnage privé, vulnérable, qui n'a jamais cessé de douter.

« Je pense à Marilyn, que Dalí avait bien connue et me décrivait comme une petite bonniche sans intérêt avec de gros nichons et un gros cul, mais qui pouvait se transformer sur commande en icône magnifique. Pour moi, c'est la même chose, un coup de Guronsan, un grand sourire, et hop ! je deviens une autre Amanda Lear quand on me demande de faire mon show. Je ne veux surtout pas finir comme Marlène, emprisonnée dans sa propre iconographie. Et pourtant Norbert Schulz, le vieux compositeur nazi, m'avait suppliée avant de mourir de rechanter son fameux *Lili Marleen* auquel il avait rajouté un couplet très "peace and love". J'étais la seule survivante de toutes celles qui avaient chanté son tube. Si je pouvais rester en Provence et vivre de ma peinture, je ne serais plus obligée de faire l'imbécile à la télé ! »

Amanda me confia cette nuit-là son rêve absolu : interpréter Lola Montès au théâtre, mais une Lola Montès sixties, reine du monde d'hier, exhibée dans une cage de cirque comme une belle panthère, avec Jean-Claude Brialy en Monsieur Loyal haranguant la foule, le fouet à la main, et qui hurlerait, par exemple, ceci : « Approchez, mesdames et messieurs, venez découvrir la grande Amanda Lear qui eut tous les hommes à ses pieds. Regardez ce qu'est devenue cette beauté pour laquelle les rockers écrivaient des chansons, se ruinaient en diamants et mouraient parfois. » Dans sa version, Louis II aurait cédé son trône à Brian Jones, Keith Moon, Bryan Ferry, David Bowie. Mais depuis ce dîner, le casting était à revoir : Brialy s'était lui aussi envolé.

Le cas Veruschka (entre autres)

« Elles sont toutes les personnages d'une même fiction.
– Fiction, c'est vous qui le dites ! J'appelle ça ma réalité. »
François WEYERGANS, *Le Pitre*

Il racontait un peu cette période franco-anglaise dans *Le Pitre*, son meilleur livre. François Weyergans, croisé souvent, plutôt la nuit, ignorait encore le jour où je le vis qu'il aurait le Goncourt quelques semaines plus tard. Il m'avait donné rendez-vous dans un de ces restaurants bruyants à la cuisine minimaliste et à l'enseigne d'une styliste, où l'addition vous déshabille pour l'hiver. Il semblait se réveiller. Cet animal nocturne et myope, au crâne poli comme un galet, avait fait un effort. Chez lui, d'habitude, le jour se levait à la tombée de la nuit. Je savais qu'il avait bien connu Veruschka et qu'il l'avait fait tourner avec Bianca Jagger en 1976 dans *Couleur chair*, le film qu'il avait réalisé au prix de dix mille embûches, jamais sorti, et qui faisait mentir Andy Warhol déclarant : « Bianca est la plus grande actrice de cinéma à n'avoir jamais fait de film. » Cet échec avait poussé Weyergans à revenir à la littérature. Il avait passé douze ans de sa vie sur ce film, et vingt-cinq ans à essayer de le faire sortir. En vain. En écrivant des romans, au moins évitait-il les faillites et rendait-il service à la littérature.

Il me parla un peu de ce fameux film maudit de sa voix hachée et un peu confuse. Des personnages se rencontrent dans une boîte de nuit appartenant à la jeune veuve d'un gangster, interprétée par Bianca Jagger. Il y a là Jorge Donne, campant un clown au chômage partageant l'existence d'une libraire (Anne Wiazemski). On croise aussi un photographe américain, Dennis Hopper. Lou Castel est un antipsychiatre à la Laing, Laurent Terzieff, un professeur d'université, et Veruschka joue une strip-teaseuse. Voire, mais pourquoi pas, à voir. Weyergans avait rencontré Veruschka à Londres en 1966. Un mannequin hallucinant qui posait comme personne dans des mises en scène incroyables de modernité. Elle avait joué dans *Blow-Up* et figurait même sur l'affiche. Veruschka était la fille du général allemand von Lehndorff, qui avait fait partie du complot contre Hitler de 1944. Son épouse et lui-même déjeunaient avec Ribbentrop, le ministre des Affaires étrangères nazi, le jour de l'attentat. La comtesse était restée à table pour meubler la conversation et faire diversion pendant que son mari courait téléphoner pour savoir si le complot avait réussi. Il échoua, comme on sait. Tous les membres de la famille furent immédiatement internés, alors que le général s'était enfui dans les bois. Mais la Gestapo avait placardé des affiches sur lesquelles figurait cette menace : « Rendez-vous, Général, sinon nous tuons vos enfants. » Il s'était évidemment rendu. Son supplice abominable fut filmé à la demande de Hitler, qui jubilait lors de la projection du « documentaire ». Certains des enfants auraient été violés en représailles. Cette histoire douloureuse expliquait pourquoi Veruschka semblait si habitée, si différente des autres mannequins. Elle apportait à la photo de mode un personnage fantomatique, un peu androgyne, qui n'appartenait qu'à elle.

« Elle avait la chance de prendre la lumière avec son squelette et pas avec la peau, m'assura Weyergans. Le squelette ne bouge pas avec les années. Les bons photographes font la différence entre les mannequins à squelette et les mannequins à peau. Les premiers ont une carrière plus longue parce que la carnation vieillissante n'est pas si importante dans la composition de l'image. C'est pourquoi Veruschka continue toujours de poser. »

Weyergans avait été actif dans les années 60 parce qu'il était en âge de l'être. Il allait à Londres pour chercher des disques de musique indienne que l'on ne trouvait pas à Paris. Il m'évoqua son premier voyage là-bas, son arrivée de nuit par un vol de la B.E.A. « Et je me suis tout de suite senti bien. À Paris, j'étais toujours angoissé, Londres m'a calmé. Un peu comme Rome. » Des souvenirs? Jimi Hendrix lui piquant ses Boyards. Marianne Faithfull filmée en Ophélie dans le *Hamlet* monté par Tony Richardson à la Roundhouse. Weyergans avait placé une caméra qui tournait autour d'elle. Il me parla aussi d'une interview assez désopilante avec David Hemmings, l'acteur de *Blow-Up*. De ses déjeuners avec Patti Boyd. Car, s'il fréquentait alors surtout des gens du cinéma, il aimait la compagnie de celles que l'on appelait encore des cover-girls. « Le comble du chic pour ces filles était de se faire photographier par Avedon ou Irving Penn. David Bailey et Terence Donovan étaient quand même un cran en dessous. »

Weyergans travaillait alors comme réalisateur pour *Dim Dam Dom* et fit pas mal de reportages à Londres. « J'ai connu Bianca par des amis communs. Le milieu du rock ne l'amusait pas du tout. Quand ils se sont quittés avec Jagger, elle n'avait rien, pas d'argent liquide, même pas de quoi se nourrir. Je l'invitais alors régulièrement au restaurant. À l'époque où Jagger et elle vivaient encore ensemble, ils m'avaient convié un soir à dîner dans leur demeure de Cheney Walk, le long de la Tamise. J'avais été accueilli dans leur bâtisse de six étages par un majordome qui ressemblait d'une façon inquiétante à Nosferatu. Jagger m'avait fait préparer du lapin à l'anglaise, mélange hasardeux de rongeur et de sauce impossible, ce qui horrifia Bianca. “François vient de Paris et tu vas lui faire avaler cette horreur britannique !” En fait, c'était mangeable. Jagger était un garçon très attentif aux autres et extrêmement cultivé. Je me souviens d'avoir passé toute une nuit à parler avec lui de *Tristes tropiques* de Claude Lévi-Strauss. Un livre qu'il connaissait bien et qui le passionnait. À cette époque, les rockers et les mannequins étaient férus de pensée française, en particulier de Barthes et de Foucault. » Devant Weyergans un peu gêné, Bianca avait tenu à lire à Jagger, alité, le début du *Pitre*, qui venait de paraître. Nous étions en 1973.

« J'ai connu cet âge d'or unique dans l'histoire de l'humanité, qui va de l'apparition de la pilule à l'irruption du sida, une petite vingtaine d'années. Cette liberté sexuelle a aussi ouvert les esprits. Les parents n'ont plus eu peur que leur fille tombe enceinte (ou que leur fils mette enceinte leur petite amie). On a commencé à admettre que les enfants peuvent faire l'amour sous le toit familial, ce qui est moins névrosant que la rétention. Pourtant est arrivée d'une façon aussi concomitante que tragique l'explosion de la consommation de drogue. Je n'y ai jamais touché parce que j'avais assez de problèmes pharmaceutiques comme ça. »

François Weyergans alluma une énième cigarette et lissa son crâne en se laissant glisser dans des mers inconnues. À quelle rive allait-il accoster ?

Interlude

Un soir, au Mathy's, Gérald Nanty, le maître des lieux, m'avait passé Amanda sur son portable. J'évoquai les figures féminines du passé qui m'intéressaient. Elle me demanda, vacharde, si Anita Pallenberg était encore vivante. Cela me rappelait ce que m'avait dit à Savannah Paul Morrissey : « La plus belle chose que certaines de ces femmes auront réussie, c'est leur mort. » Edie Sedgwick, Talitha Getty, Nico, avaient plongé dans le Styx, sous les vivats des nécrophiles. Aucune rédemption, aucune envie de changer la donne. Nico n'avait pas été si différente à la fin que durant toute sa vie. Le livre que lui avait consacré James Young sur ses dernières années, *Nico-The End*, l'un des rares grands livres sur le rock'n'roll, montrait bien tout ça. « *Heroin hates you* », chantait Iggy Pop. Ces blondes ondoyantes comme un champ de blé bercé par le vent avaient signé un pacte d'amour avec la mort. On dirait qu'elles s'étaient passé le mot. Elles cherchaient l'amour, mais, derrière ce mur invisible, soyeux et cotonneux, qu'y avait-il ? Quelle obscure lumière, diaphane et nacrée, aussi attirante qu'un soleil hypnotique ? Elles étaient montées très haut, libérant leur énergie, embrasant tout sur leur passage et se consumant dans leurs propres flammes. Ces pulsions que beaucoup prenaient pour un mal-être de petites filles gâtées tombées au champ d'horreur les brisaient plus que les hommes, davantage concernés par l'achèvement de leur mausolée.

Les rockers cherchaient l'immortalité, là où ces jeunes femmes souhaitaient confusément la mort. Elles découvriraient enfin qui elles étaient en brisant l'image mensongère qu'on avait façonnée d'elles. Elles laisseraient en tout cas derrière elles le caractère prodigieux de quelque chose qui s'était réellement passé.

68, année exotique

« Viens que je te chante à l'oreille.
Les jours dansants ne sont plus.
Qui portaient soie et satin. »
YEATS

Elle m'avait ouvert la porte de son appartement parisien à l'atmosphère très anglaise, où régnait un joyeux fouillis de photos, de tableaux, de souvenirs en tous genres. Chauds imprimés muraux, cuisine de cottage qui semble n'attendre que Beatrix Potter et ses lapins enchantés, salon où trônait sur un fauteuil l'uniforme de son père. Totem, relique sacrée d'une figure par laquelle tout a aussi commencé. Jane Birkin at home. Cosy. Causante. Deux mots qui vont très bien ensemble pour la dépeindre. Sa mère, une actrice connue outre-Manche, venait de mourir alors qu'elle était sur le point de la faire tourner. « Tout le monde disait qu'elle était une des plus belles femmes d'Angleterre, et c'était vrai. Elle est devenue célèbre pendant la guerre en interprétant *A Nightingale song in Beverley Square.* » Mais s'il y avait quelqu'un de qui Birkin tenait sa sensibilité, quelqu'un qui possédait une conscience morale exceptionnelle, c'était bien son père. Un homme malade toute sa vie parce qu'il avait contracté la tuberculose. Au moment de la déclaration de guerre, on lui avait signifié qu'il n'était pas bon pour l'armée de terre, contrairement à l'un de ses frères, et qu'il n'était pas bon pour l'aviation, contrairement à son autre frère, qui se révéla être héros de la RAF. Il avait tellement insisté qu'on lui avait trouvé un poste dans les missions maritimes secrètes. Pour cela, il avait dû suivre des cours de navigation et d'espionnage à Londres. Ça ressemblait aux romans un peu naïfs que lisaient alors les adolescents, des mots glissés sous les tasses dans les cafés, des séances de tabassage administrées sur des recrues afin de connaître leur degré de résistance à la torture. On lui confia finalement le commandement d'un bateau destiné à rapatrier ou à déposer des agents secrets et des résistants sur les côtes de France les nuits sans lune, moteur éteint, sans aucune lumière à bord ni aucun phare pour se guider. Il fallait être calé pour ne pas se fracasser sur des récifs. Il effectua ainsi une quarantaine de missions entre l'Angleterre et la Bretagne. « L'engagement de chacun est la moindre des choses et chaque humain devrait réfléchir à ce qui se passe un peu partout sur la Terre. Je ne comprends pas pourquoi personne ne s'agite davantage. » Jane Birkin remontait le fil du temps, comme si elle se mettait à emprunter derrière les horreurs contemporaines un chemin oublié où tout était follement *funny*. Petit Poucet retrouvant le chemin de la jeunesse, elle ramassait quelques cailloux sur lesquels je pouvais lire « *Swinging London* », « John Barry », « Minijupe », « Gainsbourg », « Paris »... Jane B. aimait parler et, lorsqu'elle était lancée, elle ressemblait à une voiture (mettons une MG) dont les freins auraient lâché dans une descente. Il était impossible de l'arrêter.

« Ce qui était fou et merveilleux dans l'Angleterre de 66, c'est que toutes les filles se sont mises à porter en quelques mois des minijupes. Souvent de simples tee-shirts d'homme qui s'arrêtaient sous la culotte et sur lesquelles on serrait un énorme ceinturon. C'était encore plus joli de les découvrir sur des filles énormes dans King's Road, qui ne semblaient pas le moins du monde complexées. La mode mini était devenue une revendication et un style de vie à la portée de toutes. En France, on en était encore resté à une idée beaucoup plus esthétique, chic et exclusive. Les minijupes étaient dessinées par Paco Rabanne et ne semblaient s'adresser qu'à Françoise Hardy. Les robes que je portais à l'époque n'étaient pas plus outrancières que celles de n'importe quelle jeune fille londonienne. Sur une photo assez célèbre où l'on voit ma culotte, la jupe n'est transparente que parce qu'elle a été flashée. Il faut toujours faire attention aux flashes. Les sixties ont vraiment été une révolution culturelle. Chose inouïe et impensable auparavant, la working class créait sa propre culture dans l'Angleterre aristocratique. Michael Caine, Terence Stamp, Twiggy et David Bailey ne masquaient pas leur accent cockney, qui, d'un coup, devint très à la mode dans les milieux branchés. Mon premier mari, John Barry, lui aussi, possédait l'accent populaire très prononcé du nord de l'Angleterre. »

Birkin avait décroché ses rôles par hasard, ou plutôt à cause de ses défauts. D'abord au théâtre. Si elle fut retenue pour *Carving a Statue* de Graham Greene, c'est parce qu'elle avait été très timide lors de l'audition et que le metteur en scène recherchait un symbole d'innocence et de vulnérabilité. Si elle fut choisie pour *Passion Flower Hotel*, c'est parce qu'elle ne savait ni danser ni chanter. Ce fut par un concours de circonstances semblable qu'elle obtint un petit rôle, l'année suivante, dans *Blow-Up* d'Antonioni. Il fallait se présenter, puis écrire son nom sur un mur. Jane Birkin avait écrit le sien en tout petit, tout en étant filmée. Des assistants se foutaient d'elle, prétendant qu'elle faisait ça pour être remarquée. Elle avait fondu en larmes jusqu'au moment où Antonioni avait dit « coupez ». Il avait demandé à ses assistants de l'humilier pour vérifier si elle était assez vulnérable pour le rôle. Il lui annonça alors qu'elle était prise pour ce qui était en quelque sorte de la figuration améliorée. Un détail qui avait son importance : Jane devrait tourner la scène nue, et John Barry s'était demandé comment elle allait y parvenir, vu qu'à la maison elle éteignait les lumières quand ils se retrouvaient sous les draps. Il lui remonta le moral en lui confiant qu'Antonioni était un des metteurs en scène les plus doués pour les scènes de nu. Ce film était un défi. Antonioni avait été architecte et peintre avant d'être cinéaste. Il utilisa trois caméras pour les fameuses scènes avec Jane et Veruschka. Très intimidée, Jane cherchait sans cesse à se cacher hors champ… L'équipe tournait dans un faux décor de studio de photographe. Dehors, c'était l'hiver et, malgré le froid, des garçons restaient des heures suspendus aux lampadaires, essayant de regarder à travers les fenêtres, couvertes de calques colorés pour atténuer la lumière grise du dehors. Toutes les lumières avaient été minutieusement préparées par Antonioni, qui souhaitait que chaque détail ait un sens. Il avait fait teindre les robes dans ses couleurs fétiches du moment. Les collants étaient roses et vert d'eau. Les chaussures étaient des modèles uniques. Jane Birkin avait les cheveux teints en blond, tandis que Veruschka, « une fille sublime à la peau et à l'ossature parfaites », était teinte en brun. Pendant le montage du film, Jane était tombée enceinte de Kate, et, peu de temps après sa naissance, Barry l'avait appelée de New York pour lui annoncer qu'une queue s'allongeait autour de Times Square pour *Blow-Up*. « J'étais un peu anxieuse des réactions de ma famille et surtout de ma mère, qui, en tant qu'actrice, s'était toujours beaucoup préservée et protégée. Mais elle a aimé le film et m'a dit que ma scène était très belle et très réelle, qu'on aurait dit des enfants s'amusant dans une piscine. »

Puis il y eut une grande déflagration dans sa vie, alors que cette décennie enchantée s'éloignait dans des odeurs de fumigènes et des fracas de tôles. Cela se passa à Paris pendant les événements de 1968. Birkin et Gainsbourg firent connaissance en improvisant une scène de rupture pour *Slogan* de Pierre Grimblat. Lui était déjà connu. Face à Gainsbourg, Birkin s'était montrée peu sûre d'elle, sans doute parce qu'elle venait d'être larguée par Barry. Elle croyait avoir perdu toute confiance en elle. La vérité est qu'elle était encore amoureuse du compositeur britannique et avait toujours en mémoire le délicieux hiver passé ensemble à New York pendant lequel Barry lui avait fait découvrir Mahler et Chostakovitch.

À l'époque des essais pour *Slogan*, Barry était en Amérique. Plus rien n'allait entre eux. Birkin était retournée vivre avec Kate chez ses parents. Paris semblait soudain si *exciting*, avec ces enfants des beaux quartiers appelant à l'insurrection et au renversement du régime gaulliste. Un soir, la Porsche de Grimblat avait été incendiée boulevard Saint-Germain, non loin du New Jimmy's, où le réalisateur avait emmené Birkin et Gainsbourg danser. À peine rentrée en Angleterre, on lui annonça au téléphone qu'elle avait été choisie pour le rôle. Ses proches lui déconseillaient de se rendre à nouveau en France parce que, craignaient-ils, la révolution allait couper des têtes, comme en 1789. Mais tout s'était achevé assez sagement, car les vacances approchaient et les étudiants aimaient bien Mao, mais encore plus Saint-Tropez. Pour les ouvriers, l'échec était immense.

« Lorsque, en juin 1968, le tournage de *Slogan* a pu finalement commencer, je croyais que tout était fini. Je ne savais pas que les ouvriers et tous ceux qui souffraient continuaient à lutter avec l'énergie du désespoir. Je ne l'ai compris que bien plus tard au contact de gens qui luttaient toujours. J'étais sur un autre nuage ; c'est à ce moment que je suis tombée amoureuse de Serge. » Elle avait réussi à se détacher de Barry, qui composait la bande originale de *Goldfinger* avec une autre fille en tête. Barry était un type brillant, si brillant qu'elle avait vite succombé malgré leur différence d'âge et l'opposition farouche de son père. Elle l'avait épousé à 17 ans. Son père voulait traîner le musicien devant les tribunaux et il en avait le droit, car, à l'époque, la majorité était encore à 21 ans. Mais il y eut une âpre négociation, et Barry avait gagné. « Je l'ai épousé. J'étais très heureuse, très honorée. Mais je n'ai pas su le retenir. Après cet essai raté, je me suis rendu compte que ma vie était "emmêlée", mais il est vrai aussi que les accidents de parcours nous aident à avancer. Si ce désastre n'était pas arrivé, je n'aurais jamais emprunté cette route française. Car, si j'ai eu le courage de venir faire un bout d'essai pour *Slogan*, c'était dû à mon désespoir. Et c'est comme ça que je me suis retrouvée avec ce type qui avait l'air d'être tellement sûr de lui. »

Gainsbourg avait quelque chose de narquois dans le regard. Pendant les premières journées de tournage de *Slogan*, Jane fut surprise et même agacée qu'il ne lui prête aucune attention. Avant de tourner une scène ensemble, elle lui avait demandé, excédée, pourquoi il ne prenait jamais de ses nouvelles le matin et ne lui demandait même pas comment elle allait, elle, petite Anglaise perdue à Paris au milieu de gens dont elle ignorait encore la langue. Et il lui avait répondu : « Ça m'est parfaitement égal. » Puis, comme pour l'enfoncer un peu plus, il avait ajouté qu'il n'aurait jamais osé faire un bout d'essai en Angleterre sans parler parfaitement la langue de Shakespeare. Jane était pétrifiée devant tant de méchanceté. Et forcément attirée, puisque telles sont les lois élémentaires et un peu idiotes de l'amour. Répulsion, attraction. Un soir, alors que les lumières du plateau s'éteignaient, elle demanda à Grimblat de l'emmener dîner avec Gainsbourg afin de lui balancer ce qu'elle avait sur le cœur. Ce n'était, après tout, aucunement sa faute si elle avait obtenu le rôle, et il n'avait pas à se plaindre : qu'y avait-il d'extraordinaire à être filmé allongé dans une baignoire vêtu d'un maillot bleu blanc rouge à ne rien faire d'autre que de la mater nue, assise sur le rebord ?

« Je voulais lui expliquer que c'était très difficile de soutenir son regard qui me détaillait, me semblait-il, avec un mépris total. Mais je m'étais gourée, car, après que Pierre se fut éclipsé du dîner, j'ai demandé à Serge s'il voulait danser. Il a refusé. J'ai insisté, il s'est alors levé et m'a enlacée en me marchant sur les pieds. Je me suis rendu compte qu'il était d'une immense pudeur et que son petit jeu cachait depuis le premier jour tout l'inverse de ce qu'il s'efforçait de montrer à mon égard. »

Ce que Birkin avait pris au début pour de l'esbroufe, pour du cynisme ou pour une pose de dandy insolent, cachait un cœur fragile, un peu enfantin. La raison pour laquelle les jeunes générations l'aiment encore, c'est que Gainsbourg était lui-même un éternel adolescent. S'il était capable de brûler un billet de 500 francs à la télévision, il pouvait aussi bien acheter une Rolls en Yougoslavie parce que l'idée de s'offrir une voiture de grand capitaliste avec de l'argent communiste l'amusait. Mais, comme il n'avait pas son permis, il prétendait ne l'utiliser que comme cendrier. C'était un personnage qui, certes, aimait les provocations, mais qui pleurait aussi. Il avait un côté incroyablement sentimental qui venait de son âme slave, de son père en particulier. Jane était sans cesse étreinte et couverte de baisers par la famille de Serge, et ça la changeait de la sienne, et de son éducation en internat. La jeune Anglaise se transforma beaucoup au contact des parents et de la sœur jumelle de Gainsbourg. Ceux qui vivaient à Casablanca l'avaient véritablement adoptée « de manière gracieuse et gaie », et pas seulement elle, mais aussi Kate, la fille qu'elle avait eue avec Barry. Ils trouvaient qu'elle ne mangeait pas assez, et les grands repas étaient toujours une occasion de pleurer, de rire et de porter des toasts en embrassant tout le monde sur les deux joues, sur la bouche, comme le font les Russes. Ce côté oriental finit par déteindre sur sa propre famille. Jane vit un jour son frère prendre son père par les épaules et l'embrasser sur la bouche.

« C'est une qualité française que de considérer les étrangers comme un atout, une source de richesse culturelle, souligne-t-elle. Les Anglais sont tout aussi intéressants, mais pour d'autres raisons : leur excentricité, leur fabuleuse assurance face au pouvoir, cette habitude de parler à son banquier ou à un ministre avec respect, mais sans aucune sorte d'appréhension. Lorsque je suis arrivée à Paris, j'ai été éblouie par ce melting-pot incroyable, avec ses boîtes de nuit grecques, russes, libanaises, arabes. L'accueil est une qualité française. Et j'en ai été la première agréablement surprise, moi qui n'avais à leur offrir qu'un air anglais un peu candide, des dents en avant, une frange de gamine "*swinging sixties*" et un visage de poupée. Bien sûr, certains étaient gentils avec moi parce que j'étais mignonne, mais j'ai quand même eu le sentiment d'une culture amoureuse de l'étranger. C'est quelque chose que j'aime beaucoup chez les Français. Après la mort de mon père, j'ai voulu devenir française. Serge étant lui aussi mort, il n'y avait plus personne pour trinquer avec moi, et comprendre à quel point mon désir de naturalisation était important. Je crois que les gens ne voyagent pas par hasard. La première fois que j'ai traversé Paris, j'ai ressenti une sensation étrange, comme une nette attirance pour quelque chose d'interdit. J'avais eu une enfance parfaite, une éducation typiquement britannique dans une famille soudée, et très respectueuse. À Paris, je me sentais en vacances, dans un monde qui relevait de la fiction. J'étais éblouie. En Angleterre, rien ne bougeait après minuit. Il n'y avait que des clubs privés et je n'appartenais à aucun. À Paris, je faisais de nouvelles rencontres chaque nuit. Accomplir la tournée des boîtes était un voyage, une aventure. La première fois que Serge m'a invitée seule à dîner, il m'a fait la totale. Nous avons commencé par avaler quelques cuillères de caviar chez Raspoutine, avant d'aller danser chez Régine puis chez Castel. Nous avons continué par la Cavalados avant d'échouer à l'aube chez Madame Arthur, où Serge connaissait tous les travestis. Il leur faisait la bise en leur susurrant "beauté" dans le creux de l'oreille. Son père avait été pianiste dans cet établissement, ce qui explique que Serge y était accueilli comme un membre de la famille. Je me souviens que cette nuit-là on avait fini à Pigalle avec des cafés-croissants à une terrasse. »

Gainsbourg lui disait qu'elle était un déjà-vu : ne possédait-elle pas exactement le corps qu'il dessinait sans cesse lorsqu'il était étudiant aux Beaux-Arts ? Pas de seins, mais une silhouette longiligne avec un large bassin et des fesses. Il l'avait embarquée une fois au Louvre pour contempler des Cranach. Pour lui, aucun doute, elle était une réplique vivante des modèles de ce peintre. Il aimait aussi son ambiguïté androgyne. Elle n'en revenait pas d'être admirée pour ce corps qui lui avait valu en Angleterre les railleries et, prétendait-elle devant moi, l'aversion de beaucoup. Elle avait toujours été complexée, même lorsqu'elle vivait avec Barry. Elle sentait qu'elle ne correspondait pas du tout aux canons alors en vogue.

« Lorsque j'ai rencontré Serge, il venait d'avoir une histoire avec Bardot, et tant de perfection l'avait visiblement vacciné, détourné de la beauté purement féminine. Plus tard, il m'a filmée pour *Je t'aime moi non plus* en garçon de café introverti avec une sensibilité féminine, et cela m'a donné beaucoup d'assurance. Il avait une sainte horreur des sourires caméra et des peaux bronzées qu'on rencontre au bord des piscines de Saint-Tropez. »

Gainsbourg était devenu au fil des ans le mec *bad, mad and dangerous.* Il développait une certaine arrogance qui pouvait faire mouche et donc mal, mais il restait chic en toutes circonstances : quand Birkin se trompait dans une scène ou dans ses chansons, il lui chuchotait une réplique, un mot qui la rassurait. Il se trouvait très laid et aurait tant voulu ressembler à… Elizabeth Taylor. Alors Jane lui disait : « Quel ennui, la beauté de cette femme ! »

Il restera jusqu'à sa mort Lucien Ginsburg, le petit Juif mal-aimé, avec les oreilles en feuilles de chou, qui ne comprenait pas bien pourquoi on ne lui avait pas décerné la Légion d'honneur. Il n'aurait pourtant jamais fait de bêtises avec. Il était chevalier des Arts et des Lettres et avait posé sur la table basse son insigne qu'il chérissait comme un bijou. Aussi, comme on ne lui avait pas donné la Légion d'honneur, il en avait acheté une aux puces, qu'il fixait sur le revers de sa veste. Cela lui valait des lettres outrées : « Vous ne l'avez pas méritée, enlevez ça tout de suite sinon… » Il gardait ces lettres qui le faisaient rire. Le père de Jane lui avait conseillé de glisser une minuscule ampoule sous la rosette et de l'allumer lors de ses passages à la télévision. Il doutait sans cesse, mais avait tellement de talent qu'il pouvait faire tomber n'importe quelle jolie fille. Sa fragilité, qui était l'autre versant de la lucidité, lui évitait de devenir imbuvable. Il savait faire rire tout le monde. Gainsbourg commença à boire sec pour vaincre ses inhibitions et ses tourments. Jane et lui s'amusaient toutes les nuits, faisaient la tournée des boîtes et rentraient en même temps que passaient les éboueurs, au petit matin. Charlotte et Kate levées, ils préparaient leur petit déjeuner, puis attendaient qu'elles aillent à l'école avant de se coucher.

Pour *Je t'aime... moi non plus*, Gainsbourg avait demandé à Jane de chanter une octave plus haut par rapport à la version restée inédite de B.B. Il n'avait fait que deux prises dans un immense studio de Londres, et le moment où la respiration s'arrête reste le préféré de Jane. Orchestrée par Michel Colombier, d'une manière fastueuse et troublante, cette chanson reste encore aujourd'hui extrêmement érotique et choquante pour certains. À l'époque, la BBC avait censuré la version originale pour ne passer que la version instrumentale. Pour Jane, il écrivit *Les Dessous chics*: « Sur la pudeur des sentiments maquillés outrageusement rouge sang/Les dessous chic je les ai gardés au fond de moi fragiles comme un bas de soie/Les dessous chic c'est des dentelles et des rubans d'amertume sur le paravent désolant/Ce serait comme un talon aiguille qui transpercerait le cœur des filles. » Et sans doute était-ce vraiment lui.

« La pudeur est un mot qui n'existe pas en anglais, résume-t-elle. J'ai souvent essayé de le chercher. Il y a candeur et il était candide aussi, c'est vrai. Cette façon qu'il avait de répondre aux questions avec culot, mais avec beaucoup de respect et de gentillesse. Sachant exactement où étaient ses limites parce qu'il n'était pas dupe. Il était modeste d'une certaine manière, tout en sachant qu'il était brillant. »

Pour Jane Birkin, l'apprentissage du Paris de la seconde moitié des sixties revenait à parler de Gainsbourg. Le compositeur était Paris. Et vice-versa. Tout passerait désormais par son prisme.

La nuit était tombée sur le cottage suspendu du VIe arrondissement, lorsque je refermai la porte.

Des nuits éclaboussées d'encre noire

Boulevard Saint-Germain, un matin de septembre. Une lumière douce irise les feuillages tout proches. La rumeur des voitures, monotone et sans fin. Un grand appartement, entre ombre et lumière, où, bien à l'abri dans de grandes boîtes de verre, des miniatures de pièces, salles de bains, ateliers d'artistes, chambres à coucher, donnaient l'impression lorsqu'on levait ensuite la tête, après les avoir détaillées, de se déplacer dans l'antre d'un géant. Peintre, illustrateur, cinéaste, metteur en scénographie de mondes minuscules au réalisme vertigineux, Charles Matton avait beaucoup observé, derrière ses lunettes, les gens, les perspectives. Les perspectives, les gens, dans un perpétuel aller-retour créatif qui donne du sens et de la vigueur à une œuvre inclassable, hors du temps. Hors norme.

Les années 60, Matton les aurait bien dessinées à l'encre noire, car, pour lui, aucun doute, celles-ci avaient symbolisé la nuit. Pendant vingt ans, cet élégant sexagénaire roux qui me recevait dans son appartement-atelier était sorti tous les soirs. Chez Castel, chez Régine et à un moment au Paravent, une boîte qui aura laissé moins de traces. Puis il était devenu, comme il dit, « bistrot ». Et s'était éloigné des boîtes, non pas parce qu'il était fatigué, mais parce que la sono était devenue de plus en plus forte. On ne pouvait plus se parler.

Ce qui intéressait Charles Matton dans l'évocation des années 1960, c'était le souvenir des noctambules des deux sexes. Sans doute parce la nuit était ce qu'il avait préféré de cette époque. Matton avait toujours abhorré les looks beatnik et hippie et tout le versant idéologique « brumeux » des soixante-huitards auquel il n'avait jamais voulu adhérer. Son avis sur la mode des sixties n'avait pas changé d'un iota : il continuait de trouver hideux le style Courrèges et compagnie. Il avait longtemps cru que c'était dû à son côté passéiste, mais en fait non : il croyait en la vérité de ses canons esthétiques. « Quelle horreur, les pattes d'eph', les exagérations vestimentaires, les types qui cachaient leurs oreilles derrière des coupes de minet garçon coiffeur. Je trouvais ça ridicule et surfait... » Charles Matton était passé à côté du rock. S'il avouait avoir un peu marché avec les Stones, c'est parce que ces amateurs de vieux blues étaient proches du jazz, une musique qu'il avait toujours aimée. Et puis les Stones possédaient un côté petites frappes teigneuses qui lui plaisait.

Il replongea soudain dans la nuit de sa jeunesse et traçait les grandes lignes de partage, comme un général en chef passant en revue les différentes forces en présence. « Chez Régine, le pouvoir de l'argent et de l'establishment social comptait beaucoup. Chez Castel aussi, parce que celui-ci avait besoin que la boîte fonctionne, mais, si quelqu'un lui paraissait intéressant, sympathique pour mille raisons, que ce soit un sportif, un artiste peintre, ou qu'il ne soit ni connu, ni riche, il le faisait entrer. C'était une âme élégante qui avait la chance de piger qui était qui. Je me souviens d'y avoir croisé Amanda Lear, Marianne Faithfull, mais elles n'étaient pas vraiment inscrites dans l'univers Castel comme Zouzou ou Tina Aumont, avec laquelle j'aimais beaucoup discuter. »

La première fois que Matton avait entendu parler de Zouzou, c'était par Jean-Paul Goude, son amant de l'époque. Leur amitié, pourtant, n'avait pas été liée à l'univers de la nuit. Ils se retrouvaient l'après-midi, se baladaient ensemble et enchaînaient par un dîner. Il était un peu amoureux d'elle. Il la trouvait « très fascinante et très belle », avec une tchatche impossible qui le subjuguait. Après l'avoir beaucoup photographiée, Matton l'avait fait tourner dans *La Pomme*, son premier film. Il l'avait filmée en train de danser avec une autre fille chez Castel. Matton admirait chez Zouzou son indifférence à toute réussite sociale. Vivant dans l'instant avec une liberté incroyable, bravant le futur, et cela sans vanité aucune. « Un jour, Avedon avait donné rendez-vous à Zouzou pour des photos, mais elle avait tout simplement oublié de venir. La deuxième fois sera la bonne. Elle vivotait en faisant des photos et en tournant dans des films d'auteurs d'avant-garde. Ça ne lui rapportait rien du tout parce que ce n'est pas en jouant dans un film de Garrel qu'on peut payer son loyer. Une jeunesse de bouts de chandelles. Il ne faut pas oublier que, par définition, l'underground n'avait pas de financement à proprement parler. Zouzou se débrouillait. Et puis elle connaissait tout le monde. Je l'ai croisée un jour avec un petit jeune homme chez Castel, qu'elle m'avait présenté et qui s'est levé très poliment. C'était George Harrison ».

Avec son physique, sa gouaille, sa manière d'aborder tout le monde sans jamais être agressive, Zouzou fascinait. Et puis il y avait autre chose, cette éducation très vieille France, cette droiture gaulliste, « tout est perdu fors l'honneur », qui l'a sauvée et la différenciait d'autres filles. Une morale sans doute héritée de ses parents. Une éducation. Matton continua de parler : « Dans les pires moments, là où elle a risqué le plus, pendant sa longue période de dérives diverses, elle a su garder une certaine droiture. Je ne pense pas que Zouzou ait jamais eu le pressentiment qu'elle connaîtrait des moments difficiles en vieillissant. Même lorsqu'elle vivait seule dans une petite chambre, elle n'a jamais éprouvé d'angoisse face à son avenir. Il n'existe plus de personnages comme ça. Je n'ai jamais croisé quelqu'un d'aussi libre qu'elle, même s'il y a toujours eu des filles autour des artistes qui gravitaient dans le monde du rock et du cinéma. Je pense aussi à Bianca, qui était avec Eddie Barclay avant d'épouser Mick Jagger. Je l'ai connue la nuit. Je l'ai croisée assez souvent à une époque, à New York aussi, en 68-69.

— Il y avait aussi Dani, hasardai-je. Une jolie provinciale rigolote et, avec ça, maligne.

— Socialement, elle s'est mieux démerdée que Zouzou. Elle voulait y arriver, alors que Zouzou n'avait aucune ambition. Si c'était bien pour elle, tant mieux, mais elle ne levait pas le petit doigt. Dani était plus raisonnable, d'une certaine manière, mais elle n'a jamais joui du prestige de Zouzou. Elle n'a jamais exercé la même fascination sur un certain nombre de nightclubbers, et pas seulement eux. Je me souviens que des femmes du monde, comme Mimi d'Arcangues, adoraient Zouzou. Dani et Zouzou partageaient un certain goût pour la fête. Mais, ce qui motivait la seconde dans ce genre d'événements, c'étaient les rencontres. Elle appréciait ceux qui sortaient du lot, qu'ils soient connus ou non. Lorsqu'elle a rencontré Jack Nicholson, celui-ci n'était pas la star qu'il est aujourd'hui. Même s'il était resté anonyme, elle l'aurait apprécié, car c'est un type qui possède quelque chose de plus… On croit souvent que les fêtards s'ennuient, il n'y a rien de plus faux. Ce sont simplement des gens qui aiment prendre la vie par tous les bouts. Zouzou ne s'ennuyait jamais, même lorsqu'elle ne faisait pas la fête. Elle ne fuyait pas quelque chose. Quelle bêtise que de prétendre que faire la fête, c'est une manière de fuir la réalité et de se fuir ! Je ne l'ai en tout cas pas ressenti du tout en ce qui concerne des filles comme Zouzou, Amanda Lear, Dani, Tina Aumont, Marianne Faithfull ou

Anita Pallenberg. Je mets à part Nico, que je n'ai jamais supportée. Je l'avais un peu fréquentée à Ibiza chez des amis. À New York aussi. C'était une junkie sans intérêt. Mais les filles que j'ai citées plus haut étaient des personnages qui aimaient vivre plus intensément que les autres, avec les risques que ça comporte. Pour Tina Aumont, c'est terrible, elle était si belle. Pas mon style, mais bon, elle était magnifique. Valérie Lagrange et Jean-Pierre Kalfon se déguisaient en hippies de luxe. Pas vraiment mon truc non plus ! »

Zouzou ou La Goulue des sixties. Comme le modèle de Toulouse-Lautrec, elle facilita des rencontres entre des gens qui ne se seraient jamais croisés autrement. Des rock-stars avec des peintres, des cinéastes avec des dandys. À l'époque de Lautrec, un grand nombre de femmes, courtisanes ou non, filles de la nuit, danseuses, chanteuses, avaient une grande importance en tant que personnages. Ces égéries pop étaient un peu leur équivalent. Les cercles se chevauchaient et parfois, bien sûr, des gens passaient de l'un à l'autre, mais ce n'était pas systématique. Bernadette Lafont, elle, connaissait tout le monde, mais c'était une exception. Matton employait souvent le mot « croiser », parce que cette vie nocturne évoquait une route sans fin aux multiples croisements.

« Comme ça a été le cas entre Zouzou et moi, on se croisait et on se retrouvait ailleurs. Beaucoup à New York. »

À la fin des années soixante, Matton passa du temps à New York, où il avait trouvé une liberté de ton et de mœurs qui lui manquait. Tout semblait permis, ou presque. Il allait d'une fête à l'autre, côtoyait les artistes importants de Manhattan. Il y avait un truc extraordinaire, c'était le don d'ubiquité de Warhol. Quelle que soit la fête où Matton débarquait, il était là. À se demander s'il n'avait pas des sosies… Toujours silencieux avec son Polaroïd. Dans *Ma philosophie de A à B*, il explique pourquoi :

« J'aime photographier des gens célèbres qui font des choses pas célèbres. » Sur une photo, Bianca Jagger se rase sous les bras avec un rasoir de supermarché. Sur une autre, Liza Minnelli est assise sur une cuvette de toilettes. Matton n'a pas collaboré à la Factory. Il était en revanche copain avec Jackie Curtis, un travesti qui avait eu un rôle important dans *Flesh* de Paul Morrissey. Un type qui lui avait tout de suite plu. Son histoire aussi. Son père et son beau-frère étaient à ses trousses. Il était originaire du Sud et, comme il était homosexuel, les autres voulaient lui faire la peau. Jackie Curtis avait parcouru cinquante États en cinq ans. Il avait rejoint New York le jour de l'élection de Miss Travesti. Toute la bande de Warhol s'était ramenée et lui était arrivé avec un trenchcoat et un petit béret sur le côté, style Lauren Bacall. Très chic, pas de bijoux, pas de maquillage, et il avait été élu. À partir de ce moment-là, Warhol s'était intéressé à lui. C'est par Jackie que Matton avait connu Joe Dallesandro. Quant à Paul Morrissey, il fit sa connaissance à Paris par l'intermédiaire du producteur Jean-Pierre Rassam.

« Morrissey est un type très désagréable et ultraconservateur, ajouta Matton. Il voit des communistes partout, encore aujourd'hui ! [*J'allais moi-même en faire l'expérience en le rencontrant un peu plus tard, bien que ce qu'il dise de Nico soit plutôt bien.*] Rassam l'entretenait royalement. Dans ces années-là, au début des années 70, il avait alors suffisamment de fric pour se payer deux suites au Plaza à l'année. Je me souviens qu'auparavant il avait possédé un vaste appartement qu'il avait fait décorer par un type complètement givré. C'était le fils d'un architecte allemand, un être puissamment maléfique qui adorait égorger des cochons et les filmer en train d'agoniser dans des mares de sang ! Rassam m'avait un jour emmené avec Polanski visiter ce lieu où il ne mettait jamais les pieds, et pour cause. Dans la première pièce, les murs étaient revêtus d'une peinture mélangée à du sable assez fin. C'était beau, assez soigné. Dans la deuxième pièce, la peinture était mélangée à des petits gravillons et, de pièce en pièce, ça devenait de plus en plus chargé. Tout au bout, il y avait des chambres avec des silex aiguisés sortant des murs. On devait se tenir à distance si l'on ne voulait pas se couper. On ne pouvait pas non plus s'asseoir sur la lunette des toilettes, car le « maléfique » avait collé dessus des lames de rasoir. Cet appartement de cinglé était gardé par un maître d'hôtel très vieille France. Comme Rassam ne pouvait évidemment pas vivre là-dedans, il s'était replié au Plaza. Je les revois, Morrissey et lui, en peignoir de bain à 5 heures de l'après-midi. C'était le commencement de la fin pour Rassam. Morrissey est un type à l'intelligence pas très éblouissante, alors que Rassam, lui, pouvait être brillant. Il était provocateur, politiquement incorrect, très méchant, horrible même, mais, quand il vous aimait, c'était l'être le plus délicieux et le plus drôle qui soit. »

Matton n'avait jamais cru à l'idée de changer le monde.

« J'ai toujours été sceptique, parce que l'idée que je me fais de l'homme, de son égoïsme, m'empêche d'espérer, soupire-t-il. Tout ce que l'on peut se dire, c'est que chacun doit mener son existence du mieux qu'il peut. J'ai du mal à comprendre qu'on ne se mette pas une balle dans la tête lorsqu'on sait qu'il n'est pas possible de trouver un mode d'emploi idéal à la vie. À la place de Cioran, je pense que je n'aurais pas tenu jusqu'à l'âge où il a vécu. En revanche, j'ai toujours trouvé du charme à la révolte, à condition qu'elle ne débouche pas sur la violence. Et je sais que, si les années 60 m'intéressent tant, c'est parce qu'il y avait un air de révolte qui flottait, qui était agréable, qui incitait les gens à se lâcher. On ne peut pas nier l'importance de Mai 68, car Paris était à la traîne par rapport à Londres sur la libéralisation des mœurs.

En revanche, cette révolte a institué une idée de revendication et de victimisation systématique dont on paie aujourd'hui les conséquences. »

Il avait connu les groupuscules féministes financés par Sylvina Boissonnas, qui avait permis la création de la Librairie des Femmes et lancé la carrière d'Antoinette Fouque. On croisait parfois, parmi ces féministes, Zouzou, Caroline de Bendern et d'autres encore. Peut-être ont-elles aidé la cause des femmes par leur attitude provocante ? Mais elles sont restées des dilettantes du poing levé. Matton avait su que le ridicule ne tuait pas le jour où une fille du nom de Prudhomme avait fait changer son nom à l'état civil parce qu'il comportait le mot honni d'« homme ».

Derrière ses lunettes, le regard de Matton se voile. Après *La Pomme*, pourtant très apolitique, il tourna un film, *Mai 68 ou les Violences policières*, qui le rapprocha un temps de Philippe Garrel, engagé à fond dans le mouvement insurrectionnel.

« Garrel était un type sinistre, me lâcha Matton, un peu fatigué d'avoir tant parlé. Et il l'est resté. Je ne pouvais pas être copain avec quelqu'un comme lui. Ses engagements politiques m'emmerdaient. Quand je parle de mon refus de l'engagement, il ne faudrait pas me voir comme un vieux réac. J'étais assez d'accord avec certains idéaux libertaires de Mai 68, mais je n'ai pas cru un instant à la victoire de cette utopie. À côté des rêveurs comme moi, il y avait ceux qui attendaient de mettre en œuvre une nouvelle Terreur. Daniel Pommereulle et sa bande ont vraiment cru que ça y était, qu'ils allaient faire la révolution et couper des têtes. Pas la révolution au niveau des mœurs ou du goût, non, la vraie révolution, avec la prison et des exécutions de bourgeois et d'opposants, ceux avec lesquels ils trinquaient tous les soirs chez Castel ! Ils sont même partis à Cuba avec Marguerite

Duras. La honte ! J'ai refusé d'aller faire la révérence à ce dictateur sanguinaire. C'était l'époque où presque tout le monde à Saint-Germain-des-Prés était stalinien. »

La baronne était en rouge

« Our lady of the shooting stars
was that you last night? »
Mary Gauthier

Je ne l'avais pas reconnue tout de suite, perdue parmi les convives, à un dîner organisé chez le photographe Jean Larivière et son épouse Fatima. Caroline de Bendern avait débarqué avec son compagnon, le batteur de jazz Jacques Thollot, chaussé de lunettes noires, vêtu de noir. Noir, c'est noir. J'avais en tête comme beaucoup de monde la célèbre photo d'une belle fille arborant en 68 à Paris un drapeau viêt-cong, telle *La Liberté guidant le peuple* de Delacroix. On l'aurait effectivement suivie les yeux fermés vers je ne sais quel Grand Soir. Sa beauté rendait cependant la pose un peu risible. On y lisait en filigrane les ridicules d'une époque gaucho-mondaine. La baronne top-modèle arborant les couleurs de Hô Chi Minh… Plus tard, dans la nuit, lorsque Caroline m'expliqua avec une pointe d'accent britannique que cette photo-symbole était due à des ampoules aux pieds, je me mis à jubiler intérieurement, car, dans la vie, on espère expliquer a posteriori des certitudes ou, pire, des intuitions sans fondement. J'avais toujours trouvé cette photographie un brin *too much* et voilà que j'avais la réponse. Émouvant est le travail du temps sur le visage devenu iconique de l'héroïque porteuse de drapeau. La discussion roule dans une semi-pénombre où, derrière les candélabres, je crus voir un festin de spectres.

Justement, dans *Détruisez-vous* de Serge Bard, Caroline jouait l'élève du poète Alain Jouffroy et répétait sa leçon assez simple à retenir. Le rebelle lui expliquait qu'il fallait détruire les banques et faire la révolution. Caroline répétait après lui d'une façon un peu maladroite. Un rôle ambigu. Elle se foutait de Jouffroy lorsqu'il expliquait, citant Breton, que l'acte surréaliste suprême consiste à descendre dans la rue et à tirer au hasard, « tant qu'on peut », dans la foule. Caroline n'était pas favorable à une révolution sanglante. Elle pensait juste qu'il fallait changer le monde, qu'il fallait s'éclater comme beaucoup de gens à l'époque. Bard, le réalisateur, était étudiant en sociologie à Nanterre. Il fréquentait Cohn-Bendit et avait décidé de faire un film financé par Sylvina Boissonnas, une héritière Schlumberger, mécène de l'extrême gauche et des féministes. *Détruisez-vous*, sorti en avril 1968, était assez prémonitoire puisque la révolution allait éclater quelques semaines plus tard. Le film aurait dû s'appeler *Les Fusils silencieux*. Serge préféra reprendre un slogan qui fleurissait sur les murs de Paris.

« Mais ils ne nous ont pas écoutés, semblait regretter Caroline. Les salauds ne se sont pas autodétruits, ils sont toujours là ! »

Dans le film de Bard, Caroline effectuait le geste qu'elle reproduira le 13 mai sur les barricades avec le drapeau. Le réalisateur pensait que son physique de mannequin était un atout : il pousserait les gens à faire la révolution… L'original de *Détruisez-vous* a brûlé. Il n'en reste plus qu'une copie comme pour ses deux autres films, *Ici, maintenant* et *Fun and Games for Everyone*, tourné lors du vernissage d'une exposition d'Olivier Mosset. On y voyait aussi Dalí et Amanda Lear. Leurs négatifs ont survécu.

Caroline de Bendern était anglaise. Son arrière-grand-oncle était le fameux Lord Alfred Douglas, l'amant de Wilde, par qui le scandale, la trahison, la prison, la déchéance et la mort étaient arrivés. On l'appelait « Mad Mark ». L'un des oncles de Caroline avait d'ailleurs milité contre l'emprisonnement des homosexuels.

La « Marianne rouge », comme on l'avait surnommée après que sa photo eut fait le tour du monde, était donc un sujet de Sa Gracieuse Majesté. Un scandale pour certains. Caroline revenait de loin. Son grand-père était très snob. Fâché avec son fils qui avait épousé une roturière en deuxièmes noces, il l'avait déshérité, lui avait donné une somme d'argent et chassé de la demeure familiale. Son grand-père était lui-même le fils naturel du baron de Hirsch, un financier juif allemand qui finançait les cours d'Europe et avait voulu établir un État sioniste en Argentine, juste avant Herzl. Le patronyme de Bendern a été choisi parce que l'arrière-grand-père ne voulait pas donner son patronyme à un bâtard. Son grand-père, lui, était membre libéral de la Chambre des communes et avait dû s'exiler pour une histoire d'impôts. Il s'était établi au Lichtenstein et avait pris le nom local de Bendern, un village de la principauté. Son grand-père avait vu en Caroline son héritière. Il s'occupa de son éducation et l'expédia à Vienne, où il espérait qu'elle allait épouser un aristocrate. Il essaya même de la marier à l'ex-roi de Yougoslavie quand elle avait 15 ans. Ça ne marcha pas parce qu'elle oublia de lui faire la révérence. Caroline s'inclina devant tout le monde, sauf devant le roi qui en fut très vexé. « Il était assis tout seul dans un coin et il avait l'air tellement peu intéressant, se souvenait-elle. À Vienne, j'ai fait croire à mon grand-père que je fréquentais le gotha, des princes, des ducs et tout ça. Mais, un jour, son ami le prince du Lichtenstein lui a avoué qu'il n'avait jamais entendu parler de moi. Il était furieux.

Je voyais des artistes, je ne m'intéressais pas à ces gens-là. Il m'a coupé les vivres d'un coup. »

Une tante qui habitait à Paris la dépanna quelque temps. Comme il fallait qu'elle gagne sa vie et qu'elle était ravissante, Caroline s'était présentée chez Catherine Harlé, qui lui fit faire des photos de mode. Elle devint même mannequin pour Dior. Elle se remémorait d'une série de photos dont une, où elle offrait une rose à Claude François. Mais ça ne lui avait pas plu longtemps. Fin 66, elle n'avait qu'un rêve : aller vivre à New York. « Je m'étais réconciliée avec mon grand-père, mais il m'a à nouveau coupé les vivres parce qu'il pensait que j'allais devenir une esclave blanche. *White slave*, comme il disait. Une pute blanche travaillant pour des maquereaux noirs... Pour lui, New York, c'était la débauche absolue. Il n'avait pas complètement tort. Pas au niveau de la prostitution, mais pour la drogue. C'est vrai que j'ai été servie. »

Peu de temps après son arrivée à Manhattan, Caroline de Bendern rencontra Viva à un vernissage de Roy Lichtenstein. Elles devinrent amies et, un jour, Viva l'invita à la Factory. « J'ai passé quelque temps avec Lou Reed que j'avais rencontré au Max Kansas City. On a eu une belle *love affair*. Il se défonçait pas mal, mais on ne parlait jamais de ça. Moi, je n'étais pas dedans. Enfin, je prenais pas mal d'amphétamines. » Brigid Berlin tenta de la tuer. Brigid Berlin, la grosse fille qui, dans *Chelsea Girls*, se vante d'avoir contaminé un tas de gens avec sa seringue. Elle avait décidé de tuer Caroline, car elle avait attrapé une hépatite C et voulait se venger de tous les gens bien portants. « J'arrivais à New York, je n'avais pas encore vu *Chelsea Girls* et je prenais des amphés comme tout le monde, notamment dans l'entourage de Warhol. Bridget débarqua un jour dans mon appartement et me dit : “Tu sais, les amphètes, c'est bien mieux en piqûre, tu devrais essayer!" Aussitôt dit, elle sort sa seringue, et moi, comme une idiote, je dis OK. Quelques jours plus tard, je me suis sentie mal et je suis allée voir un médecin qui était au courant du manège sordide de Brigid. "Si elle t'a fait une piqûre, tu es contaminée." Je viens seulement d'en guérir, trente ans après. Dans *Chelsea Girls*, Brigid déclare : "J'aime détruire les gens." C'était une héritière Hearst qui devait financer Andy, c'est pourquoi il la prenait dans ses films. Une lesbienne affreuse, sale et méchante. Je n'ai jamais répondu à ses avances. Je me sentais si mal que je suis retournée en Europe. »

Après les événements de 68, Caroline fonça à Rome avec la réalisatrice et monteuse Jackie Raynal pour retrouver la bande dite du Campo di Fiori, du nom d'une place où se trouvait leur hôtel. « Je suis partie parce que certains de mes amis s'étaient fait arrêter pour toutes sortes de raisons. La situation était devenue dangereuse pour nous en France. Le lendemain de mon arrivée à Rome, je suis descendue acheter un journal et j'ai vu en photo sur la une d'*Il Tempo* quelqu'un qui me ressemblait. C'était moi sur les épaules de Jean-Jacques Lebel lors de cette fameuse manif en faveur du Viêt-Cong. J'ai été surprise parce que jamais je n'aurais imaginé les proportions que prendrait cette photo. Lebel m'avait demandé de monter sur ses épaules afin de porter un drapeau Viêt-Cong que l'on verrait de loin. Je n'avais pas pris ça très au sérieux. Après, lorsque je me suis aperçue qu'il y avait plein de photographes autour de moi, je me suis dit : je suis mannequin, il faut que j'assure ! Les années ne m'ont pas calmée. Je suis encore plus révoltée qu'avant, car tout ce qu'on redoutait d'horrible s'est produit. Mais moi, j'ai toujours refusé de me fondre dans le troupeau des moutons bêlants. Je ne peux pas accepter ce qui se passe aujourd'hui, ni dans la politique ni dans l'art, rien en somme. On n'a jamais vu autant l'argent gouverner l'art.

Dans la musique, c'est une catastrophe. Après l'épisode romain, je suis partie en Afrique avec Bard, Pommereulle et toute une équipe de tournage. C'était une idée de Serge. Le but : aller de Paris à Zanzibar et tout filmer en cours de route. D'où le titre prévu : *Zanzibar*. Il m'avait prise pour le rôle féminin principal. Le tournage devait durer six mois. Une folie financière ! Mon amie Isabelle Pons nous apportait de la part de Sylvina des liasses de billets cachées dans ses bottes. On ne se rendait absolument pas compte des réalités africaines. Lorsque nous sommes arrivés, exsangues, à Tamanrasset, Serge a décrété qu'il avait besoin de davantage de matériel. Il n'avait pourtant rien filmé ! Il est reparti en nous plantant dans le désert. On est restés à végéter là pendant quelques mois, puis on est partis un beau jour pour le nord du Niger. Serge a débarqué en nous annonçant sa conversion à l'islam, une religion qui proscrit les images. Il était désormais hors de question pour lui de faire le film. Les techniciens se sont cassés. Notre mécène, Sylvina, a trouvé que la plaisanterie avait assez duré. Elle nous a coupé les vivres. On s'est retrouvés sans un sou et on a dû rentrer en Europe rapidement, via le Mali. La situation était devenue comique : Bard avait affirmé qu'en tant que femme, donc impure, je ne devais plus partager les repas des hommes. »

Avant de partir, Caroline m'évoqua brièvement la figure de Nico, qu'elle voyait un peu à Paris, dans les années 70. « Elle était tout le temps défoncée, mais je m'entendais bien avec elle. Je me souviens que, une fois, elle m'a demandé d'aller voir son fils Ari chez les parents d'Alain Delon, car elle ne pouvait pas s'y rendre. J'y suis allée pour le sortir un peu de cette ambiance triste. Ari était mignon, mais déjà mélancolique. Il faut dire que son enfance n'a vraiment pas été drôle », ajouta Caroline en s'éloignant vers sa voiture.

Dani qui rit, Dani qui pleure

Danièle Graule, fille de marchands de chaussures de Perpignan, débarqua à Paris pour les Beaux-Arts que fréquente Amanda Lear et s'inscrivit à « la première école d'esthéticiennes ». Peindre des toiles pour exister et repeindre des femmes pour vivre : le rêve était jouable. Mais le photographe Luc Fournol repéra cette beauté androgyne et la fit poser dans *Jours de France*. Exit les promesses de province. Bienvenue à l'icône des Nikon. Il y aura ensuite Sieff, Newton, et beaucoup d'autres encore, courant après cette petite sœur de Polly Maggoo vêtue en Courrèges et coiffée par Vidal Sassoon. Photos de mode, chansons à la mode, *films in the mood*. Warhol la fit poser, Gainsbourg la fera chanter, Truffaut tourner. Pas mal. Tout s'enchaînera pour Dani, bouture réussie de rose piquante et de fleur de la nuit au parfum parfois vénéneux. Rock'n'drugs : les sixties en direct live sans play-back, avec des hauts et des bas. Les nuits blanches, les trous noirs. Les coups durs, si injustes. Et toujours la démerde in extremis.

Dani : « Il m'arrive de me demander comment j'ai pu avoir l'énergie de traverser tant de zones de turbulences sans me fracasser complètement. »

Allait-elle bien aujourd'hui ? « Tout dépend du contexte », comme dit la chanson. J'allai la voir pour un entretien, il y a quelques années, lorsqu'elle habitait encore dans un petit atelier en fond de cour dans le IXe arrondissement.

Elle était pâle comme une morte et aurait bien tenu son rang dans *Le Bal des vampires* sans retouche ni aplat de blanc. Aujourd'hui, chaussée de lunettes noires, comme si la nuit ne devait jamais cesser, même en cette matinée de printemps, elle s'en roulait une, cherchant ses mots comme des pièces de Scrabble éparpillées dans les sous-sols de sa mémoire approximative, elle parlait d'une voix douce, presque inaudible parfois.

Dani s'éveillait un peu à l'évocation de son enfance, m'affirmant avoir eu la chance d'être élevée par des parents pleins d'amour. Ils l'avaient appelée Danièle, mais, dès le berceau, elle est devenue – et est restée – Dani. « J'ai vécu une relation extrêmement forte avec mon père. Une relation d'amour et d'admiration. Pour moi, c'était vraiment "mon père ce héros". Il était beau. L'image que j'ai du mec idéal est liée à lui. Il n'est plus là malheureusement, et ma vie a changé depuis. J'ai toujours Maman, mais c'est autre chose. Il me faut vivre avec ce chagrin-là, cette perte immense. J'ai perdu d'autres proches, et ces absences deviennent avec le temps des grandes présences. Avec Benjamin Auger, ce fut un coup de foudre, une histoire d'amour magnifique ! Benjamin était alors photographe à *Salut les copains*, plus tard il travaillera à *Match*. Je posais pour des photos de mode, mais curieusement ce n'est pas sur un plateau de prises de vues que l'on s'est rencontrés. Je marchais dans la rue lorsqu'un type s'est approché de moi et m'a demandé comment j'allais ! J'ai trouvé ça gonflé comme approche, mais réussi puisqu'on ne s'est plus quittés… Enfin, on n'aura vécu que cinq années vraiment ensemble. Il m'a donné deux beaux garçons et il est resté mon ami jusqu'au bout, dans les coups durs comme dans les fous rires. Il m'a toujours soutenue. Je n'oublie pas qu'il m'a prêté mon premier local, lorsque j'ai ouvert un magasin de roses en dessous de chez lui. Il est mort il y a un an. Lui aussi est désormais dans les étoiles, mais je me dis que ce sont les choses de la vie. Ma méthode de survie est simple : je me lève tous les matins en me disant qu'après tout le soleil brille, même lorsqu'il pleut ! Le chagrin, c'est perso. »

Dani participa pendant quatre ans au spectacle de L'Alcazar sous la direction de Jean-Marie Rivière. C'était un bateleur extraordinaire qui pouvait transformer n'importe quelle estrade et trois bouts de chiffon en féerie. Elle menait la revue et avait sept ou huit passages chantés au milieu des magiciens, des prestidigitateurs, des humoristes et des travestis qui faisaient des imitations réussies de Régine ou de Sylvie Vartan. Elle devait changer de costume à chaque tableau. Jean-Marie Rivière l'avait baptisée « la nouvelle Mistinguett ».

« Plus que la scène, me dit-elle, c'est l'émotion que ça provoque chez moi qui me plaît. C'est à chaque fois un grand frisson qu'il faut savoir faire partager en retour à ceux qui vous le procurent. »

Je me souvenais d'un passage de *Guerre après guerre*, où Pascal Jardin raconte une soirée imbibée à L'Alcazar. Tandis qu'un Nostradamus de comptoir lui expliquait comment tournerait le monde demain, lorsque les grandes idéologies se seraient effondrées, Jardin regarde Betty Mars chanter *Viens faire dodo sur mes dollars* de Frédéric Botton : « Poupée magique d'un celluloïd inconnu, c'est un jouet vendu à un seul exemplaire. Elle sait parler, rire et pleurer, et dernier gadget de l'électronique mystico-japonais, elle a une âme visible tout au fond de ses yeux… Un gladiateur noir la tient par la taille, la faisant tourner à bout de bras. Mais, tête en haut ou tête en bas, elle continue de sa voix de gorge qui lui monte du ventre. […] Le charme considérable de son sourire absent, la sûreté de la voix, sa beauté de poule de bar du style Marilyn Monroe, l'empêcheront peut-être d'avoir la première place. Les locomotives, les grosses vendeuses de disques ont souvent une sorte de lien commun avec la Vache qui rit collée sur les fromages. Pas Betty. Ce n'est pas une petite fille de Français moyen. C'est un petit prince, une orpheline de la nuit. »

Puis, voici Dani « avec une gueule de damoiseau, ses jambes dignes des bas de soie et des jarretières, et ses lèvres rouge blessure saupoudrées de paillettes d'or ». Jardin fait défiler Marc Dolnitz, « Charlus de drugstore costumé en poireau », Minka La Goulue bis, « avec des cuisses dont on aimerait se faire des colliers », Babette, la très pâle Sabrina, Loreta, Suédoise noire de deux mètres, un castrat maoïste de poche dans les bras, et Jean-Marie Rivière, le maître des cérémonies, « l'homme qui réinventa le music-hall en mariant les Ziegfeld Follies et Valery Larbaud… ».

Dani tourna un peu par hasard, au hasard Balthazar des rencontres. Jean-Marie Périer lui avait proposé de jouer dans *Tumuc Humac*, son premier long-métrage, d'après un scénario de Jacques Lanzmann. Elle remplaça au pied levé Françoise Hardy qui avait peur de tourner dans la jungle au milieu des mygales et des serpents vénéneux. Dani se retrouva quatre mois en Guyane, en pleine Amazone, aux côtés de Marc Porel, l'un des deux frères de Jean-Marie. C'était alors le jeune premier dont tout le monde parlait. Il était beau. Il est mort jeune. Hors plateau, l'histoire de ce film est surtout l'histoire des retrouvailles de Jean-Marie Périer avec son demi-frère Marc, qu'il ne connaissait pas vraiment. C'est une des raisons pour lesquelles ce tournage avait aussi marqué Dani. « Il y avait beaucoup d'amour dans la démarche de ce film, au scénario par ailleurs un peu tordu ! Je n'ai pas fait vraiment de carrière au cinéma. J'ai juste eu la chance de croiser des gens qui faisaient du cinéma d'auteur et qui m'appelaient en me proposant un rôle. Quand je sens du désir, je me donne à mille pour cent. Aussi, quand

Truffaut m'a proposé après *La Nuit américaine* de tourner dans *L'Amour en fuite*, j'ai foncé. »

Foncer dans tout, dans la nuit, les excès en tous genres. L'aventure, avec un grand A, ou non.

Le dernier tango des souvenirs

À Rome, près du Trastevere où je me rendis à pied pour voir Bernardo Bertolucci alors souffrant, je tombai chez un soldeur sur un exemplaire de *Bonjour tristesse* dans l'édition Julliard de 1952. Il m'en coûta un euro. Moins cher que gratuit, ou presque. Le Tibre était vert, et le ciel, d'un bleu pâle. Un vent doux me poussait sur le pont. Dans le salon de Bertolucci, des tableaux abstraits, dont l'un, ressemblant curieusement à ceux que peignait ma mère, mélange de Paul Klee et de Nicolas de Staël, me laissèrent quelques instants désemparé. Le réalisateur parlait un bon français et parcourait sans difficulté le labyrinthe de ses souvenirs. Il m'évoqua, longuement, son amour impossible de jeunesse : Zouzou.

« C'était une femme superbe qui, dans sa fragilité, a traversé des épreuves terribles. Je l'ai rencontrée pendant un Festival de Cannes. Je la suivais partout en douce, et un autre type faisait la même chose, Jack Nicholson, alors jeune acteur inconnu qui venait de réaliser son premier film. Je l'ai vraiment connue au premier Festival de Pesaro et là, je suis à nouveau tombé sur Jack qui ne la lâchait pas. On était tous les deux amoureux d'elle, mais, comme j'ai fini par le comprendre, elle ne voulait ni de Jack ni de moi. Et on a choisi de devenir amis. Zouzou était non seulement belle, mais c'était aussi une fille très drôle. Elle était sans cesse dans le challenge. Elle pariait tout le temps, souvent à propos de n'importe quoi, mais c'était toujours marrant. Elle m'a marqué à un point incroyable. Elle était imprévisible dans tout ce qu'elle disait. Dans sa façon de se mouvoir, d'arriver quelque part, elle avait quelque chose de tellement mystérieux! Un côté androgyne qui fascinait les hommes, avec une distance qui les aimantait, surtout envers ceux qui lui couraient après. Et pourtant, on ne pouvait pas s'empêcher de le faire. »

Bertolucci avait eu vers 1965-1966 un projet avec Zouzou, mais qui n'avait pas abouti. Dans la lignée de *Prima della rivoluzione*. Cela aurait dû s'appeler *Natura contra Natura*. Il s'agissait d'une rencontre entre un politicien, un jeune poète et un homosexuel qui devenaient amis en une journée, à Rome. Le réalisateur avait pensé à Zouzou pour un des rôles féminins. Mais elle n'aimait pas du tout l'idée de « faire carrière ». Une expression honnie dans les années 60.

« Zouzou était une fille qui vivait sans se préoccuper du lendemain, et pourtant elle a eu un destin incroyable. Elle possédait un physique et une personnalité tellement forts que j'ai été obligé de réécrire son rôle au fur et à mesure que l'on tournait ses scènes pour *Partner*. Je lui avais fait peindre de faux yeux sur les paupières afin qu'elle garde les yeux fermés et masque les siens, qui me paraissaient trop grands pour la caméra. Dans le film, elle interprète une représentante en produits détergents. J'ai dû lui faire apprendre par cœur une page des *Mythologies* de Roland Barthes, qui analyse subtilement les différences entre savon et détergent. Elle récitait ce texte avant d'être tuée par Pierre Clémenti. Pauvre garçon mort trop jeune et si usé... Penser à lui, peut-être parce qu'il avait fait de la prison pour trafic de coke, m'évoque la figure tragique de Tina Aumont. » Bertolucci avait connu Tina à Rome, avant de commencer le tournage de *Partner*. Une vraie apparition. On savait juste qu'elle était la fille de

Maria Montez. « J'avais l'impression de voir un manège sans cesse en mouvement, comme dans *La Ronde* de Max Ophuls. Certains allaient si loin dans les excès qu'on pouvait croire qu'ils disparaîtraient pour toujours, mais ils réapparaissaient tout à coup et, jusqu'à aujourd'hui, certains ont l'air de tenir le coup. Jusqu'au tour suivant... Je me souviens que Tina vivait avec Frédéric Pardo sur le Campo di Fiori, juste en face du restaurant Carbonara, là où j'avais si souvent dîné avec Moravia et Morante. Pardo qui allait ensuite vivre avec Dominique Sanda... Cette bande de Français a vécu une sarabande sentimentale extraordinaire : Christian Marquand, Tina Aumont, Dominique Sanda, Frédéric Pardo. »

Un soir, alors que Bertolucci tournait *Le Conformiste* avec Sanda, et qu'il repartait de chez elle après avoir dîné, il croisa une fille qui montait les escaliers. Il pensait déjà au *Dernier Tango*. Le lendemain, il interrogea Dominique sur l'identité de cette fille. Elle lui répondit laconiquement : « Oh, une amie ! » Voici comment Bertolucci avait découvert Maria Schneider. « Elle était extrêmement jeune quand on a fait *Le Dernier Tango*. Elle n'a pas du tout supporté sa gloire soudaine et s'est mise à me haïr dès la sortie du film. Elle continue aujourd'hui, comme si le temps n'avait rien effacé. Elle me rend aussi responsable de la légende sulfureuse du film, qui lui collerait à la peau. Elle prétend que je lui ai volé sa jeunesse, que je l'ai détruite. Dans un entretien à *Time out*, elle me traitait même de gangster ! Mais je n'ai jamais été fâché contre ses excès de langage. Songez que le *New York Times* avait consacré une page entière à Maria au moment de la sortie du *Dernier Tango*. Je lui disais toujours qu'elle devait lire un peu plus, que la culture l'aiderait à surmonter ses craintes et ses colères. »

Bertolucci enchaînait : « La drogue allait avec le rock, le jazz, le cinéma. Ça faisait partie de la même dynamique, du même désir, des mêmes espoirs. Pourtant, je n'ai jamais cru que la défonce pouvait aider à changer le monde. Baudelaire avait écrit ce qu'il y avait de plus pertinent sur les drogues. Les années 60 n'avaient rien découvert là-dessus. Le mythe de la drogue colporté par les consommateurs des sixties est ridicule quand on se reporte aux écrits d'auteurs comme Henri Michaux, lui aussi mal digéré. Je considérais alors que l'avenir du cinéma, ses bouleversements, avaient été l'œuvre de Godard, ajouta Bertolucci. Dans les années 60, le cinéma prenait des voix différentes, et Jean-Luc était celui qui avait réinventé le cinéma. Il incarne le genre d'intelligence française que les Italiens ne supportent pas. Une intelligence qu'ils trouvent prétentieuse, égocentrique, à la limite du ridicule. Moi, en revanche, c'est cette intelligence qui m'a longtemps fasciné. Un goût certain pour le paradoxe, que je retrouvais chez beaucoup d'amis français. C'était la grande époque des *Cahiers du cinéma*, avant leur période mao. Le cinéma anglais de cette époque n'était rien à côté du cinéma français. Zéro! La France, elle, réinventait le cinéma. Les Anglais, c'était le rock.

— Vous avez, je crois, rencontré Mick Jagger, après *Le Dernier Tango*?

— À Rome. Jagger est venu me voir parce qu'il voulait que je mette en scène les Stones au Colisée. Il était excité par ce projet, mais la ville de Rome n'a pas donné la permission au groupe de jouer dans le théâtre antique. »

Évoquer les Stones lui donna envie de parler de « cette femme extraordinaire qu'est Anita Pallenberg ».

« Je la connais assez bien et j'aime bavarder avec elle. J'adore la légèreté de sa mémoire au sujet des sixties. J'entends par là une certaine grâce. Et même si elle parle d'autre chose, son allure, son physique, me ramènent immanquablement à ce moment unique du siècle passé.

Elle possède la *vista* et la beauté des sixties rock'n'roll. Et, plus qu'une égérie, le terme de muse serait plus approprié à son sujet. Anita n'a rien d'une groupie qui aurait réussi son ascension sociale. C'est une dame qui vient d'une grande famille. Son arrière-arrière-grand-père, Arnold Böcklin, est le peintre suisse qui, obéissant au rêve romantique cher à Goethe, avait acheté une villa à Florence.

— L'auteur de la fameuse *Île des morts* qu'évoque si bien *Le Voyage à Cythère* de Baudelaire...

— "Quelle est cette île triste et noire? – C'est Cythère..." Mais on aurait tort de faire un parallèle avec cet aïeul, car Anita n'est pas du tout dans le registre de la mélancolie. C'est quelqu'un qui évoque avec beaucoup de volupté sa jeunesse. »

Bertolucci rencontra Donald Cammell, le grand ami d'Anita époque Montparnasse, au début des années 70 à New York, deux ou trois ans après *Performance* Cammell avait vu *Le Dernier Tango à Paris* (inspiré du *Bleu du ciel* de Georges Bataille), qui l'excitait beaucoup. Il invitait tous les soirs Bertolucci à dîner. « Il était très autodestructeur. Il en riait lui-même parce que l'absurdité de l'existence lui paraissait tellement évidente! Il y a quelques années, je l'ai retrouvé à Los Angeles. Il avait fait deux films, dont il était mécontent. Et puis il s'est suicidé lorsque les studios ont remonté le dernier. Il était vraiment déprimé. À bout. Quant à la bande à Warhol, je ne l'ai pas trop connue, parce que j'ai rencontré Andy dans les années 70, lorsque tout était terminé. Je l'ai tellement vu à un certain moment que, dans mon souvenir, je l'ai totalement identifié à New York. Quand il est mort, je n'ai plus eu envie d'aller là-bas. New York ressemblait beaucoup à Andy. Je vous parle de moi comme d'un prototype de jet-setter, mais c'est amusant parce que je n'ai jamais été mondain. Je ne me suis jamais senti à l'aise dans un groupe, mais il y avait des gens avec lesquels j'avais des affinités. J'aimais me retrouver près de ces gens que j'admirais, d'une façon discrète. J'aimais les écouter, les regarder, comme si j'allais faire un film sur eux. Peut-être le fait d'avoir commencé très tôt à travailler dans le cinéma a-t-il prolongé ma jeunesse à une époque où être jeune était considéré comme ridicule. Et c'est pourtant vrai, je me sentais plus jeune que les gens de mon âge. J'avais pourtant une certaine expérience de la vie, avec un premier film à 21 ans, un âge où j'ai passé mon temps à dîner avec Alberto Moravia et sa femme Elsa Morante, à la Matriciana ou au Carbonara. J'aimais la Rome des années 1960. Sa beauté sauvage et abandonnée la rendait beaucoup plus belle que maintenant. Elle était plus sale, comme une vieille femme un peu délaissée et qui se laisse aller. Une atmosphère qui plaît toujours plus aux artistes qu'aux édiles... L'attraction qu'exerçait Rome venait peut-être du fait que l'Italie était le seul endroit avec la France où la politique était vécue de façon aussi passionnée. Je me souviens d'une manif à la faculté d'architecture de Mano Julia en mars 1968. C'était la première fois que des jeunes de ce pays brûlaient un car de flics. »

68 fut l'événement par lequel le côté visionnaire des années 1960 s'est prolongé, selon Bertolucci, jusqu'au milieu des années 1970. Exactement jusqu'en 1975, lorsque Pasolini est mort. Comme si cette disparition avait éteint le souffle de quelque chose. Mais les années 60 sont bien mortes et enterrées. Au moment du tournage de *Dreamers*, Bertolucci avait demandé à beaucoup de jeunes gens ce qu'ils savaient des années 1960. Réponse : rien. Un garçon lui avait juste lancé : « On m'a dit qu'il y avait eu des manifs. » Les parents de cette nouvelle génération avaient pourtant vécu ces années-là, mais, apparemment, ils n'en avaient pas parlé à leurs enfants.

Comme s'ils éprouvaient le sentiment un peu honteux d'une faillite qu'il est préférable d'oublier. A-t-on jamais retrouvé une telle force dans les idées, une telle passion dans la politique ?

« Mai 68, enchaîna Bertolucci, a été politiquement si extrême qu'ensuite chacun a eu peur de cette grenade dégoupillée. Il n'y a pas eu de révolution. Peut-être est-ce mieux comme ça. En revanche, il y a eu une vraie révolution dans les rapports entre les êtres, et surtout entre les hommes et les femmes. Quand j'y repense, j'ai été heureux de rencontrer des gens comme Zouzou. Nous transportons tous en nous nos mythologies secrètes, et Zouzou, comme Dominique Sanda, était mythique à mes yeux. Ces deux filles avaient retrouvé, de façon plus moderne, ce qui avait caractérisé certaines stars de la fin des années 30, le glamour. Je me souviens que le jour où Andy m'a présenté Lauren Bacall, celle-ci m'a dit : "Vous êtes le seul cinéaste à avoir retrouvé cet esprit glamour que possédait autrefois le cinéma américain." Ces filles étaient poétiques ! Elles possédaient une autre chose fascinante : le désir d'autodestruction. Mais Zouzou, Tina, Anita, Marianne sont encore là. La preuve que leur choix de vie n'était pas forcément absurde. J'aimerais, et votre livre m'en donne envie, tourner un jour un film sur ces amazones indestructibles qui ont hanté les jours et les nuits de Paris, de Londres et de New York. »

Ça, c'est Zouzou !

Zouzou avait rendu dingues Goude, Nicholson, Bertolucci et bien d'autres. Dave Davies, le guitariste des Kinks, y allait fort dans ses mémoires : « Je me souviens avoir ramené Zouzou à mon petit hôtel près du Moulin Rouge après une nuit très imbibée. Nous nous étions rencontrés lors de l'un de mes précédents séjours à Paris. Zouzou m'avoua dans son inimitable accent français si sexy qu'elle avait eu une histoire avec Brian Jones lorsqu'il venait à Paris. Nous avions éclaté de rire en pensant à ce qui se passerait si Brian et moi nous nous retrouvions en même temps la prochaine fois. J'avouai à Zouzou que Brian me plaisait aussi beaucoup et que ce serait marrant de vivre une sorte de ménage à trois. Malheureusement, chaque fois que j'ai revu Brian, nous n'avons jamais eu l'opportunité d'évoquer cette possibilité… Le timing n'était jamais le bon. Peut-être étions-nous en fait trop embarrassés ; sans doute nous respections-nous trop. »

Aucun doute là-dessus pour Zouzou, qui contestait farouchement les allégations de Dave Davies. Il y avait alors à Paris une cinquantaine de mètres du boulevard Saint-Germain qui constituaient une sorte de petit royaume indépendant où chacun pensait que tout se passait. Sa reine était Zouzou. On attendait Zouzou. On rêvait d'être saluée par cette beauté qui causait comme Arletty et se fringuait comme un marin de Cocteau relooké par Goude. Cette fille était un cadeau, un don, on était élu des dieux quand Zouzou nous disait bonjour. Elle n'était rien, mais elle était tout. Elle se moquait de tout, elle aimait tout, elle était d'un courage extraordinaire, elle giflait l'imbécile ou l'importun et distribuait des satisfecit comme jadis le Grand Khan. Totalement impolie et provocante, extraordinaire. Beaucoup de traîne-bitumes rêvaient de gloire, d'être ceci ou cela. Zouzou *était*.

Les premiers à l'avoir approchée avaient été marqués par son allure, si différente, tellement en avance. Ils la suivaient partout, jusque chez Castel et Régine. Elle semblait échapper à toute critique. Elle brillait, comme une étoile. Personne ne pouvait résister à son charme insolent. Elle possédait cette gouaille unique, portée par un besoin de vivre l'instant avec intensité. Elle vivait comme ça en continu, au point qu'elle oubliait ses rendez-vous, même s'il s'agissait d'un acteur ou d'un musicien célèbres. Personne ne pouvait vraiment la suivre jusqu'à l'aube…

On connaît la légende du surnom de Zouzou. Deux journalistes de *Paris Match* l'avaient observée un soir chez Régine en train de s'amuser et de danser le twist avec ses amis. Il était une heure du matin, l'heure des trouvailles lorsqu'on a dix verres dans le nez. Ils s'étaient alors dit : « Si Toulouse-Lautrec avait connu cette Zouzou, il l'aurait appelée "Zouzou la twisteuse". » Cette légende imprimée dans *Match* lui avait valu ce surnom et ce jusqu'à *L'Amour l'après-midi*, de Rohmer, où elle serait enfin Zouzou l'actrice (mais en avait-elle au fond envie ?). Dans ces années-là, il n'y eut pas un seul article sur elle sans cette référence à *Match* : « Zouzou ne twiste plus. » « Zouzou l'ex-twisteuse tourne avec Éric Rohmer. »

Le producteur Pierre Cottrell et sa femme Édith avaient présenté Zouzou à Rohmer, après l'avoir rencontrée chez Castel. « Zouzou, soulignait Édith Cottrell, était complètement androgyne, mais je n'ai pas été frappée par ce côté

Brando dont tout le monde parle, peut-être parce que Brando ne m'intéressait pas. J'étais plutôt James Dean. Pierre m'a passé le scénario de *L'Amour l'après-midi.* Il était persuadé que Zouzou était le personnage qu'il fallait à Rohmer. » Le couple Cottrell était représentatif de ces noctambules travaillant dans le cinéma. Ils avaient connu beaucoup de monde et il n'était pas inutile de les interroger pour en savoir plus. Dans la bande des Cottrell, il y avait aussi Dennis Hopper, qu'Edith avait représenté lorsqu'elle était agente. Elle lui fera tourner *L'Ami américain* de Wim Wenders. Et d'autres de leurs amis, Patrick Bauchau et Mijanou Bardot, sa femme, recevaient chez eux, rue Clément. Ils louaient alors deux appartements sur le même palier. Tout le monde se retrouvait là avant d'aller chez Castel, notamment Donald Cammell et Deborah Dixon.

« C'est Denis Deegan, un type incroyable, qui m'avait présenté cette fille magnifique. Cammell, lui, était petit et possédait la panoplie velours cintré-chemise à jabot du dandy. Il n'était pas beau, mais avait quelque chose d'intéressant, et même d'intrigant dans le visage. Et il était un vrai décadent à l'anglaise. Je n'aimais pas en revanche ses mœurs, sa personnalité perverse, et je n'ai jamais voulu me mêler à l'atmosphère sulfureuse de la rue Delambre. Quant à Zouzou, elle ne pensait pas faire une vraie carrière, même si elle a été contente de tourner avec Rohmer. Elle a tenu son rôle très sérieusement. Il faut dire qu'elle n'était pas encore hors du coup, comme Nico. Morrissey, qui aimait celle-ci, ne supportait pas de la voir défoncée à mort traîner partout avec le petit Ari, son fils qui devait alors avoir 4 ans. J'ai un peu vu Nico lorsqu'elle était avec Garrel. »

Édith Cottrell croisait aussi de temps à autre Marie France. Elle suivait un rituel invariable : dîner, puis Jimmy's et Piano Bar. Elle avait toutes les chances de tomber sur

Marie France. « C'était une personnalité de la Rive gauche, à cheval entre le monde des cabarets et le milieu de l'underground. Si la nuit était alors si importante, l'arrivée du rock et du rythm'n'blues a été capitale. Tout le monde se retrouvait alors aux grands concerts de l'Olympia. Janis Joplin, Otis Redding... Les chansons de Dylan sur France Inter, la radio officielle, avaient fait sauter la chape de plomb. Vers le milieu des années 60, il y a eu les débuts de l'herbe, sûrement à cause – ou grâce – à la fréquentation de Saint-Germain par les Américains. On s'adressait aux photographes de mode quand on voulait fumer. Ils nous servaient de coursiers en allant acheter de la dope à Barbès. Dès 1963, il y avait un dealer d'héroïne qui faisait ses affaires autour du Flore avec les peintres qui étaient ses principaux clients. Les flics devaient être au courant puisque ce type circulait tranquillement. Les rendez-vous avec Rohmer se passaient au Saint-Claude, un café situé dans un renfoncement avant d'arriver à l'église en venant de Saint-Michel. Il y avait au-dessus un hôtel pour les barjots. D'autres allaient à l'Old Navy, ouvert jusqu'à 3 heures du matin, où l'on pouvait s'approvisionner en herbe et en héroïne. Sinon, le Flore, Les Deux Magots, et le haut de la rue Saint-Benoît qui déménageait vraiment... C'est là que j'ai fait la connaissance de mes amis américains, photographes, acteurs, réalisateurs, et de Zouzou... »

Au départ, Zouzou eut Jean-Paul Goude comme pygmalion amoureux. Le premier homme. Un timide qui n'avait osé lui dire qu'il était amoureux fou. Fasciné par les physiques qui marchaient à l'époque, les blondes aux yeux bleus. Tout le contraire de Zouzou... C'était donc un peu bizarre, leur histoire... Goude fut celui qui fit de Zouzou ce qu'elle est encore, une Arletty de Saint-Germain. Il lui avait coupé les cheveux, l'avait maquillée à sa façon, lui avait fait porter des pantalons de marin, des chaussures de l'armée américaine, des tissus à carreaux. Il lui avait donné un look. Les gens se retournaient désormais sur elle. Et Goude la poussait à toujours plus de raffinement, en lui conseillant de porter des bas qui allaient avec la couleur de sa peau. Il l'avait transformée en rejetant les canons de la beauté féminine de l'époque, le style Bardot.

Chacun rencontre un jour son destin au coin d'une rue, ou dans un café. Jean-Paul Goude avait 20 ans, Zouzou, 18, et cela eut lieu au Sélect, à Montparnasse, en 1960. Goude était aux Arts déco. La petite provinciale suivait les cours d'une classe préparatoire à cette même école. Elle était à un âge où l'on se trouve laid et même « abominable ». Aussi, lorsque Goude l'aborda pour lui dire combien il la trouvait sublime, Zouzou pensa qu'il se moquait d'elle. Ils finirent par se voir régulièrement, mais, dans les premiers temps, elle pleurait chaque fois qu'elle rentrait chez elle. Le début d'une grande histoire qui avait mal tourné dès le début. « J'avais besoin que l'on s'occupe de moi, et Jean-Paul avait tellement d'ambition, affirmait Zouzou. Si je l'avais connu deux ans plus tard, lorsqu'il commençait à gagner sa vie, ce n'aurait pas été la même chose. Lorsque l'on s'est connus, il vivait encore chez sa mère. Quarante ans après, lorsque nous nous sommes avoué que nous étions très amoureux l'un de l'autre, nous avions du mal à le croire. Je lui ai dit : "Si tu avais vraiment été amoureux, tu te serais plus occupé de moi". Et lui m'a rétorqué : "Si tu avais été amoureuse de moi, tu ne m'aurais pas trompé avec mon meilleur ami !" Or, en fait, si je l'ai trompé, c'était par provocation. C'était idiot. Je me suis dit que, si j'avais une relation avec son meilleur ami, il comprendrait qu'il devait faire attention. C'est ce qui a tout brisé. Nous restions proches, malgré ça. Jean-Paul a continué à surveiller la façon dont je m'habillais. J'avais les cheveux longs, châtain clair, et je me coiffais comme les danseuses, avec des chignons très hauts. Un jour, il m'a annoncé qu'il allait me couper les cheveux. Je suis ressortie avec une frange énorme, deux pattes sur le côté, des mèches collées en l'air, et c'était ravissant. J'étais devenue l'une des créatures qu'il dessinait. Ce qui était magnifique, c'est qu'il faisait tout pour que je sois unique. Je fus la première à porter des costards de mec. J'avais des pulls de football américain sur lesquels il taillait des bandes de couleurs. J'avais un look infernal ! L'été, à Saint-Tropez, je portais des bermudas écossais, des chemises avec des petits cols hauts, des socquettes blanches, des chaussures de marin blanches. Alors que tout le monde avait des pantalons vichy à carreaux noir et blanc. Interdiction formelle de prendre le soleil, parce que Jean-Paul estimait que je devais conserver ma peau absolument blanche. Il avait raison sur toute la ligne. Lui était complexé comme pas possible, mais moi je le trouvais magnifique. Il passait son temps à vérifier qu'il n'avait pas une nouvelle ride. On n'habitait pas ensemble, et chaque fois que j'arrivais chez lui, je le trouvais devant son miroir. Je lui expliquais que, puisqu'il rigolait tout le temps, c'était normal qu'il ait des rides. Jean-Paul était extrêmement coquet et élégant. Tout le monde copiait son look. J'étais certaine qu'il deviendrait célèbre. Il était bilingue, ce qui constituait un énorme avantage, et se tenait au courant de ce qui se passait en Amérique et en Angleterre… Quand la boutique Bémol a ouvert, il a dessiné une fresque en s'inspirant de moi. Sa première pub, pour Prénatal, était réalisée à partir de l'une de mes photos, mais retouchées. »

Zouzou avait tout de suite senti le génie de Goude. Elle me confia le souvenir d'un dessin qu'il avait fait d'elle dans le magazine *Lui*, avec une robe imprimée de dessins de New York. Six mois après, plusieurs couturiers sortaient des modèles avec des gratte-ciel. C'est lui qui, à New York, en 1972, lui apprit qu'Avedon souhaitait la photographier. Elle posa pour une photo de face et deux de profil. Peu de Françaises peuvent s'en vanter.

Ce genre de chose arrive parfois

« Ne cherche pas
À m'imposer toutes tes lois
Non, n'essaie pas
Je te le dis, tu n'y arriveras pas… »
ZOUZOU, *Ne cherche pas*

Zouzou rencontra Amanda Lear chez Castel, bien avant que les choses commencent vraiment pour elle.

« C'était une fille super, dommage qu'elle ait aujourd'hui ce côté blond platine "retapée italienne", soupira Zouzou… À l'époque, elle jouait déjà sur le côté cuir, avec des faux culs énormes, mais ça restait dans les limites du raisonnable. » Les deux filles n'avaient jamais été intimes. Elles se voyaient la nuit, surtout à Londres, se retrouvaient à La Casserole et papotaient en français lorsqu'elles voulaient se dire des trucs entre elles. « Car on aimait bien balancer des horreurs sur les gens. » C'est Amanda qui appela Zouzou pour lui annoncer la mort de Brian Jones. Celui-ci avait connu la petite Parisienne au Club Saint-Germain. Quelqu'un lui avait glissé à l'oreille : « Les Stones sont là et il y a le petit blond qui n'arrête pas de te regarder. » Elle s'était retournée et avait vu ce type qui la scrutait avec un sourire jusqu'aux oreilles. Sa première réaction fut : « Je suis contente que ce soit celui-là, parce que les autres, les pauvres, on dirait des monstres… »

« Brian est venu me voir à ma table. Nous avons passé quatre jours et quatre nuits ensemble. Et j'ai été complètement séduite. Mais ce n'était pas le coup de foudre. Je vivais avec Michel Taittinger et je voulais lui être fidèle. Mais Brian a commencé à me téléphoner et a insisté pour que je vienne le retrouver à Londres. En toute bonne foi, j'y suis allée en pensant passer un bon weekend. J'ai compris que lui avait envie d'aller plus loin, puisqu'il installait mes affaires dans son placard. Il n'était pas question que je dorme dans la chambre d'amis… Il fallait que je prenne une décision de toute urgence, et comme je ne suis pas du genre à jouer sur deux tableaux, je suis restée avec Brian. Cela a duré presque deux ans, de 1964 à 1966. Et je ne l'ai pas regretté ! Avant d'être avec moi, il avait vécu avec Linda Lawrence, une fille adorable… »

Brian Jones ressemblait à ces créateurs de société qui sont un jour éjectés par leurs nouveaux actionnaires-propriétaires. Zouzou se souvenait que, peu de temps avant sa noyade, il lui avait fait cette réflexion : « C'est marrant, j'ai fondé le groupe et voilà que je me fais virer comme un malpropre. » « Mais il n'y avait pas que ça, reprenait Zouzou, on l'avait déjà abîmé en l'entraînant vers des trucs pas clairs. Son ami Cammell faisait des soirées assez spéciales. C'était autant ce genre de dépravations que la drogue qui auront eu sa peau. Je me souviens comme si c'était hier de cette nuit chez Castel. Keith, qui ne m'adressait jamais la parole, s'était approché de moi et m'avait dit : "Je sais qu'on n'est pas amis, mais j'ai vraiment besoin de ton aide. Il faut que tu viennes vivre à Londres, parce que Brian est complètement ingérable." Je lui ai expliqué que j'étais partie pour de bonnes raisons et que j'avais aussi l'intention de sauver ma peau. Je lui ai balancé : "Règle ça sans moi !" Les premières années où Brian m'avait quittée, il m'appelait souvent. Une fois, il m'avait annoncé qu'on venait de lui offrir un fouet. Il me demandait ce qu'il devait en faire. Je lui ai répondu: "Vas-y! sers-t'en!" Il s'était laissé entraîner dans un trip sado-maso. Il a vraiment pété les plombs et a commencé à se défoncer comme un malade. Marianne avait eu une histoire avec Brian bien avant moi. Je me souviens qu'elle m'avait demandé s'il me frappait. Elle avait entendu parler de ces histoires de sexe hard par d'autres. Comme c'est pas mon truc du tout, j'étais restée sans voix. Le premier mec qui me fait le plan "fais-moi mal", c'est "adieu", je dégage! Brian était complètement démoli. Quand il s'était retrouvé en rade à Albi, il m'avait appelée de l'hôpital en m'annonçant qu'il était tout seul. Je me souviens exactement de mes mots: "Eh bien voilà, t'as enfin pigé. Oublie-moi!" Brian était de loin le plus drôle, le plus séduisant, le plus cultivé de la bande, mais c'était aussi le plus fragile, le plus écorché, le plus artiste. C'est peut-être pour ça qu'il s'est plus défoncé que les autres... Et si les Stones sont ce qu'ils sont, ils lui doivent une fière chandelle. Sur leur première pochette, on ne remarque qu'un des cinq, Brian. Le seul à se mettre vraiment en scène, à arborer une cravate, alors que les autres semblent débraillés, le seul à exhiber une sublime guitare. Et en plus quelqu'un d'extrêmement gentil. Trop gentil. Je l'ai vu pleurer des nuits entières. Mon dernier souvenir de lui, c'est un coup de fil désespéré. Il m'a dit: "Zouzou, laisse-moi venir te retrouver à Paris, je vais très mal." J'ai accepté et il a débarqué, hagard, perdu, si triste... J'ai passé un week-end à parler avec lui. À essayer de lui remonter le moral. Après tout, ce type était un génie. C'est ce week-end-là que Brian m'a appris que les autres l'avaient exclu du groupe et répétaient sans lui, en pensant qu'il n'était pas au courant. »

Lorsque Zouzou avait connu Brian, elle n'avait pas encore touché à la drogue. Juste un joint, de temps en temps. À Paris, ce n'était pas encore si répandu. Mais, en Angleterre, tout le monde se défonçait. Zouzou passa à la vitesse supérieure un soir que les Who jouaient sur le plateau de *Ready Steady Go!* Keith Moon lui avait confié un paquet de pilules bleues en lui demandant de lui en refiler cinq par cinq entre chaque morceau. Il lui avait aussi conseillé d'en avaler une, pour tenir toute la nuit. Le cocktail speed-alcool était alors répandu parmi les groupes anglais qui voulaient tenir le coup sur les tournées.

Un autre jour, Zouzou me parla de Philippe Garrel et de Nico. « C'était un peu n'importe quoi avec lui. Le tournage du *Lit de la Vierge* en Bretagne avait viré au cauchemar. Tout le monde devenait cinglé. Il me faisait faire des trucs pas possibles comme grimper sur une colline à dos d'âne, près du vide, en amazone. J'étais terrorisée. Heureusement que Clémenti était là, sinon j'aurais pu y laisser ma peau. Au bout d'un moment, j'ai dit à Garrel que ça ne pouvait pas continuer, que le plateau se transformait en asile de dingos. Il m'a balancé : "Je m'en fous, Valérie Lagrange va te remplacer." Ça m'était égal, car j'aimais beaucoup Valérie. Je l'ai revue vers 69, lorsque nous faisions de la musique dans la cave que nous avions aménagée sous la Maison ouverte du XIVe arrondissement. Je me souviens de sa chambre, que Frédéric Pardo avait peinte en trompe-l'œil. Valérie était un peu le même genre de beauté que Tina Aumont, sauf que Tina possédait des courbes de Sud-Américaine qu'elle avait héritées de sa mère. » Nico arriva à la fin du tournage du *Lit de la vierge* et s'imposa à Garrel avec l'héroïne pour partenaire. « Je n'aimais pas du tout Nico, poursuivit Zouzou, parce qu'elle tenait des discours fascistes. Je me souviens d'un concert de l'extraordinaire Tim Hardin dont elle faisait la première partie. Le rideau s'est ouvert, et elle s'est redressée, la main tendue en faisant le salut hitlérien, et en hurlant : "Heil Hitler!" Puis elle s'est mise à entonner *Deutschland über Alles* et tout le tremblement… C'était de la provocation au trois centième degré, mais je n'ai pas trouvé ça amusant du tout. Je suis sortie de la salle, écœurée.

— Tu n'as rien dit à sa mort, lui avais-je lancé.

— J'ai refusé. Parce que tout ce que je pouvais dire de Nico, c'était du négatif. À ses débuts chez Catherine Harlé, elle nous faisait croire qu'elle était suédoise. Elle ne voulait surtout pas dire qu'elle était allemande. Mais, dès qu'elle avait un verre dans le nez, chez Castel, elle se mettait à débloquer en allemand. On a alors compris qu'elle mentait. »

Rideau. Zouzou préfère le relever sur la figure aimée de Marianne Faithfull. « Ma Marianne », comme elle dit. Celle qui lui avait donné le courage et l'envie de chanter, en lui proposant de reprendre ses propres chansons. Zouzou l'avait connue à Paris en 1964, après avoir demandé à sa maison de disques de lui arranger un rendez-vous. Marianne logeait alors rue Jacob à l'hôtel du Danube avec son premier mari, John Dunbar. Le fameux cofondateur avec Barry Miles de la galerie Indica où s'étaient rencontrés John Lennon et Yoko Ono. Et un peintre talentueux.

« J'avais trouvé Marianne encore plus sublime qu'en photos, poursuivait Zouzou. Le contraire de moi. Blonde avec un côté petite paysanne russe. Deux yeux bleus, une grosse frange, habillée d'une robe longue, comme ça se faisait en Angleterre. Un look ridicule pour la Parisienne que j'étais, pourtant, même vêtue comme ça, elle était divine. Et avec ça dotée d'une poitrine qui faisait fantasmer toute la gentry. Andrew Oldham ne l'avait-il pas surnommée "L'ange aux gros seins"? Elle m'a raconté que les Anglais l'appelaient "le Buste"... Ça a marché tout de suite entre nous. Nous avons échangé nos numéros de téléphone, nos adresses. Quand je suis allée à Londres, je l'ai revue... Et j'ai continué à la fréquenter ensuite, quand elle était avec Mick, mais de loin, étant donné le peu d'affection que Mick avait pour moi. Bien plus tard, je suis tombée sur elle à La Coupole. Elle ne pesait plus que 45 kg. Un oiseau déplumé, avec les cheveux courts qui lui donnaient des airs de jeune garçon souffreteux. Je me suis demandé ce qui se passait, car je n'avais pas encore touché à l'héroïne. Elle m'apprit de quoi il retournait. Elle était victime de son désœuvrement. Pendant tout le temps où elle était avec Jagger, elle ne faisait pas grand-chose. Elle se contentait d'être sa petite amie, et ça lui a coûté très cher. Un jour, elle a débarqué chez moi alors que je ne l'avais pas vue depuis longtemps et que j'avais déménagé. Elle avait réussi à retrouver ma trace. Elle arrivait d'Autriche, avec, dans ses bagages, un type du cru. Elle allait mal et avait besoin de se reposer. Je leur ai laissé ma chambre, je les ai bichonnés. J'ai compris que Marianne était complètement larguée après sa rupture avec Jagger. Quand j'ai appris où elle en était, alors qu'elle avait vécu des années avec un milliardaire, ça m'a rendu dingue. Nous avons eu un parcours parallèle, avec un décalage dans les années de galère. Nous nous sommes éloignées l'une de l'autre parce que, tant que l'on ne savait pas vraiment si l'autre était clean, on préférait ne pas prendre de risque. »

Deux musiciens allaient marquer Zouzou. Harrison et Dylan, les seules personnes qui ne lui avaient jamais posé de problème en anglais. Quand ils lui parlaient dans leur langue, c'était comme s'ils lui parlaient en français. « George me disait qu'il ne comprenait pas Éric Burdon, et c'est moi qui faisais la traduction. Il prétendait ignorer quelle langue il parlait, et en fait, je lui expliquais qu'il s'exprimait dans un horrible patois de Newcastle, que j'arrivais bizarrement à comprendre, Dieu seul sait comment. Nicholson, lui aussi, me demandait comment je pouvais suivre Dylan, alors que lui-même devait relire ses textes pour être sûr de ne pas se planter. C'est tout à fait étrange, parce que mon anglais est ce qu'il est... » Zouzou passa cinq jours et cinq nuits à discuter avec Dylan, sans que le sens d'un seul mot lui échappe. Lorsqu'ils parlaient de ses chansons, Dylan lui disait : « C'est dingue, tu es française, et tu arrives à piger ce que je sous-entends ! » En 1966, lors de son premier concert à l'Olympia, Dylan lui avait dit en l'invitant dans sa suite du George V : « Si cela doit arriver, ça arrivera, mais ce n'est pas le but. Ce n'est pas pour cela que j'ai envie de parler avec toi, c'est pour te connaître. Comme je suis tout le temps en tournée, si je choisis quelqu'un, c'est pour tout savoir sur la personne, et tout donner en même temps. »

Avec George Harrison, Zouzou passait aussi des heures à discuter. Le Beatle mystique parlait lentement. Tout ce qu'il lui disait semblait être d'une clarté totale. Le contraire de Lennon, avec lequel elle passa quelques nuits délirantes. Parce que son accent était différent, et que ce n'était pas la même chose. « George était la gentillesse incarnée. Et puis j'adorais Patti et le couple qu'ils formaient. Nous avons passé un nombre incalculable de soirées à rire aux larmes. Lorsque Dylan est venu en concert pour la première fois en Angleterre, on n'a pas arrêté de le mitrailler avec le Polaroïd que George s'était acheté. Patti m'a appris à conduire dans leur jardin. George était la générosité même. J'ai raconté dans mes mémoires comment Brian s'arrangeait toujours pour partir aux toilettes au moment de l'addition, et George, qui avait compris la combine, sortait sa carte de crédit sans rechigner. J'avais honte, mais George se marrait. Il me disait : "Ne te mets pas dans des états pareils pour ça !" J'ai perdu George de vue quand son histoire avec Patti s'est achevée. »

Il y avait aussi eu Neil Young, dont Zouzou connaît la plupart des morceaux époque *Harvest* par cœur. Un ami qui lui donnait rendez-vous lorsqu'il passait à Paris. Je me souviens d'un concert acoustique qu'il avait donné au Palais des Congrès. Acoustique. J'avais emmené Zouzou avec moi et elle doublait de sa voix rauque les chansons du Canadien. *The Needle And The Damage Done, Old Man , Heart Of Gold... It's better to burn out than to fade away...* Pour Zouzou, tout s'était achevé aussi à la fin des années 1960. Après? Eau noire. Entre-deux brumeux. Et enfin renaissance au bout du tunnel il n'y a pas si longtemps.

« Au pic des années 1960, tout le monde était devenu plus solidaire. En revanche, jusqu'en 67, il y avait encore tous les mauvais côtés de la vie. Pas de pilule, et bonjour les avortements! En réécoutant les textes de mes chansons, j'ai constaté que j'étais féministe sans m'en rendre compte. Qu'en 1965 j'étais dérangeante. Chanter "Je suis la fille du vent, chaque jour j'ai un nouvel amant", alors que les autres en étaient à *L'école est finie* ou *Tous les garçons et les filles de mon âge...*, c'était tout à fait incorrect. »

La liberté coulait en elle comme du sang frais, mais Zouzou ne s'en rendait pas compte. Rencontrer des gens était alors si simple. Il suffisait de passer à La Coupole ou à La Closerie des Lilas, et c'était l'assurance de retrouver la moitié de Paris, enfin... la moitié de ses amis. Zouzou et ses semblables formaient une escouade de filles, toutes pareilles, avec des vices différents. Aucune n'était sortie du même moule, chacune était dotée d'une forte personnalité, mais toutes possédaient une chose en commun, la liberté. Elles assumaient le fait d'être des femmes libres, de gagner leur vie à la petite semaine et de faire de cette existence ce qu'elles voulaient.

« On n'était pas en train de rêver au mariage et aux enfants. On prenait tous les risques, et "En avant, Germaine"! »

En avant, comme avant. Tout ce qu'elle me racontait au fil de nos rencontres, au restaurant, dans une salle de concert, dans la rue, n'était jamais empreint de mélancolie ni de nostalgie. Elle aura juste ce mot un soir, en quittant la loge de Donovan qui lui avait offert autrefois une chanson et qu'elle retrouvait après tant d'années d'absence : « La vie est faite de plein de moments magiques. »

Babou à Zouzouland

« La première fois que j'ai rencontré Zouzou, ce devait être dans les locaux de M.A.T. (*Mademoiselle Âge Tendre*). Ce qui est tordant, c'est qu'elle terrorisait tout le monde. »

Lorsque je débarquai dans son vaste appartement du VIIIe arrondissement, je trouvai la petite Babou (le surnom de France Gall) blottie dans un grand canapé, Zouzou à ses côtés. La blonde en blanc et la brune en rouge. La réserve et le bagout. La prudence et le risque. Attirées comme deux aimants. Amitié à éclipses. Les années dope de Zouzou pas très raccord avec les années Berger. Mais depuis quelque temps les deux femmes s'étaient retrouvées et tout était reparti comme autrefois. Aussi France Gall faisait-elle une entorse à son habituel « no comment » sur sa vie privée, ce cercle infranchissable depuis que le chagrin s'était abattu sur elle. Je souhaitais qu'elle évoque ses années Zouzou. Elle rentrait d'Afrique et elle avait accepté.

« J'entendais tout le temps parler de cette Zouzou et j'en avais peur. J'étais un petit oiseau inquiet. On me disait : "Elle est terrible, elle a un caractère pas possible. Elle engueule tout le monde". On me décrivait quelqu'un d'assez violent. Le genre de personnage et de personnalité qui me terrifiait. Je me cachais quand je la croisais dans les couloirs. Dans les années 60, les filles étaient réservées et pudiques. En voilà une qui parle fort, qui se met à donner son avis sur tout ! Politisée en plus, et moi qui suis partie de Paris pour ne pas vivre Mai 68 ! J'avais 16 ans, Zouzou 20. Mais on s'est très bien entendues tout de suite. Je trouvais qu'elle était moins effrayante que le tableau qu'on m'en avait fait. Elle avait quand même mauvais caractère. Mais ça a fait tilt comme deux filles qui se découvrent en bavardant. »

France Gall cherchait ses mots, avec application, comme si elle ne voulait surtout pas se tromper pour exprimer cette amitié contre nature. Et ce n'était pas facile. « Zouzou est une femme libre et, quand on est libre, on possède une force par rapport aux autres. Ce qui rend les femmes si empruntées, c'est justement de ne pas se sentir libres. Elle disait ce qu'elle pensait. Elle n'en avait rien à foutre, mais vraiment rien à foutre des gens. On ne savait jamais comment elle allait réagir. Elle pouvait d'un seul coup se lever de table et nous faire une grande déclaration sur Marx. Je me souviens qu'une fois, à la montagne, j'avais dû courir toute la station pour lui trouver de la codéine, car elle ne m'avait pas dit qu'elle se droguait et qu'elle était en manque. Son chic, c'est d'être ce qu'elle est, et de ne pas jouer. Ses amis, tous des personnages hors du commun, l'aiment pour ça. Elle mettait un jean, un chemisier cintré en satin blanc, des bottines, et hop, c'était parti. Toujours moderne, sans faute de goût. Une fille vraiment stylée. En costume d'homme avec sa frange et sa clope au bord des lèvres, on aurait dit un vrai petit mec. Elle avait un côté protecteur vis-à-vis de moi. Maintenant, c'est l'inverse, c'est moi qui la protège. On savait s'amuser ensemble. Tout est vécu à cent à l'heure avec elle. Les choses importantes, elle ne les survole pas. Elle n'a pas su se fixer des limites. Elle a gâché une bonne vingtaine d'années, mais elle a réussi à surmonter cette épreuve incroyable. Aujourd'hui, c'est une femme claire dans sa tête, qui revient de si loin. La façon qu'elle a d'aborder le côté sombre de son existence est d'une grande dignité. »

Zouzou lâcha sobrement :

« Babou et Michel étaient un havre de paix pour moi. C'est le mensonge qui nous a séparés un temps, le mensonge qui règne dans le milieu des accros. »

France Gall avait eu le mot de la fin. « C'est une grande gueule pudique. On a des conversations hallucinantes sur des sujets qui feraient fuir tout le monde. Elle était libre et libre de faire les mauvais choix. Elle a fait honneur à la vie après tout ce qu'elle a traversé et, ça, c'est d'une force extraordinaire. On est toutes les deux des dingues de la vie. On ne se plaint pas. Elle continue d'apprendre, malgré tout. »

Un Bailey cul sec

Il ressemblait à une rock-star – vieillissante – qu'il aurait sûrement aimé être. Quelque chose aussi de Warren Beatty période *Shampoo* avec des kilomètres de plus au compteur. Assez grand, brun, les cheveux mi-longs, le regard noir, vêtu ce jour-là de vêtements bleu électrique à la fluidité très seventies, Albert Koski avait régné dans les années 70-80, avec son associé Christophe Cauchois, sur l'organisation des concerts de rock parisiens qui avaient bercé – ou plutôt fait tanguer – ma post-adolescence. Dans son appartement du XVIe arrondissement, des vestiges de ces années flamboyantes – affiches, photos, passes pour les *backstage* – voisinaient avec des témoins de sa réussite financière, de belles œuvres contemporaines. Koski a pourtant débuté loin du monde des saltimbanques, dans celui à mâchoires carnivores des finances new-yorkaises. Après avoir gagné quelques millions de dollars très jeune, alors que sa vie de nabab était tracée, il changea subitement de cap. Il épousa une dessinatrice de mode qui lui fit découvrir un univers qui le fascina immédiatement. Revenu à Paris, Koski avait eu une idée toute simple : devenir l'agent de photographes. Il fut le premier à avoir le culot de court-circuiter les agences. En trois mois, il dragua tous les photographes qui comptaient, parce que ceux-ci en avaient assez d'être rackettés par les fils de pub. Grâce à leur soutien, il avait tout de suite eu du poids face à une mafia qui jurait d'avoir sa peau. Les agences décidaient encore du montant des honoraires et faisaient ce qu'elles voulaient des photos dont elles détenaient les droits à vie. Koski changea la donne en disant : « Pour la presse, c'est tant. Pour la pub, tant... À prendre ou à laisser ! » Une vraie déclaration de guerre. Comme il passait alors la moitié de la semaine à Paris et l'autre moitié à Londres, où il avait un bureau et un appartement, il fut consterné par la différence de classe entre les deux capitales.

« Paris n'était rien. Le néant. Prenez la musique. Les yéyés étaient ridicules. Nos chanteurs étaient des nullités comparés aux groupes anglais. Les Français, Michel Taittinger et compagnie, qui avaient du goût en matière de musique, débarquaient à Londres. Les Anglais avaient trente ans d'avance sur nous et possédaient la morgue de ceux qui ont les cartes en mains. Un photographe comme David Bailey n'aurait jamais accepté de travailler avec un Français, mais je me battais contre les agences de pub et j'étais un survivant polonais de la Shoah et du goulag, et ça lui plaisait. Il faut reconnaître cependant que la France a toujours eu de grands photographes. Tout le monde voulait être Guy Bourdin, que ce soit à New York ou à Londres. Mais, de l'autre côté de la Manche, la liberté de vivre, c'était quelque chose. »

Londres se prosternait devant trois monarques aussi flamboyants que les Beatles et plus reconnus dans la rue que les autres stars du rock. Trois photographes : David Bailey, la star absolue, Steven Duffy, et Terence Donovan, le plus costaud, avec une grande douceur dans son travail. Suicidé en 1996. Koski avait connu Bailey avant qu'il n'épouse – brièvement – Catherine Deneuve. Il sortait des quartiers prolos de Londres et c'était un vrai bagarreur. Koski se souvenait d'une nuit épique chez Castel. Bailey, qui ne connaissait pas Jean Castel, avait pensé que celui-ci lui interdisait l'entrée du club parce qu'il n'avait pas de cravate. Il lui avait aussitôt balancé un direct du droit. Castel s'était retrouvé avec un œil au beurre noir, et Koski était arrivé en vitesse pour arranger les choses. Castel avait en fait dit à Bailey : « Vous êtes si élégant sans cravate », et l'autre avait compris le contraire. Castel, beau joueur, avait ri du quiproquo. Une semaine après, Bailey épousait Deneuve, et il prenait Castel comme témoin pour se faire pardonner.

Koski approcha aussi Anita Pallenberg lorsqu'elle travaillait comme mannequin. « Elle savait ce qu'elle voulait par-dessus tout : faire partie des Rolling Stones. Une fille merveilleuse à tout point de vue. Elle était passée à mon bureau, pour m'annoncer qu'elle avait enfin rencontré Brian Jones à Munich. Elle ne tenait pas en place. Elle m'avait dit : "Si j'arrive à avoir Brian, j'aurai ce que je veux après." Je lui ai souhaité bonne chance. Anita n'a eu aucun mal à séduire Brian, puis plus tard Keith. Il suffisait d'observer le séisme qu'elle provoquait dans la rue. »

Koski avait vécu ces années comme une période de renaissance. Le monde occidental engloutissait son passé, et ça a perduré dans les années 70. À Londres, la photographie de mode devait alors tout au *Sunday Times Magazine*. Le Français passait la plupart de ses nuits à l'Ad Lib. On trouvait d'un côté de la piste les Beatles et leur cour, de l'autre, les Stones et leur bande. Personne ne se parlait entre les deux groupes. Même leur façon de danser était différente. Une nuit, vers 4 heures du matin, Koski vit Judy Garland accrochée aux bras d'un pauvre torero gominé, aux jambes comme des allumettes. Elle semblait être au bout du rouleau et il pressentit qu'elle ne tarderait pas à lâcher la rampe. Elle mourut le lendemain. Elle n'avait plus que la peau sur les os. « Et c'est un de mes plus tristes souvenirs, parce que, lorsque vous êtes jeune et que vous voyez cela, vous jurez de ne jamais tomber dans l'alcool, les médicaments et la dope. »

Jusqu'en 1965, la drogue n'était pas si répandue à Londres, sauf les pétards ou l'acide. L'héroïne avait attendu patiemment en embuscade les années 70. Koski, lui, ne pensait qu'à travailler. Question de survie. Il avait passé les cinq premières années de sa vie dans des camps en Sibérie avec ses parents, des rescapés des camps nazis… Le fait d'avoir survécu à tant d'horreurs lui avait donné la force pour lutter.

« Je travaillais tout le temps, je m'amusais beaucoup aussi, parce que j'avais vu tellement d'atrocités dans mon enfance ! Quand vous avez connu l'enfer, chaque journée de votre vie est importante. On me prenait pour un gangster, alors que je n'étais pas un vrai dur. Mais, contrairement à ceux de Paris, les gens de Londres me faisaient confiance. »

Albert Koski avait bien connu la bande des filles. Nico travaillait pour l'agence de sa compagne d'un temps, Catherine Harlé : « Elle était une beauté incroyable, avec un visage spécial, un peu carré, et une voix très grave. Mais qu'est-ce qu'elle chantait mal ! Elle en rigolait elle-même, d'ailleurs. On s'amusait beaucoup ensemble, et puis c'était quelqu'un de généreux. Elle venait souvent me voir et me racontait sa vie assez étrange. Notamment ses séjours chez Warhol et, plus tard, ses périples dans le désert avec Garrel. Elle trouvait intéressante sa démarche de refaire toujours le même film. Nico était tout sauf bête. Elle considérait son existence comme le mélange de plusieurs vies simultanées. Elle parlait parfaitement l'anglais et le français. Contrairement à tant d'autres, je ne l'ai jamais vue très défoncée. »

Portrait d'Amanda Lear à l'époque Catherine Harlé : « Tout le monde admirait cette créature fabuleuse qui fascinait ceux qui l'approchaient. J'aimais aussi beaucoup Patti Boyd, si jolie qu'on l'avait surnommée "The Bird". Un oiseau volage. Elle s'amusait. La vie de filles comme

Patti Boyd ou Anita Pallenberg était marquée par les rencontres. Soit elles devenaient riches et célèbres, soit elles restaient des filles pauvres. Devenir l'épouse de Harrison changeait la donne. Les sixties avaient révélé et libéré le côté sauvage que chacun d'entre nous gardait alors bridé au fond de soi. L'important, c'était d'être là où il se passait quelque chose. À Londres, ou à New York. On s'amusait de voir les changements, surtout dans la façon de s'habiller. Les homosexuels commençaient à sortir de l'ombre. On ne dira jamais assez l'importance des restaurants italiens dans l'explosion des *swinging sixties*. Le plus connu, c'était Terrazza, dans Soho. J'y ai croisé les Beatles qui revenaient d'Inde avec leur gourou. Lennon racontait leur périple lorsque, tout à coup, pour déconner, il s'est mis à poursuivre son récit en chantant. McCartney a enchaîné derrière lui, et une chanson est née comme ça pendant ce dîner. Cette incroyable facilité explique pourquoi ils avaient tant de bonnes chansons en réserve. Mais la vraie star du Tout-Londres, c'était Bailey. Les pochettes en Angleterre étaient très travaillées. En France, elles étaient nulles. Et puis, dans ce monde de machos, quand Mary Quant est apparue avec sa drôle de coiffure et sa mode hallucinante, ça a secoué ! Londres devenait le centre du monde. Et au centre du centre du monde, il y avait Twiggy. Je l'aimais bien. Elle était rigolote, mais un peu trop sous la coupe de Justin de Villeneuve, son agent, avec qui elle vivait. Il en avait fait une star. Twiggy possédait un truc unique, indéfinissable, une grâce fragile. Une merveille ! »

Le musée de Pardo

Rue de Babylone, été 2004. Paris dans sa déconcertante splendeur de cimetière ouvragé. Un appartement bourgeois où, au milieu des tableaux et des meubles de famille, une photo attirait le regard : un enfant dans les bras de Sartre. C'est Frédéric Pardo, son filleul, qui me recevait soixante ans plus tard pendant que sa belle femme africaine passait comme une ombre discrète et mystérieuse.

Dans une pièce à côté du salon, l'atelier de peinture où cohabitaient sur de grandes toiles des femmes de Nubie et du Maghreb. Pardo était un artiste de facture orientaliste. Un artisan minutieux qui semblait s'être arrêté aux leçons des peintres du Salon et qu'aimait François Mitterrand, dont il fit le portrait. Un anachronisme réjouissant chez cet ami d'Olivier Mosset, l'homme qui traçait des ronds noirs en chevauchant sa Harley dans son atelier de la Bastille. Car Pardo n'avait pas oublié de vivre son époque. Il touchait à l'Orient de Delacroix d'une main et à l'Occident de Kenneth Anger de l'autre. Quand cet homme aimable, doué d'une mémoire prodigieuse, rencontra Tina Aumont, celle-ci était une star en Italie.

« Elle était magnifique ! Vous ne pouvez pas imaginer la beauté de cette fille ! Et pourtant un peu boulotte. C'est ensuite qu'elle s'est épanouie. Tina avait tout pour elle, mais malheureusement elle a eu un de ces destins… Pas besoin de vous faire un dessin. La vraie descente aux enfers. Mais elle est toujours là, comme Keith. Au départ de tout ça, il y a un traumatisme d'enfance. Son père, l'acteur Jean-Pierre Aumont, lui avait longtemps caché la mort de sa mère, la comédienne Maria Montez. Quand elle l'a apprise, Tina s'est mise à organiser des séances de spiritisme pour entrer en contact avec sa mère, qui s'était préparée à mourir et avait laissé un testament très particulier. Elle y révélait qu'elle avait rencontré et fréquenté le diable, en adepte du vaudou. Tina a vite suivi sa pente autodestructrice, bien qu'elle ait connu quelques années de bonheur en Italie, lorsqu'elle tournait beaucoup. Je ne crois pas que son mariage avec Christian Marquand, à 17 ans, ait été une bonne chose. Christian, que j'ai bien connu, n'était pas un modèle d'équilibre. Il appartenait au premier cercle de la bande à Vadim. Ces deux-là, c'était un peu le diable à deux têtes, un diable qui a toujours attiré les jeunes filles en fleurs. Une fois dans la place, Tina a déchanté, et ils se sont séparés. Elle a été très malheureuse avec lui, et son père n'a pas pu ou su lui venir en aide. Il plaisait beaucoup aux femmes et aux hommes. Un jour, Tina l'a surpris en train de se mettre du rimmel dans la salle de bains. Ça l'a un peu choquée, mais, après tout, la plupart des comédiens ont un côté chochotte. »

En mai 68, Pardo et Tina partirent pour Rome, laissant derrière eux le champ de bataille qui s'étendait au pied de leur immeuble rue Gay-Lussac. Ils s'étaient installés dans un appartement sur le Campo Di Fiori, non loin de l'ambassade de France, où se trouve le marché dont m'avait parlé Bertolucci. Pierre Clémenti habitait juste derrière, au Paradisio, un hôtel de passe, où il était dorloté par deux matrones. Rome n'aura connu en 1968 qu'une nuit de révolte, à l'initiative de Tina Aumont qui fit ériger la fameuse barricade sur le Campo Di Fiori avant de se faire photographier en insurgée et de se retrouver à la une des journaux le lendemain... Le seul acte de bravoure de Pardo fut de se réfugier sous une porte cochère pendant une charge des flics italiens. Son dos dépassait et il reçut une vingtaine de coups de matraque. Le lendemain matin, la police débarqua pour faire une perquisition dans l'appartement.

Avec Tina, Pardo connut le grand amour, mais ils n'avaient jamais voulu se marier ni avoir d'enfant. Clémenti, un garçon charmant au demeurant, les en avait dissuadés sans le savoir. « À "I Galli", un îlot face à Positano, où nous avions loué une maison, Margaret et lui avaient emmené leur fils Balthazar. Je ne trouvais pas ça terrible, un gamin au milieu de tous ces gens qui se défonçaient. C'est pour ça qu'avec Tina nous avions décidé de ne pas nous y mettre. J'étais rêveur, mais réaliste aussi : ça aurait été catastrophique pour lui. Notre histoire d'amour s'est terminée sans violence. »

Electrochic chez l'étrange docteur Kakopoulos

La lumière d'août avait commencé de décroître dans le salon. Souffrant d'un cancer du poumon, Frédéric Pardo m'évoquait maintenant avec une flamme dans les yeux la fameuse période de « I Galli ».

« Une demeure fabuleuse, louée pour rien, avec des meubles de collection, des tableaux de maître... Inoccupée depuis quinze ans, pleine de toiles d'araignée à la Dracula. »

Pardo peignait un peu. Il m'affirme avoir été toute sa vie un « gros fainéant ». Quelques portraits de Tina. Ils passeront environ une année à Positano, avec Kalfon, Valérie Lagrange, Clémenti et sa femme, « une fille complètement déjantée, qui vit aujourd'hui en Inde dans une hutte d'intouchable ». Nico avait rejoint Garrel. Dès le matin, avant l'héroïne, elle commençait par un verre de blanc et un joint d'herbe. Et puis elle se mettait à chanter en s'accompagnant de son petit harmonium...

« Elle n'était déjà plus aussi belle qu'à l'époque où elle avait rencontré Delon. La trentaine déjà un peu tapée... L'ancien mannequin de chez Catherine Harlé n'était plus qu'un souvenir. Et puis elle était bizarre, glaciale, légèrement facho, des trucs teutons lui remontaient parfois par bouffées incontrôlables... Peut-être par provocation. Je n'ai jamais vraiment su. »

Clémenti restait des journées entières sans dire un mot. Pardo prétendait qu'il était sous acide, mais l'acide ne coupe pas la parole.

« L'acide lui a fait surtout perdre la boule. Il a terminé à l'asile en Italie et s'est finalement retrouvé dans la clinique du docteur Kakopoulos, un drôle de type, du genre professeur fou, qui était l'amant de Linda Christian, une actrice autrefois mariée à Tyrone Power. C'était une institution mondaine, pour déprimés chic, où le docteur avait fait des électrochocs à Clémenti. Il y est resté un moment, jusqu'à ce que sa famille intervienne. On est allé très fort avec la dope. On ne se rendait pas compte. Le premier junkie que j'ai rencontré était mon ami le peintre Mario Schifano, le premier petit ami d'Anita, avec qui, Tina et moi, on fumait de l'herbe, mais c'est tout. Lui, en revanche, avait un énorme pot rempli d'héroïne, qu'il nous mettait sous le nez, mais on ne voulait pas y toucher. L'héroïne n'a jamais été trop ma came, moi c'était l'opium. Peut-être parce que j'avais lu les albums de Tintin. »

On trouvait assez facilement la drogue favorite de Malraux. Le poète Gabriel Pommerand possédait un appartement au-dessus du Flore, qu'il avait transformé en fumerie pour quelques privilégiés. Un soir, à la brasserie du Lutetia, le romancier américain Nick Tosches évoqua pour moi, entre deux rasades de Taittinger, la légende apparemment vraie (Zouzou en parle aussi dans ses mémoires) de la fumerie Pommerand, où artistes et anciens de la Royale se retrouvaient pour communier autour de la pipe en bambou. C'est un fait, le cérémonial de l'opium est beaucoup plus chic que la seringue dans les toilettes. Pardo, lorsque l'opium devint introuvable, s'était mis à l'héroïne, pour ne pas être malade.

Parler de dope lui donnait envie d'évoquer Keith Richards, le Terminator de la défonce, qui gobait tout, pétards, coke, héro, rigoureusement tout, et avec lequel il passa des soirées mémorables. La dernière fois qu'ils s'étaient vus, c'était il y a quelques années, chez lui, faubourg Saint-Honoré.

« Keith était avec son père, un type sympathique, au look de routier bedonnant, qui s'enfournait bière sur bière pendant que le fiston, lui, avalait sa bouteille de vodka au goulot, lentement mais sûrement. Ce type a une santé de fer et d'enfer, il devrait être mort cent cinquante fois. C'est un vrai rocker, un pirate, toujours à carburer à la vodka et à la coke. »

Frédéric avait toujours aimé les Stones, non seulement pour leur musique, mais pour leur style de vie, ce qu'Andrew Loog Oldham avait compris : le rock, c'est autant la musique qu'une attitude, avec tout ce que ça comporte d'esthétique, de beauté, de charisme. Et la bande de Pardo avait envie de vivre comme eux.

La musique... Pardo avait eu la chance d'écouter Hendrix à l'Olympia en 1967, avec un mur d'amplis et un son fabuleux. Le guitariste donnait un show à Rome l'été d'après. Électrisé par la beauté de Valérie Lagrange, il avait débarqué chez Pardo et voulait absolument coucher avec la chanteuse. L'auteur de *Little Wing* avait achevé la nuit en donnant un concert privé dans une boîte romaine.

Pardo alla chercher un Perrier frais dans la cuisine ; revenant s'asseoir, un peu essoufflé, il souhaita me reparler de Nico.

« C'était la décadence totale. Dans les années 70, elle vivait rue de Richelieu, dans une misère noire. L'hiver, le chauffage étant coupé, elle se chauffait aux bougies. Il y avait sans arrêt des huissiers qui débarquaient chez elle, parce qu'elle devait tout le temps de l'argent. Le commissaire qui les accompagnait avait honte. Il disait : "Je ne savais pas qu'il y avait des artistes pauvres comme ça." À la fin, il venait la prévenir. De cette histoire affreuse, il reste quand même *La Cicatrice intérieure*, un film magnifique. Sylvina Boissonnas avait financé beaucoup de films. Tout le monde profitait de ses largesses et faisait la queue pour quémander dans sa suite au Lutetia : "Sylvina, je voudrais faire un groupe de rock... – D'accord... Combien ?" Et elle signait le chèque. Les guitares de Kalfon, la maison en Italie, les films de Garrel, elle payait tout sans rechigner. Mais, un jour, elle en avait eu marre de jeter son argent par les fenêtres. La lutte des femmes lui a semblé plus utile que la cause des branleurs. On avait formé un groupe de rock'n'roll avec Garrel, Clémenti, Kalfon et Valérie. Il eut plein de noms, dont les Crouilles Marteaux. Je jouais de la basse, Clémenti de la scie musicale, Garrel de la Martins 12 cordes au son extraordinaire. Kalfon tapait sur la batterie, Valérie chantait, et Didier Léon, le seul vrai musicien de la bande, était au piano. Le problème, c'est qu'on était très mauvais. Garrel grattait le même accord pendant des heures, jusqu'à ce qu'on le menace de lui casser sa guitare sur la tête ! À chaque fois qu'on jouait chez Kalfon dans le XIIIe, les flics débarquaient pour tapage. Alors Kalfon a aménagé et insonorisé la cave. Mais, le jour où on l'a inaugurée, les flics ont débarqué à nouveau. Ils faisaient bien. Nous étions tout simplement nullissimes, bien que nous ayons fait la B.O. de *Week-end* de Godard et du *Lit de la Vierge* de Garrel ! »

Pardo reprit son souffle et embraya sur Anita et Zouzou :

« Tout Paris les admirait non seulement pour leur beauté, mais aussi pour leur charisme. Des personnes magnifiques et de vraies égéries. J'ai connu Anita à Paris au début des années 60, par son petit copain d'alors, le fameux Schifano. Nicole, ma fiancée de l'époque, était assez proche d'Anita. Je l'ai revue des années plus tard lorsqu'elle vivait avec Keith. Ils m'appelaient lorsqu'ils passaient à Paris. Je voyais aussi Anita à Rome, lorsque je vivais avec Tina. Quant à Zouzou, je l'ai rencontrée dans la fameuse bande du Drugstore. Je devais avoir autour de 16 ans.

— Quand elle arrivait rue Saint-Benoît, ça agitait tout le monde…

— Il faut se souvenir qu'il y avait une incroyable scène nocturne en haut de la rue Saint-Benoît, entre le Montana et la terrasse du Flore. Les gens passaient leurs soirées à discuter, draguer et boire debout contre les voitures. On retrouvait toujours les mêmes. Moi, j'étais comme un poisson dans l'eau. Mes parents se sont rencontrés au Flore. Mon père, qui possédait une galerie boulevard Haussmann, était de la bande de Prévert, et ma mère dans celle de Sartre et Beauvoir. Sartre était d'ailleurs mon parrain. Madeleine Malraux, la troisième femme d'André, ma marraine.

— Au vrai chic intellectuel.

— Si vous voulez. Zouzou venait de la bande de la Bastille, des durs de durs à crans d'arrêt et bananes gominées. Elle s'était bien intégrée aux minets du Drugstore, par Natacha, une fille qui ouvrira plus tard un restaurant à Montparnasse.

— Benoît Jacquot était un pilier de cette bande très XVIe. Il y avait aussi Michel Taittinger, avec lequel Zouzou a vécu.

– Un jour, il a voulu aller chez Régine déguisé en SS. Elle l'a foutu dehors avec un coup de pied au cul. Je dois surtout à Zouzou un beau souvenir : ma rencontre avec Dylan, chez Castel. On a terminé la nuit dans sa suite au George V. Il était en pleine période déjantée, speed et compagnie. Il fumait quatre cigarettes en même temps. Il était magnifique. On l'admirait. On écoutait sa musique en boucle toute la journée.

— Zouzou a fait quelques films avec Garrel, ses plus beaux. *Marie pour mémoire, Le Lit de la Vierge.*

— Il y a aussi *La Concentration*, un de ses premiers, qu'il a dû tourner à 19 ans. Zouzou et Jean-Pierre Léaud sont habillés en bambinettes. Garrel les avait enfermés plusieurs jours dans un tout petit décor, sans dormir, et le résultat était intéressant. Garrel, c'est un Cocteau moderne. Il n'écrivait pas de scénario et improvisait ses tournages. Il n'était pas le seul, moi aussi, je peignais comme ça.

— Amanda Lear?

— Égérie sublime! Je l'ai rencontrée par Tina, parce qu'elle était l'amie de Tara Browne, un héritier des bières Guinness, mort très jeune dans un accident de voiture. Un soir, rue de Bourgogne où j'habitais alors avec Tina, Tara a débarqué avec Amanda. Je peignais un peu. J'avais appris la technique de la tempera dans des bouquins, en allant dans des musées, et en demandant au peintre Matti Klarwein de m'enseigner ce qu'il savait faire. Amanda a regardé mon travail et m'a appris qu'elle avait fait elle aussi les Beaux-Arts. Comme on était à l'étroit dans ce qui était encore l'appartement de ma mère, on est partis chez Tara, dans son hôtel particulier, près du bois de Boulogne. Il y avait une grande pièce avec des tableaux de Magritte. Il était tout jeune, très dandy, genre *groovy* London de l'époque. »

Les Anglais dictaient la mode. Leurs tailleurs avaient un savoir-faire et une imagination dans le choix des matières et des coloris à des années-lumière de ce Renoma dont s'étaient curieusement entichés les minets parisiens. Dès les années 1966, 1967, la petite avant-garde dont faisait partie Pardo avait viré décadente, avec des pantalons en soie rose, des chemises à jabot… Les hommes avaient adopté le port des « Tom Jones », des chaussures avec des boucles à la Louis XIV et de hauts talons. Les cheveux longs se portaient en catogan. Stash, l'un des deux fils de Balthus, grand copain de Tina Aumont et des

Stones, était dans le ton : cheveux très longs, jabot de dentelle. À Paris, ce genre de look sonnait comme une déclaration de guerre. Il n'était pas rare que des garçons de café les foutent à la porte au cri de « Pas de pédés ici ! ». Pourtant ils étaient très soignés, contrairement à la génération d'avant, celle des beats à chemises à carreaux et cheveux crasseux. Sinon, le Français ressemblait au Soviétique, tergal gris et cravate terne. Arborer des couleurs, c'était hisser le pavillon ennemi, celui de l'Union Jack. L'un des points de ralliement de la colonie parisienne en mal de Londres était, comme on l'a vu, le couple Deborah Dixon-Donald Cammell. Ce dernier, m'apprit Pardo, aimait se définir comme un *hustler*. Un type qui se débrouille avec les femmes.

« Quand je l'ai connu en 64, Cammell était encore un peintre figuratif. C'est par ce couple bizarre que j'ai rencontré Anita à La Coupole. Je me souviens qu'elle m'avait demandé où trouver de l'acide, mais je n'ai pas pu l'aider ce jour-là. Deborah et Anita étaient deux beautés qui faisaient leur effet lorsqu'elles arrivaient bras dessus, bras dessous à La Coupole. Cammell, lui, était un mondain. Il connaissait la scène anglaise, notamment les meilleures boîtes, en particulier l'Ad Lib, où je passais mes nuits lorsque j'étais à Londres.

— Cammell, ou la liaison Paris-Londres.

— La cinquième colonne britannique à Paris ! Volubile et très malin. S'exprimant bien en français. Deborah et Donald allaient comme tout le monde finir leurs nuits chez Castel. J'y ai passé une bonne partie de ma vie, avec mon ami Pommereulle. On était sûrs d'y retrouver Zouzou et Matton.

— Jean Castel, c'était votre Sylvina Boissonnas en plus marrant et moins féministe.

— Oui ! Quelqu'un de vraiment généreux. Chez lui, ceux qui n'avaient pas d'argent buvaient gratos. Je n'avais pas de fric, Zouzou et Pommereulle non plus, mais cela n'a jamais posé de problème. Je me demande d'ailleurs comment on vivait à l'époque. Tina faisait des films, et ses cachets faisaient bouillir la marmite…

— Ces filles ont payé davantage que les hommes.

— Elles étaient plus audacieuses que la plupart des mecs, qui savaient arrêter par instinct de conservation. Tina, Anita, Nico et, dans une moindre mesure, Zouzou étaient furieusement avides de liberté. J'ai quitté Tina en 1972 parce que la vie devenait impossible. J'étais parti pour Bali. Tina devait me rejoindre, et elle n'est jamais venue. Après notre séparation, Tina me demandait de l'aider. J'ai fait ce que j'ai pu. J'ai appelé ses sœurs, son père, mais cela n'a rien donné. On s'appelle de temps en temps. Je lui ai renvoyé de vieilles photos, le testament de sa mère, des choses comme ça. Ça n'a pas été une grande actrice. Elle a simplement eu la chance ou la malchance d'être la fille de Maria Montez et de Jean-Pierre Aumont.

— Plus que ça, quand même !

— Elle a tourné pas mal de navets, dont *Texas nous voilà !*, un western avec Dean Martin et Alain Delon. Elle s'était ensuite barrée en Italie, et là, elle a pu faire quelques beaux films, avec Bertolucci, Bolognini, Rosi. Notamment *Partners*, dans lequel joue aussi Clémenti.

— Tina aurait pu faire la plus belle carrière du monde, avec son physique.

— Elle ne se battait pas pour tourner. À Rome, au lieu de lutter et de piquer des rôles comme le font les acteurs entre eux, elle attendait que son agent l'appelle. Elle vivait au jour le jour, comme nous tous. J'ai essayé de la pousser à faire carrière, mais sans plus. Après tout, moi aussi, je me laissais vivre. On se laissait vivre au point de jouer avec la mort.

— C'était le cas de Zouzou ?

— Zouzou a toujours eu un côté petite Parisienne de la Bastille, qui ne se laisse pas trop emberlificoter. C'est ce qui a dû la sauver. Je fréquentais aussi Pommereulle, Barney Wilen, qui était devenu le compagnon de Caroline de Bendern, Sylvina Boissonnas, Olivier Mosset. C'est drôle, parce que cette bande composée de cinéastes, de musiciens et de peintres, n'a jamais lancé de mouvement. Mosset est un type insensé. Il peint des ronds et des monochromes depuis quarante ans. Il est devenu *biker* et vit dans un trou perdu de l'Arizona. Il porte des cheveux longs, une barbe à la ZZ Top, et est couvert de tatouages. Quand il vient en France, il est reçu par les Hell's Angels, qui lui prêtent une moto et le logent. Et lorsqu'il retourne en Amérique, les Hell's viennent le chercher en formation. Mais, pour en revenir à cette histoire de groupe… Pommereulle, artiste très avant-garde, Mosset, plus qu'abstrait, minimaliste, moi, plutôt romantique. On avait des univers très différents artistiquement, mais on était tout le temps ensemble. Serge Bard, lui, est devenu un fou d'Allah. Il nous affirmait qu'il avait eu une illumination au Mali. Après avoir changé son prénom pour celui d'Abdullah, il s'est installé à La Mecque, où il réside et travaille toujours. Serge est convaincu que le bon vieux temps de notre jeunesse furieuse est une époque diabolique qu'il faut expier. Pour lui, pas de doute, nous sommes tous dans l'erreur. Un jour, Garrel lui a avoué qu'il ne croyait pas en Dieu, et, à ces paroles sacrilèges, Abdullah (Siradj) m'a semblé proche de l'infarctus. Quand je pense que je l'ai connu, tout jeune étudiant venant d'une bonne famille protestante, comptant même quelques Juifs dans sa famille ! Je l'avais rencontré au cours de l'un des fameux happenings de Lebel, organisés dans le cadre du festival de la Libre Expression, auxquels je participais avec Pommereulle. En 1967, nous avions organisé un happening au théâtre

Fontaine, non loin de chez André Breton. Serge s'était immédiatement lié avec Alain Jouffroy.

– Avant de réaliser l'année suivante *Détruisez-vous* et d'organiser une expédition qui devait vous conduire à Zanzibar, en passant par chez les Dogons… »

Pardo me brancha soudain sur d'autres figures, comme celle de l'écrivain Jean-Jacques Schuhl, son meilleur ami.

« Il a peur de mourir, comme Warhol, sur une table d'opération. Lorsqu'il était passé nous voir à Positano, il n'avait pas touché à la défonce. Il a écrit trois livres majeurs, *Rose poussière, Telex n° 1, Ingrid Caven*, et n'a rien fait d'autre. On ne fait jamais rien en vérité, ou alors si peu… Je me souviens que, à la sortie de *Rose poussière*, il était tétanisé par l'angoisse de parler aux journalistes. Il me demandait ce qu'il fallait qu'il leur dise. Le soir où j'ai fait sa connaissance chez Castel, il débarquait l'après-midi même de Marseille, sa ville natale. C'était – et ça reste – un solitaire, très timide, mais qui a toujours été partout où cela se passait. J'allais à Londres et j'étais sûr de le rencontrer dans la rue. Je m'envolais pour Rome et il était là. Discret mais là. *Rose poussière* et *Telex n° 1* sont complètement empreints des *swinging sixties* londoniennes. Le trip rock-star à la mode des Esseintes le fascinait, comme nous tous. »

Pardo m'avoua ne pas penser souvent à ces années-là. Des moments agréables, certes, mais rien de plus pour un homme qui refusait de vivre dans la nostalgie. Et puis, il était le premier à le dire, il y avait eu d'autres moments forts depuis les années 60. Le Palace, surtout, où il avait traîné ses guêtres. Pardo était marié depuis quinze ans avec une Africaine du Cameroun qu'Abdullah-Bard avait en vain tenté de convertir à l'islam. Cette ombre légère qui venait d'une ethnie découverte en 1911 par un explorateur allemand resté muet d'admiration devant ces femmes magnifiques, à moitié nues. L'homme avait été très bien accueilli, parce que, comme il était blanc de peau, on l'avait pris pour un fantôme. Pardo, lui, mourut un jour de décembre de l'année 2005.

Héroïnes de vinyle glacé

« You know I've seen a lot of people walkin'round
With tombstones in their eyes,
But the pusher don't care
If you live or if you die. »
STEPPENWOLF, *The Pusher*

Légende de la critique rock, l'Anglais Nick Kent rencontra Anita lorsqu'elle habitait encore à Londres avec Keith. C'était, selon lui, la femme la plus importante du rock, parce qu'elle avait une grande influence sur les Rolling Stones. Aucun doute possible, elle avait créé le Keith Richards que nous aimons, le « mauvais » Keith Richards. Avant, c'était un type sympa, qui aimait les animaux, appelait tout le temps sa mère, faisait des blagues plus ou moins bonnes. Les choses avaient changé dès qu'il avait rencontré Anita.

« Elle était plus sophistiquée et plus cultivée que lui, m'affirma Kent. Sa sensibilité était liée à Fellini, aux grands réalisateurs des sixties... C'était la plus charismatique de ce groupe de filles. Et plus charismatique que Mick et Keith à la fin des années 60. Contrairement à ce que certains affirment, ce n'est pas Anita qui l'a fait plonger dans la dope. Keith avait commencé doucement avec le photographe Michael Cooper. Lorsqu'Anita a entamé sa liaison "romantique" avec Mick pendant le tournage de *Performance*, Keith a craqué. Il était dingue d'Anita, et son meilleur copain était en train de s'envoyer en l'air avec la femme de sa vie. Ça l'a rendu fou ! Tout ce qu'il souhaitait, c'est que sa copine lui soit fidèle. Keith n'a jamais eu ce côté libéré typique des sixties... Si l'on regarde ses portraits en janvier 67, alors qu'Anita est toujours avec Brian, il n'a pas trouvé son look. Ses cheveux courts ne masquent pas ses oreilles en feuilles de chou. »

Lorsque Keith Richards commença à sortir avec Anita l'été suivant, il opéra une métamorphose radicale. Sa chevelure masquait enfin ses oreilles. Il commençait même à mettre du khôl autour de ses yeux, arborant de grosses bagues à ses doigts et enfilant les chemises et les petits blousons d'Anita. Keith fut totalement influencé par elle. Il s'était enfin trouvé, grâce à elle. Quant à Anita, elle avait dû abandonner une carrière prometteuse au cinéma pour se consacrer à son Stones. C'était déjà une vedette lorsqu'elle était devenue la petite amie de Keith. Son amour des Stones était si fort qu'elle se considérait désormais en pilier du groupe, au même titre que Jagger et Richards. Ce qui n'était pas le cas.

« Elle a voulu passer du rang de petite amie à celui de membre du groupe, me confirma Nick Kent. C'est une erreur qui n'excuse rien. Keith a survécu parce qu'il avait toute une organisation chargée de veiller constamment sur lui. S'il n'avait pas été membre des Stones, il serait mort, et Anita aussi. Il y avait un tas de parasites autour d'eux. C'était effrayant à voir. Ils vivaient dans leur monde à eux. Nancy Spungen, la copine de Sid Vicious, voulait être la nouvelle Anita. Elle a raté le coche. Sid l'a dézinguée avant. Anita aimait faire des films, mais c'était plus facile d'être la femme d'une rock-star, parce qu'on ne fait rien ! On est juste belle, et on est là à attendre backstage. Nancy Spungen a cru qu'elle pouvait réussir le même truc, elle a trouvé Sid Vicious qui était nul. Mais Keith, lui, était bourré de talent et de personnalité lorsqu'Anita en est tombée amoureuse. Et une chimie extraordinaire les a réunis. »

Anita allait forcément un jour ou l'autre perdre de son aura, parce qu'elle ne jouait pas d'un instrument et n'écrivait pas de chansons, la source de vie des Stones. Afin de contrôler Keith et donc les Stones, il restait à Anita l'héroïne. Mais le hic, c'est qu'elle est devenue bien plus défoncée et accro que Keith, ce qui relève de l'exploit olympique. Nick Kent avait aussi fréquenté Nico. Même, en un sens, davantage qu'Anita. « C'était une femme forte comme un homme. Si elle commençait à s'engueuler avec un mec, on sentait qu'elle pouvait en venir aux poings. Elle était rude, ajoutait le journaliste anglais. Avec un côté petite fille. Mais une vraie artiste. Elle circulait sans cesse entre Paris et Londres, où se trouvait sa maison de disques. Elle était toute seule. Si seule ! Seule au monde. Et elle restait fascinante pour la plupart de ceux qui l'approchaient. Une grande amoureuse qui voulait vivre des aventures comme n'importe quel homme. Marianne et Nico sont deux figures importantes de l'histoire de l'émancipation des femmes. À leur façon bien à elles, ces deux-là en ont fait plus que celles qui ont écrit sur le sujet. Bien sûr, à côté de ça, il faudrait parler des ravages de l'héro... Ça tenait à l'époque, mais aussi au fait que Nico se sentait seule. Et plus on prend de l'héroïne, plus on se sent isolé, dans son cœur et dans son âme. Les junkies pensent que personne ne les aime. Ils ont tort, et tout le problème est là. Car personne ne peut les aider, à part leur dealer ! La drogue est un interminable tunnel. On commence avec l'herbe, puis les amphètes, les calmants, la cocaïne, et l'héroïne arrive un jour. Et boum ! L'existence que menait Nico était pleine de stress. L'héroïne faisait office, dans son cas, de calmant. Ceux qui ont survécu sont ceux qui n'avaient pas de si gros problèmes psychologiques. Mais regardez Keith... Il est protégé de ses démons. Avant chaque tournée, Keith, comme les autres Stones, doit aller chez le médecin pour vérifier qu'il est toujours en bonne santé. Question d'assurance. Et pour leur dernière tournée, il a consulté cinq ou six médecins qui lui ont tous donné un avis défavorable. Son organisme est tellement foutu qu'il ne peut plus, selon eux, assurer de tournée. Mais il est en train de la faire ! Je ne sais pas ce qu'il prend, s'il en prend, mais, ce qui est sûr, c'est qu'il est devenu l'image de lui-même. Keith est un style de vie. »

Nick Kent avait côtoyé Keith et Anita, quand celle-ci commençait à devenir folle. Au début des années 70. Elle était vraiment en train de perdre la boule. Et cela a été de pire en pire. « Et pourtant, soupire-t-il, Anita et Keith ont été les gens les plus beaux du monde pendant quelques années. Mais je crois aux histoires de karma qui vous met en garde… OK, vous êtes les plus beaux, les plus forts, mais où êtes-vous exactement ? Et vous risquez de vous sentir terriblement mal si vous n'arrivez pas à gérer tout ça… Tout le monde sait depuis les Grecs que l'insolence de la beauté se paie très cher. C'est exactement ce qui est arrivé aux stars des années 60. Toutes les femmes voulaient coucher avec Bob Dylan. Mais Bob s'est trouvé une famille. Il est resté à faire tranquillement sa musique dans son coin après l'agitation démentielle des premières années. Il a perdu son talent, d'ailleurs. Mais son but, ce n'était pas d'être le mec le plus charismatique de la planète, c'était d'être le plus grand auteur-compositeur du monde. Et lorsque Marianne Faithfull a réalisé que le truc d'être LA belle femme des années 60 était dérisoire, elle est enfin devenue une vraie artiste. Ça m'a d'ailleurs beaucoup surpris. Je pensais qu'elle n'avait aucun talent. Elle m'a beaucoup impressionné. Ça ne sera jamais une victime. Anita aussi a survécu. Aujourd'hui, elle a acquis une sorte de sagesse… »

Les petits cailloux de Chou

« Nico ? Sublime. Folle. Cinglée, mais sublime. Une gueule vraiment canon. Elle arrivait au Flore et m'embrassait à ma table, la première à gauche en entrant. Elle venait d'accoucher et trimballait son gosse dans un sac à dos. Elle s'écroulait sur la banquette avec le môme. Le petit se mettait à hurler. Ça me flanquait une de ces trouilles ! »

En cette morne fin d'après-midi d'hiver, Gérald Nanty mettait un peu de bulles de champagne dans l'eau lavasse qui rinçait la capitale depuis des jours. Chez lui, au Mathis, encore désert, sentant bon l'eau de Javel et le tabac froid, le maître des lieux improvisait l'Acte II, scène V de *La Cage aux folles.* « Chou », comme le surnommaient ses intimes, se souvenait du passé, qu'il ramassait comme autant de petits cailloux. Il aurait pu être comédien. Ses souvenirs ressemblaient à une improvisation de Jacques Charon. Celui qui lança avec quelques autres la rue Sainte-Anne version gay avait connu la terre entière, et pas seulement les discoboles moustachus en perfecto, auprès desquels il avait rodé son répertoire de saltimbanque nyctalope.

« Pour moi, tout a commencé un soir de l'année 68, quand Françoise Sagan et Peggy Brasseur m'ont emmené dans un endroit improbable situé derrière chez Castel, dans le VIe. Ce bouge était tenu par un vieux travelo édenté qui s'appelait Leslie. Je lui ai proposé de racheter le fond. J'ai rebaptisé la boîte Le Prélude et ça a tout de suite pris. C'est là que j'ai rencontré Jacky Iskander, le secrétaire de Coco Chanel, qui venait de se faire virer, parce que, pour faire rire les mannequins de la cabine, Sylvie, Sophie Litwak et Bettina, il avait enfilé une des robes et défilé avec les filles. Ça n'a pas fait rire du tout Coco, qui l'a jeté sur-le-champ. Il avait débarqué avec Jacques Chazot dans mon établissement ouvert depuis quinze jours. Il était brillantissime et d'une drôlerie infernale. J'ai alors demandé à Chazot si ce mec ne travaillerait pas avec moi. Jacky a sauté sur l'occasion. On est devenus les meilleurs amis du monde. Il m'a amené la Terre entière et m'a mis le pied à l'étrier dans la catégorie humour. »

Pendant l'Occupation, Jacky Iskander avait été déporté dans un camp de travail allemand pour homosexuels. Il avait porté l'étoile rose en créant dans les ateliers du IIIe Reich des chapeaux pour dames. Il avait été « petite main » avant la guerre. Plus tard, chez Castel, il s'occupait de placer les gens pour dîner et les distrayait pendant leur longue attente.

Gérald Nanty avait connu Anita Pallenberg à Rome lorsqu'elle traînait avec Isabella Paleccini, Donyale Luna, un mannequin noir superbe, mais « maboule ». Edmonde Charles-Roux l'avait mis en couverture de *Vogue*, une première pour une femme de couleur, ce qui entraîna son licenciement par la direction américaine du journal. On pouvait l'apercevoir en acrobate aux côtés de Brian Jones dans *Rock'n'roll Circus* et elle avait joué également dans le *Satyricon* de Fellini. Morte d'overdose le 1er janvier 1979, à 33 ans.

« Je les aimais bien, mais Valentino, le couturier, qui était mon amant de l'époque, les a très vite zappées. Valentino n'était pas un timbré comme moi ! J'aimais bien les cas difficiles, lui, pas trop. Il avait peur de cette bande d'allumés tendance *dolce vita* version hard. Quand je pense au Flore des années 60, je vois tout de suite Nico et Anita en train de boire des coups. Il y avait aussi la sublimissime Rose-Marie, aujourd'hui gardienne d'immeuble à Paris, un autre phénomène ! Les gens de l'époque, c'était de sacrés tarés ! Regardez Susi Wyss. Et les trois sœurs qui écumaient Saint-Germain ! Une voyoute, une micheтonneuse et une pute. Un trio aussi infernal que redoutable. En 65, La Pergola était une brasserie où il y avait en permanence une quinzaine de putes au bar. Elles allaient faire leurs passes dans des meublés de la rue Princesse. À la grande époque, les endroits où on traînait étaient La Malène, une pizzeria, Le Montana, Le Club Saint-Germain… Je me souviens que la maîtresse d'un jeune premier d'alors s'était tuée en se jetant de la fenêtre de sa chambre du Montana… Si je passais au Saint-Hilaire, j'étais sûr de tomber sur Lucky, Peggy Roche, Sylvie, Marie-Hélène Arnaud, Bettina, Jacky Mazel, Sophie Litvak. Ces filles sortaient toutes avec des robes de couturier, maquillées, coiffées. Pas des gravats en charentaises avec des jeans troués, comme aujourd'hui. »

Nanty était dur avec la jeunesse et ça me le rendait sympathique. La méchanceté est le meilleur des anesthésiants antidouleur. Il avait connu Amanda Lear à son retour de Rome, en 1965, l'époque où il avait créé une école de mannequins avec Lucky, alors mannequin fétiche de Christian Dior. L'école Lucky était située rue de Ponthieu. Nanty en devint le directeur. Un jour, il avait vu débouler Amanda, « sublime, châtain, cheveux au carré ». Nanty lui avait aussitôt fait faire des photos pour des défilés et pour les gaines Chantelle. Elle s'était retrouvée sur tous les culs des autobus parisiens.

« Amanda a beaucoup joué de son personnage, mais c'est une femme, une vraie femme, s'exclama furieusement Nanty en virevoltant de sa chaise au bar. Et quelle femme ! Elle a posé à poil pour *Playboy*, elle a attaqué *Match* qui doutait de la nature de son sexe et elle a gagné. Bowie en était dingue, lorsqu'elle habitait à Londres. Il a même voulu l'épouser. Elle est géniale, elle est drôle, pleine d'humour. Elle n'a pas sa place en France, parce que les Français n'y comprennent rien. »

Avant de lever le camp du Mathis, « Chou » m'évoqua à nouveau la figure hors norme de Susi Wyss. Cela tombait bien : celle-ci me recevait le lendemain chez elle. Grande pythie du sexe 1970, call-girl pour rock-stars esseulées, elle avait des choses à me dire. Son autobiographie gargantuesque n'avait toujours pas trouvé preneur, à cause de sa démesure. Elle aussi avait connu la Terre entière, enfin celle qui venait coucher dans son lit.

Oh Susi Cul-te !

« Oh ma vie s'échappe, s'échappe de moi comme un petit
fantôme blanc. Crois-moi, j'ai été belle.
Si innocente, si tendre ! Des cheveux dorés,
des yeux qui avaient l'air de regarder droit dans le paradis.
Un vrai ange... Regarde-moi maintenant.
Pas grand-chose d'un ange, hein ? J'ai roulé ma bosse...
Si je te racontais... »
Frédéric PROKOSCH, *Sept fugitifs*

Paris XIVe. Il faisait sombre dans cet appartement suspendu en haut d'une tour. Susi Wyss, petite dame blonde aux rondeurs assumées, m'avait ouvert sa porte. Une odeur de chat moisi imprégnait les murs aubergine. Susi parlait fort, avec un accent alémanique, et me suggéra, puisque nous avions tous les deux une faim de loup, de m'emmener goûter le couscous du coin. Elle me laissa seul deux ou trois minutes et je crus halluciner. Je n'avais pourtant rien fumé. La table basse était recouverte de godemichés et de phallus, certains faisant office de salières et de poivriers. Quand Susi revint, elle me conseilla d'aller visiter son petit musée « intime », les toilettes, où étaient épinglés les papillons de nuit célèbres, essentiellement des musiciens, qui avaient un jour ou l'autre franchi la porte de cette courtisane réputée pour son savoir-faire. Elle m'avoua savoir prodiguer « les meilleures pipes » de France et de Navarre. Susi Wyss était un cas. Généreuse, amusante. Lucide sur l'inexorable décrépitude.

Nous avions emporté une bouteille de vin, car, chez « Monsieur Couscous », il n'était pas buvable. Il nous avait réservé une table. Le vin coulait, les tagines frissonnaient. La vie de Susi défilait et je crus parfois entrevoir les ombres des filles de feu.

« J'ai quitté la Suisse pour l'Afrique du Sud à 18 ans, avec mon petit ami, qui était directeur artistique. Nous nous sommes mariés là-bas, mais les gens étaient pires qu'en Suisse. J'ai découvert cette chose horrible qui s'appelait l'apartheid. Il faut dire que je n'avais jamais vu un Noir de ma vie. Au bout de quatre ans, je suis partie pour Paris, la ville où j'avais rêvé de vivre. Je suis arrivée en 1962. C'était la bohème, le Blue Note, les grands musiciens de jazz. Ma vie a commencé quand j'ai divorcé à 30 ans. J'aimais la nuit et les psychopathes. Je les aimais sexuellement et j'en raffole toujours. Les pervers aussi. Ils ne m'ont jamais fait de mal. Mon existence de *star-fuckeuse* a commencé à Saint-Tropez avec le prince Ruspoli.

— Le plus grand play-boy de l'époque, l'ami des Getty...

— Le plus gros sexe, en tout cas. Je m'étais fait virer de mon hôtel à cause de mon pékinois, qui n'arrêtait pas d'aboyer. Le prince et son épouse, que j'avais croisés dans une fête, m'ont accueillie sur leur yacht. C'était un piège. Le prince avait un engin monstrueux. Ça m'a effrayée, mais la princesse s'est assise à côté de moi pour me rassurer et nous avons fini par faire l'amour tous les trois.

— Puis vous avez envisagé une sorte de plan de carrière.

— Il fallait bien que je casse ma croûte, aussi j'ai choisi de gagner ma vie en faisant ce que je savais le mieux faire, l'amour. J'ai été call-girl indépendante. J'ai commencé à me faire un réseau dans la star haut de gamme.

J'ai presque eu le tableau complet d'*Easy Rider*: Peter Fonda, Dennis Hopper. Sauf Jack Nicholson. Ma réputation a traversé l'Atlantique et c'est comme ça que, après un concert à Pantin, j'ai vu débouler Iggy Pop.

— Qui a écrit *Girls* pour vous.

— Oui, et j'ai eu beaucoup de chance d'avoir un amant de cette trempe. Lui aussi, car je suis une bête au lit ! Iggy est spécial dans le genre. Il était drogué à mort, ce qui explique en partie son état lorsqu'il me sautait dessus. Il raconte volontiers qu'il a été détruit tout jeune par des séances d'électrochocs. Mon cul ! Iggy adore les choses sordides.

— Vous avez ensuite rencontré David Bowie à une fête à Londres.

— Ce soir-là, j'étais en compagnie de Keith Richards et de Mick Jagger, que je n'aime pas parce que je le trouve trop vulgaire. J'aurais adoré en revanche coucher avec Keith, mais je savais qu'Anita m'aurait tuée, ou au minimum coupé les doigts de pied au sécateur. Je vois Bowie arriver aux bras d'une belle poupée, et je lui demande direct : "Vous êtes Capricorne ?" Il me répond "oui", et c'est tout ce qu'on s'est dit. Je ne savais pas qui c'était. On a fini par se revoir. J'ai su qui il était, et on est devenus amants.

— David Bowie était…

— Un baiseur exceptionnel, ultra-sensuel. Sauf quand il prenait de la coke. Là, ça n'allait plus. Au lit, nous deux, c'était *Hiroshima, mon amour* puissance mille. Deux bombes à neutrons en fusion. J'ai toujours aimé les musiciens – j'ai collectionné les chanteurs et les guitaristes parce qu'ils baisent mieux que les autres. C'est dû à la musique. Ils ont quelque chose dans la peau, le cœur, les doigts… qui n'appartient qu'à eux.

— Et puis certains possèdent un degré assez élevé de folie, ce qui vous convient.

— Bien vu ! Un soir, j'étais chez Castel avec Keith Moon, le batteur des Who. Il avait ingurgité tellement d'alcool que, à un moment, il est monté sur une table et il a montré son cul à tous les prout-prout-ma-chère, qui faisaient des mines pas possibles. J'étais en extase ! J'ai connu aussi les beautés des sixties, Anita, Zouzou, Marie France. Et bien sûr Deborah Dixon... Donald, son type, était beau avec ses grands chapeaux, mais il était alcoolo et déprimé. Je n'ai pas été étonnée qu'il se suicide. »

Susi avait rencontré Anita à Londres, grâce à un type qui travaillait chez Catherine Harlé. Cet Anglais très chic que Susi tenait en laisse à quatre pattes et humiliait violemment lui présenta un soir Keith Richards, « un mec sympa, mais qui a un peu tendance à se servir de votre appartement comme d'un vaste cendrier. Il m'en a fait, des trous dans le tapis ! Et légèrement violent par moments, le gars ! Une nuit, avec ses petits copains, ils ont ravagé l'hôtel des Beaux-Arts comme des Attila en goguette. Anita ne déparait pas dans le tableau d'ensemble. Elle mentait comme elle respirait, mais c'était une fille sympa. On n'a jamais été des amies proches. J'étais juste une des relations qu'elle appelait quand elle débarquait à Paris avec Keith. Je suis devenue surtout une très bonne amie de Jerry Hall, que j'avais rencontrée par le dessinateur Antonio Lopez. À l'époque, le shah d'Iran venait de lui offrir un ranch. Attention, Jerry n'a jamais été une fille comme moi ! Ils s'aimaient vraiment. Elle rêvait du shah depuis toute petite. Une vraie fixation. La première fois que Jerry est venue dîner chez moi, elle a cassé des noix contre mon beau mur. Ça m'a un peu étonnée pour une femme qui se disait mannequin. La suite des événements a été pire : elle a cassé net le nez d'un mec qui avait voulu la peloter pendant le dîner. J'ai tout compris lorsqu'elle m'a raconté sa vie : Jerry vient d'un trou paumé du Texas. Elle a été élevée au milieu de quatre sœurs qui ont dû apprendre à assurer comme des mecs au milieu de ploucs en chaleur… Mais revenons à vos “filles” : Anita, Marianne, Nico, Tina avaient en commun la même vulnérabilité. Je suis sûrement celle qui a le moins souffert de la bande. Les mecs ne m'ont jamais mal traitée, parce que je ne cherchais pas à mettre le grappin sur eux. C'était clair dès le départ. Alors que les sixty girls cherchaient désespérément le prince charmant avec le château qui va avec. Mais nous étions alors en pleine explosion de l'amour libre, ce tue-l'amour infernal, et chacune a morflé sentimentalement ».

Je commençais à être ivre, de vin et de paroles. La tête me tournait. Nos voisins de table n'en perdaient pas une miette, car le timbre de Susi ressemblait à un porte-voix. Cette hétaïre assumait son passé de grande baiseuse avec une insolence gourmande, là où tant d'autres jouent sur le tard aux vierges la pudeur. Susi Wyss, la Madame sans-gêne du cul, celle que son amie Françoise Hardy appelait sa « petite cochonne », m'apparut ce jour-là comme une sorte de trésor vivant dans une époque où le sexe était désormais partout, c'est-à-dire nulle part.

Marianne d'Anjou

« This little bird… »

« Marianne Faithfull, m'avait dit Greil Marcus, était une figure importante des sixties parce qu'à sa voix extrêmement raffinée elle avait ajouté une touche de pureté morale au rejet de tout ce qui pouvait rappeler la vieille culture. » Faithfull était devenue essentielle dans le paysage musical en s'employant à contredire son image de petite fille sage et en se manifestant à l'aube des années 80 avec le radical *Broken English*. Elle était curieusement devenue une sorte de porte-parole, un symbole de sagesse et de culture. Elle avait accepté, et presque revendiqué, en les vivant d'une façon authentique, les souffrances et les tourments de notre époque. En cela, son livre de souvenirs était très fort.

J'étais allé la voir, chez elle, rue d'Anjou, à Paris. Là aussi, mauvaise pioche, le printemps froid avait peint le ciel couleur de zinc. Dans la cheminée, un feu crépitait pendant que Marianne annonçait : « *Tea is ready.* » En fond sonore, une déchirante ballade de vie et de mort.

« Ô mère, ô mère ! Tu as creusé ma tombe. Fais mon lit. Fais-le long et étroit.

« Aujourd'hui, le jeune William est mort pour moi, et je vais mourir pour lui, demain.

« On l'a enterrée dans la tour de la vieille église. Lui a été enterré à côté d'elle. De sa tombe a poussé une rose rouge. De celle de Barberie a poussé une ronce verte.

« La rose et la ronce poussèrent jusqu'au sommet de la vieille tour. Ils se joignirent alors, enserrés en un nœud d'amour véritable. »

Barbara Allen est probablement l'une des plus anciennes chansons du folklore anglais. Très répandue aux États-Unis, notamment dans le Kentucky, en Virginie et dans les Carolines, où il en existe une multitude de versions. Celle que j'écoutais dans le salon de Marianne était interprétée de Jean Ritchie.

Marianne Faithfull, debout près de l'ampli, voulut m'expliquer le sens de cette ballade : « C'est l'histoire d'un jeune homme prénommé William qui est en train de mourir. Il réclame la présence d'une femme, Barberie. Celle-ci vient et lui dit : "Je me souviens de toi. À la taverne, tu avais offert un verre à chacune des femmes qui étaient là, sauf à moi." L'homme tourne la tête vers le mur de son lit et meurt. De son cadavre commence à pousser une rose rouge. Je comprends Barberie. J'aime bien William, mais il a mérité de mourir puisqu'il s'est comporté comme un goujat avec elle. »

As tears go by? Un air de campagne irlandaise flottait ce jour-là sur les lieux où seuls le Bushmill, la tourbe et la pluie manquaient à l'appel. Des bougies à l'essence de tubéreuse accompagnaient ce cérémonial. Je n'avais pas atterri chez John McGahern, mais pris le métro pour me rendre chez Marianne Faithfull, qui m'accueillit dans son grand salon, avec son inimitable voix rauque, polie par des années de tabagisme. Elle sentait Cuir de Russie et elle avait pris de l'embonpoint. Elle était en partance pour Los Angeles, où elle allait donner un concert. Le hasard voulut que je doive moi aussi m'envoler quelques jours plus tard pour L.A. Je décidai de me rendre au concert avec une fille rencontrée dans le lobby du Standard et ce fut bien.

Sur la cheminée, Mao contemplait Leopold von Sacher-Masoch, l'ancêtre de Marianne, qui avait écrit *La Vénus à la fourrure. Venus in Furs.* Le Velvet… Tout se tenait.

« Ce petit Mao, c'est un cadeau qu'on m'a récemment envoyé de Hong Kong. Je n'ai pas d'affection particulière pour le Grand Timonier, mais je me dis que c'est moins grave d'avoir un portrait de lui qu'un buste de Hitler. Quant à la miniature de Leopold, elle m'est très chère. Je suis fière de mon arrière-grand-oncle. Je trouve même qu'on a un air de famille. Je ne suis pas certaine que *La Vénus à la fourrure* soit un livre si important. Je pense qu'il l'a écrit pour se faire de l'argent. Il a publié pas mal de bons livres, qui ne sont pas traduits. Les gens qui connaissent son œuvre savent que ses meilleurs romans sont ceux-là. »

Sur une table, une photo avec Dylan, prise au Savoy en 1964, la machine à écrire de William Burroughs, offerte par ses héritiers à la mort de l'auteur de *Junkie*, sur les murs, un portrait de sa mère, danseuse à Berlin dans les années 30 ; un disque d'or du *Rock'n'roll Circus*, le concert filmé des Stones, où, en pleine *love affair* avec Mick Jagger, elle eut son quart d'heure de couplets ; de beaux dessins d'Anita Pallenberg, la reine noire de *Barbarella*, son double et son amie. Tout inspire la rêverie rock'n'roll, au milieu d'un condensé subtil de mythologies *trendy*. Sur la cheminée encore, un exemplaire rarissime d'un recueil du poète beat Gregory Corso. Marianne fit un détour par le Rock'n'Roll Circus :

« Tout le monde était défoncé. Le truc marrant, c'est que les Who y étaient meilleurs que les Stones, alors que c'était censé être leur show. Les Who leur ont volé la vedette. »

Elle me montra sa chambre à coucher, *cosy place for cosy nights*. Elle y passait beaucoup de temps à lire, au moins quatre livres par semaine, m'assurait-elle. Marianne Faithfull ne se forçait pas pour sortir ses albums.

Elle m'assurait ne plus carburer qu'au « lemon and ginger » de Twinings. Quant aux somnifères... elle se contentait désormais d'une bonne camomille. J'avais relu avant de venir ce qu'avait écrit sur elle Nik Cohn dans *Awopbopaloobop Alopbamboom*: « Marianne Faithfull incarnait parfaitement les changements que traversait la musique pop. Issue d'une famille noble (une mère baronne), Marianne a été placée au couvent. Après la fin de ses études, Andrew Loog Oldham l'a vue à une soirée et l'a embauchée sur place. Et on comprend pourquoi – elle avait un visage sublimissime. Dotée d'un air à la fois virginal et sexuel, avec le sourire le plus insolite et le plus triste que vous n'ayez jamais vu. Sa façon de soupirer et de baisser les paupières quand elle chantait suggérait une pureté infiniment lascive. Elle était bien au-delà de la musique pop. »

(Quand je la rencontrai, elle tournait à Versailles dans le *Marie-Antoinette* de Sofia Coppola. Elle y campait Marie-Thérèse, la mère autrichienne de la souveraine décapitée. Un rôle qui allait comme un gant de satin à cette icône chic qui n'avait jamais perdu son élégance naturelle ni son humour cinglant...)

Dans son appartement parisien, elle avouait se sentir un peu comme la reine d'Angleterre à Buckingham, le service en moins. Elle possédait aussi une maison en Irlande, où elle était domiciliée et payait ses impôts. Et Londres?

« Je n'y habite plus depuis vingt-cinq ans. J'y passe de temps à autre puisque mon fils et mes petits-enfants y vivent, comme la plupart de mes amis. J'ai décidé de quitter Londres sur-le-champ le jour où j'ai vu deux reportages télé qui m'ont accablée. D'abord, des images atroces des victimes de la guerre des Malouines, qui m'ont beaucoup choquée. Puis, sur une autre chaîne, le pape, à Wembley, avec une foule de gens qui l'écoutaient serrés les uns contre les autres comme des moutons. Je me suis dit: "C'est too much, je ne veux plus vivre dans ce pays que je ne reconnais plus." Il fallait que je change d'air! Je venais d'enregistrer *Broken English* et j'ai compris qu'un cycle s'achevait dans ma vie.

— On dirait que vous transportez vos affaires d'un endroit à l'autre, à la manière des gitans.

— Non, j'ai quelques trucs que je trimballe entre ma maison d'Irlande et Paris. Et puis j'ai presque 60 ans, je n'ai plus l'âge de me balader avec ma roulotte. Je ne me sépare jamais des lettres d'amour que ma mère avait adressées à mon père. Mes parents ont divorcé quand j'avais six ans. Après ça, ma mère est devenue très amère. Tout au long de sa vie, elle n'a cessé de me dire qu'elle détestait mon père, alors que lui la vénérait. Et c'était la vérité. Il l'aimait, sexuellement surtout. Elle était magnifique et restait une étrangère qui sentait le soufre dans l'Angleterre si classique de l'après-guerre. C'était une danseuse autrichienne d'origine juive qui avait été élevée dans la Vienne des années 1930. Quand j'ai commencé à lire ce courrier, je me suis rendu compte qu'il s'agissait de magnifiques lettres d'amour et que ma mère avait follement aimé mon père. Pour chaque petite fille, le premier homme qu'on aime, c'est son père. Possessive, ma mère a tenté de m'éloigner de lui et elle y est arrivée en partie. Ce n'est qu'à la disparition de maman que j'ai enfin réalisé que mon père était si important pour moi, que je l'aimais infiniment. Elle avait un fort caractère. On se disputait. On ne se voyait plus pendant une période, mais on finissait toujours par nous réconcilier. Je ne pouvais m'empêcher de revenir la voir. Elle avait du mal à me parler de son passé. Elle avait été, comme mon père, un agent de renseignements, un métier qui vous apprend à vous taire. Elle était le contact de mon père à Berlin, sous couvert de son métier de danseuse de cabaret, puis à Vienne, où elle est revenue chez ses parents après l'Anschluss. Ce fut assez dur pour ma mère et sa famille, puisqu'ils étaient juifs. Je vais écrire un roman en m'inspirant de la vie de mes parents. Mon père était un type très intelligent. Professeur de philologie, il avait fondé dans les années 50 une école expérimentale qui fonctionnait comme une communauté. Il voulait changer le monde. Il voulait la paix. Pour ma mère, c'était sans doute un peu too much !

— Vous m'avez montré des dessins d'Anita Pallenberg. Comment vous êtes-vous connues ?

— Je ne sais plus. Je me rappelle simplement son sourire, malin, presque vicieux. J'avais 19 ans, elle 21 ou 22, mais m'avait l'air déjà si adulte. J'avais l'impression que son regard disait : "Je connais un secret que tu ne connais pas." Les gens disaient qu'elle faisait de la magie noire, et qu'elle était une disciple d'Aleister Crowley. Foutaises ! Elle était magique, voilà tout ! Anita est plus ou moins ma meilleure amie. Nous sommes de toute façon associées par ce que nous avons traversé au même moment. Ce que nous avons vécu est devenu une sorte d'histoire officielle. Anita s'en est mieux sortie que la pauvre Nico que j'aimais beaucoup. Elle avait eu une enfance très dure, sans père, dans l'Allemagne détruite. C'est quelque chose de difficile à surmonter.

— Lorsque Andrew Loog Oldham vous a proposé, à 17 ans, d'être chanteuse, ce fut un choc ? Ou une rencontre à laquelle vous vous sentiez inconsciemment prédestinée ?

— Un choc, car c'était un pur hasard. J'étais encore à l'école, et je voulais faire des études universitaires. J'avais été en pension chez les nonnes, qui étaient dans l'ensemble des femmes bien. Elles m'ont appris à faire mon lit, entre autres choses utiles. Mais une fête où j'ai rencontré Andrew a changé ma vie. On a enregistré *As Tears Go By* et voilà ! Ensuite j'ai sorti *Blowin' in the Wind.* Une catastrophe totale. Tout ce dont je me souviens de cette séance, c'est combien ma voix était nulle. Je venais de finir une tournée et j'étais naze. L'idée même de faire un nouvel album me déprimait. J'avais enregistré *As Tears Go By* pour changer de vie, mais maintenant il me fallait admettre le fait que ce n'était pas juste une parenthèse dans mon ancienne vie, mais quelque chose qui allait durer, un vrai cauchemar. J'ai fait le maximum pour rejeter la faute du flop de *Blowin' in the Wind* sur Andrew, mais c'était complètement ma faute. Il voulait me faire plaisir. Et je vénérais Bob Dylan. Mais Andrew prenait trop de drogues et ça me fatiguait. La plupart du temps, je ne comprenais rien à ce qu'il me racontait et il commençait à me peser. Alors je l'ai quitté pour son associé, Tony Calder, avec lequel j'ai fait plusieurs disques, *Come Stay with Me* et *This Little Bird.* Mes préférés de cette période. Ensuite, je me suis aussi débarrassée de ce type. Je voulais un vieux à lunettes, qui assure et me rassure. »

Je lui demande s'il est plus difficile de tenir le coup dans l'univers du rock lorsqu'on est une femme.

« C'était le cas autrefois et, Dieu merci, ça a changé. Il y a quelque chose de si troublant, de si beau dans la voix d'une femme, que les hommes ont parfois du mal à saisir. Cela dit, j'en ai aussi profité. J'étais très contente du succès des Stones, car je pouvais profiter de l'argent et de la crédibilité qu'ils avaient. J'ai touché des royalties de Mick et Keith avec *Sister Morphine*, dont j'ai coécrit les paroles. Et ce fut une source de revenus importante.

— Une de vos amies vous définit comme quelqu'un d'à la fois drôle, tragique et enfantin. Ça vous convient ?

— Oui, ça me va. Drôle ? Ce n'est pas à moi de le dire, mais l'humour est une qualité britannique. Les Français en sont dépourvus. Ils cultivent l'ironie, ce qui n'est pas la même chose, puisqu'elle se pratique aux dépens des autres. Tragique? Ça doit venir de mes racines Mitteleuropa. Enfantine? Oui, surtout! Je crois être restée bloquée à l'âge de 8 ou 9 ans. Je travaille avec mon psy pour arriver à 11 ans. Ça va prendre du temps, mais je pense que ça en vaut la peine. »

Elle m'assura alors que le sexe l'avait sauvée de la drogue.

« J'ai eu de la chance, car je n'ai pas été contaminée par le VIH. J'étais une junkie plutôt solitaire et je n'avais donc pas pris beaucoup de risques. »

Hypothèse plus que probable : Marianne, Anita et Nico, accros à l'héroïne, ne l'étaient pas par volonté d'autodestruction, mais parce que la drogue était pour elles le passage obligé vers une autre vie. Une existence différente. Greil Marcus m'avait affirmé un jour que pendant les sixties, le début des seventies et même après, l'écrivain et artiste junkie d'origine écossaise Alexander Trocchi avait publiquement défendu l'usage de l'héroïne, à la fois comme source de créativité et comme une façon radicale de répliquer à une société corrompue. Greil Marcus développait ses théories dans la préface du *Livre de Caïn*. Marcus m'avait aussi cité le passage d'un texte retrouvé dans les papiers de Trocchi après sa mort : « J'ai eu besoin des drogues pour abolir en moi-même le reflet douloureux de la schizophrénie de mon époque, pour réprimer l'impulsion de me lever immédiatement et de sortir dans le monde afin d'y vivre sous une identité pratique, traditionnelle, faite de ruses et de combines. Les astronautes qui étaient mes héros évoluaient sur les trajectoires d'un espace intérieur… je voulais m'évader de la prison du langage de mon esprit. "Faire du neuf." »

Trocchi était un ami de Marianne, d'Anita et de Nico. Il connaissait tout le monde et, selon ses proches, était doué d'un charisme irrésistible, rempli de cette force spirituelle qui manque tant à la plupart des gens.

Marianne semblait soudain lasse, allongée sur son canapé pendant que la nuit glissait sur les carreaux des fenêtres du salon. Je lui demandai si la drogue avait été un passage nécessaire pour elle. Elle me fixa drôlement, partagée entre la surprise et l'exaspération.

« Je ne sais pas. Je ne suis pas psychiatre... Avec le recul, je me dis que j'aurais pu faire sans. En fait, pour répondre franchement, il doit bien y avoir une raison ! Peut-être que je me sentais trop exposée par les médias et qu'il me fallait un paravent pour tenir le coup. Ce n'est pas très dur de devenir dépendante à l'héroïne...

— Comment expliquez-vous votre succès auprès de la jeune génération ?

— Je crois que je fais du bon travail, avec mes disques comme en concert. Mes fans sont étonnants. Les gens qui devaient me voir à Milan lorsque j'ai renoncé au concert parce que je m'étais blessée n'ont pas demandé à être remboursés !

— Parce que vous êtes une icône...

— Je ne sais pas trop. Une icône, c'est une représentation de la Vierge chez les orthodoxes russes, non ? Je me vois plutôt comme un être humain.

— La mode, c'est toujours important pour vous ? Je me souviens de votre excitation de petite fille lorsque vous déballiez les robes de Karl Lagerfeld devant Anita, la première fois que je vous ai vue à Londres.

— Ça l'était dans les années 60. Aujourd'hui, j'ai presque tout perdu de ce que je portais à cette époque. J'ai été la première à mettre du Mary Quant. Je l'ai lancée parce que les filles de mon âge m'imitaient.

— Le *Swinging London*, légende ou vérité ?

— C'était bien réel, j'imagine. Je préfère dire comme l'artiste Richard Hamilton, le *Swingeing London (jeu de mots avec* swingeing, *énorme).* Il me reste des photos, comme celle que j'ai là, prise pendant la soirée passée dans la chambre d'hôtel de Dylan. Je le regardais pendant qu'il m'écrivait un poème sur sa machine, un peu à la manière d'un peintre s'inspirant d'un modèle. C'était en 1964, au Savoy. J'étais une fille très timide. Je ne disais pas grand-chose, mais je me souviens que Dylan a passé beaucoup de temps à l'écrire. Je me rappelle aussi mes nuits à l'Ad Lib, la meilleure boîte de Londres, où je fumais des joints avec Roman Polanski. Un vieil ami.

— Êtes-vous nostalgique de cette époque ?

— Non. Pas du tout ! Je vis dans le présent, dans le temps continu, c'est-à-dire le passé qui va vers le futur en étant présent. En concert, je vis dans l'instant.

— Et des remords ?

— Non. Ce n'est mon genre, mais je reconnais avoir fait de mauvais choix. Même si j'en ai aussi fait des bons ! »

Nous parlions enfin de Mick Jagger, l'homme auquel elle avait fait lire *Le Maître et Marguerite*, de Boulgakov, et qu'il avait aimé au point de s'en inspirer pour « Sympathy for the devil ». Je savais d'avance ce qu'elle allait me dire sur ce vieux sujet archirabâché, mais elle y revenait, encore et encore.

« Je l'aime énormément, mais j'ai passé un temps fou de ma vie à parler de lui. J'en ai assez. C'est un type fantastique, et je n'ai aucune envie qu'il pense que je cancane à son sujet. Nous ne tenons nullement à communiquer ainsi. Nous préférons dialoguer par chansons interposées. La dernière fois que je l'ai vu, c'était à Sydney, pour un concert des Stones. Il a été charmant. En papotant avec le groupe dans les loges, j'avais l'impression de retrouver une famille dont bizarrement je fais toujours partie. »

Marianne Faithfull me faisait penser à Perséphone, cette divinité grecque enlevée par Hadès qui la nomma reine des enfers et conclut un pacte avec elle : Perséphone passerait désormais six mois sur terre et six mois dans l'autre monde. André Gide avait bien vu dans ce mythe la légitime tentation de goûter aux enfers. De descendre jusqu'au fond de la détresse humaine. Marianne Faithfull semblait ainsi éternellement entre deux mondes, entre deux existences antinomiques en apparence, mais complémentaires chez elle. Pourquoi devrait-elle renoncer à l'une ou l'autre ?

Je la contemplai. Elle était maintenant fatiguée. Toujours allongée sur le canapé devant l'âtre rougeoyant, elle ressemblait à une chatte, prête à somnoler. Il était 5 heures. Paris se couchait, donc, ou presque. *« Things are not what they seem »* (*Sister Morphine*).

Marie France et Frédéric Botton remettent le couvert

Une Marilyn plus piquante que son modèle américain, telle m'était apparue Marie France, lors d'un déjeuner passé en compagnie de son vieux complice (et parolier) Frédéric Botton, un oiseau de nuit à tête de hibou déplumé qui aurait de l'esprit pour cent. L'un et l'autre auront traversé sans trop d'encombres les décennies et n'avaient rien oublié. J'assistai à leur numéro de ping-pong dans un restaurant asiatique, à quelques mètres du Crazy Horse. Folle, fou… tout se mariait follement en un feu d'artifice de bons mots et de vacheries lancées sur l'air de ne pas y toucher. Marie France dégaina la première.

« J'ai connu Anita Pallenberg en 1965, par Donald Cammell, à la Pergola. Ils étaient attablés ensemble et je les observais. Ils étaient fabuleux. D'une beauté totale ! J'avais secrètement envie de les connaître. Mais ce sont eux qui ont fait le premier pas. Ils m'ont fait la cour de loin et sont venus s'asseoir à ma table. Anita et moi, on a tout de suite sympathisé et on s'est retrouvées dès le lendemain soir dans le fameux duplex de Deborah et Donald, rue Delambre. Anita était alors avec Brian. Cette fille était non seulement superbe, mais elle avait un look incroyable. Elle portait des robes en maille marron, avec de gros ceinturons et des bottes. Avec, sur ses cheveux blonds, déjà très abîmés par la décoloration, un petit chapeau. Le parfait look anglais. Elle parlait assez bien le français. Elle était vraiment craquante ! J'avais été bouleversée par Mireille Darc dans *Galia*, et je pensais qu'il n'y avait pas plus belle qu'elle sur terre. Jusqu'à ce que je rencontre Anita. Son visage étroit, son corps si élégant, sa peau mate… Elle n'arrêtait pas de m'offrir des sacs Chanel, ou ce genre de trucs. Je l'emmenais chez Dessange, à l'Odéon, parce qu'elle adorait ma couleur de cheveux. Elle était alors mannequin chez Catherine Harlé et voyait beaucoup Cammell, cet Écossais toujours vêtu de velours et de satin. Un type un peu *destroy*.

— Donald était une sorte de dandy déjanté, renchérit Botton.

— Tout le monde l'a copié à Paris. Il était très Rolling Stones avant l'heure. Il aimait bien les bars un peu louches et nous emmenait souvent traîner à Montparnasse, dans des rades de strip-teaseuses et de putes. Plus tard, il a épousé l'une de mes amies, Myriam, qui était originaire d'Algérie et qui vivait à l'Hôtel Crystal. Parmi les filles de la bande, il y avait aussi Zouzou que j'aimais beaucoup. Elle était non seulement très belle, mais, chose plus rare, elle possédait un bon fond. Je l'ai toujours connue comme ça. Très directe. Pas de cinéma. Avec son côté androgyne. Une classe folle. J'aimais son côté garçonne. On sortait tous les soirs ensemble en boîte. Quant à Nico, c'était une fille étrange, mais qui pouvait être charmante, avec moi en tout cas. Il faut dire qu'on prenait les mêmes substances, ce qui facilite les relations. Mais, quand on en manquait, on s'engueulait grave. Au début des années 70, j'ai habité chez elle. De temps en temps, elle se mettait à chanter pendant des heures en s'accompagnant de son harmonium. C'était beau, mais à la longue stressant. Elle vivait alors avec Philippe Garrel. Elle rappliquait dans ma chambre quand ils se tapaient dessus. En larmes, désespérée. »

Botton l'écoutait en souriant et l'interrompit d'une voix douce :

« Parlons de choses gaies, mon chou ! À l'époque, on allait surtout au Jimmy's de Montparnasse. Avant que Castel prenne la relève. Rien à voir avec le Paris d'aujourd'hui. Heureusement qu'il nous reste le Mathis !

— Oui, mais Londres bougeait tellement plus à cette époque ! Les Anglais osaient tout. Ils étaient heureux, ne pensaient qu'à faire la fête. Et ils étaient beaux, parfumés, bien habillés… Dès qu'ils ont débarqué à Saint-Germain, ça a été la révolution. Je me souviens que, le lendemain de ma rencontre avec Anita, j'avais du satin, du velours, les cheveux comme elle, un chapeau, des bottes… J'étais influençable. La première fois que j'ai vu un film de Marlène à la télé, en 1969, j'ai foncé dans la salle de bains pour raser mes sourcils et les redessiner vers le milieu du front. J'avais adopté le look Marlène à fond. Avant j'avais viré Twiggy et Julie Driscoll que j'adorais. Elle portait des robes 1925, en mousseline plissée, des petits boas, et de drôles de chapeaux. J'adorais aussi sa coupe de cheveux, très courts sur le dessus et un peu crantés dans la nuque. Ça tombait en petites mèches, et elle avait des petites pattes un peu crantées aussi. Avec de grands yeux maquillés à la Twiggy, le visage blanc, mais blanc de chez blanc.

— À l'époque, ajouta Botton, il était hors de question de ne pas sortir toutes les nuits. Il m'arrivait souvent de dormir jusqu'à 11 heures du soir et d'aller ensuite souper à minuit chez Castel. Sinon, en règle générale, je prenais mon petit déjeuner vers 6 heures de l'après-midi. Ensuite, je me préparais pendant trois heures, puis j'allais retrouver mes amis. On dînait et on sortait jusqu'à 7 heures du matin. Si on restait à la maison, c'est parce qu'on était vraiment malades. Il m'est arrivé plus d'une fois de débarquer à Deauville au petit matin. Mon programme du week-end a longtemps été invariable : boîte, puis partie de gin chez Sagan jusqu'à 8 heures du matin, avant d'enchaîner par un tour aux puces. On rentrait vers 2 heures de l'après-midi et hop, on recommençait à jouer au gin. Un parcours sans faute ! Au petit matin, il y avait quelques clubs qui fleurissaient... La Cage, rue de Rennes, La Calavados, Rive droite...

— Moi, je dansais comme une folle au Petit Poncho. La première boîte à Paris qui était tout en métal, avec podiums pour gogo-girls. L'arrivée des rockers anglais a changé la donne. C'était comme si Paris Hibernatus ressuscitait. On s'est mis à écouter de la musique à fond, à gober des buvards de LSD, même chez Castel, à mettre des tenues pas possibles. Le patchouli a débarqué vers 68. Tout se passait Rive gauche. Les Champs-Élysées, c'était plutôt l'après-guerre, et puis ça a repris vers 1975, quand Jean-Marie Rivière a ouvert L'Ange Bleu.

— J'ai rencontré Jean-Marie, avant qu'il ne commence L'Alcazar, dans un cabaret ringard de la montagne Sainte-Geneviève, où c'était gratiné. Des magiciens minables, des chanteuses habillées comme c'est pas possible. Et lui s'est inspiré de ça pour son Alcazar qui a ouvert en 1968. Il y avait le Carrousel, situé d'abord rue de Ponthieu, puis rue Vavin, qui accueillait des spectacles de transformistes.

— Il y avait aussi quelques filles renversantes de beauté, en particulier Amanda, que j'ai rencontrée là-bas en 1966. Elle avait été pistonnée par Agnès Capri, qui elle-même travaillait chez Madame Arthur. Puis elle est partie pour Londres, où elle a rencontré Brian Jones. À partir de là, elle a arrêté le cabaret. Enfin, je crois qu'elle en a fait un peu à Londres et elle est devenue mannequin assez vite. Et elle a eu la chance de rencontrer Dalí, qui a flashé sur elle. Faut dire qu'elle était sublime. Elle se comportait comme une grande sœur avec moi.

— Toi, tu n'avais rien à lui envier. Je me souviens qu'en te rencontrant Onassis s'était exclamé : "Quelle merveille !"

— Un peu plus tard, il m'a dit : "Qu'est-ce que je pourrais vous offrir comme cadeau ?" J'ai répondu : "Des perruques !"

— J'ai demandé à Marie France : "Pourquoi lui as-tu demandé des perruques alors qu'il pourrait t'offrir un diamant gros comme le Ritz ?" Et voilà ce qu'elle m'a répondu : "Parce que c'est à la mode." J'ai trouvé ça merveilleux. D'une pureté !

— J'aurais dû demander une usine à perruques ! Je n'ai reçu d'ailleurs aucune perruque d'Onassis. Il croyait que je me moquais de lui. Il était furieux. Il voulait s'occuper de moi, mais j'avais trop besoin de ma liberté, je ne supportais pas qu'il me mette le grappin dessus. Après, il a cherché partout une femme qui me ressemblait. Il a trouvé la petite Bouvier, Jackie Kennedy. »

Marie France et Frédéric Botton me racontaient leur époque en improvisant un numéro de duettistes parfait. C'était *Au théâtre ce soir* à l'heure du déjeuner. Ces témoins de la première heure avaient eu une vie de jouisseurs bien remplie. Marie France avait connu ses premiers succès sur la scène de L'Alcazar de Jean-Marie Rivière, en interprétant *Parlez-moi d'amour.* Elle avait fini par y mener la revue trois années de suite. Puisque son évocation de Marilyn Monroe faisait un tabac, elle sera aussi Marilyn au théâtre dans l'adaptation d'*Après la chute* d'Arthur Miller. Marc'O, le réalisateur des *Idoles*, la mettra en scène. Marguerite Duras la fera chanter et lui écrira un rôle dans *Le Navire Night.* Après avoir été l'égérie de cinéastes d'avant-garde comme Adolfo Arrietta, Arrabal, Marie France tournera son premier rôle important dans *Barocco* d'André Téchiné dans lequel elle chantait *On se voit se voir.* Ce sera ensuite la ronde des

45-tours : *Daisy/Déréglée, Marie-Françoise se suicide, Je ne me quitterai jamais.* Et cette chanson culte qui tourne parfois chez moi : *Elle est folle, elle aime l'alcool.* Marie France n'est ni folle ni alcoolique. Elle conserve, intacte, l'apparence assez insolente d'une créature sans âge.

« La mort était leur meilleur rôle »

« James Coburn était un individu assez atroce... Heureusement qu'il est mort. Il y a des années, lorsqu'ils ont donné un Academy Award à Elia Kazan, il était là, mais n'a pas applaudi. Tout ça à cause de ces vieilles histoires de communistes. Coburn était évidemment communiste à l'époque de McCarthy, et Kazan un communiste qui a dénoncé d'autres communistes. Il a eu raison. Ces staliniens ne le lui ont jamais pardonné... Je pense que Kazan était le plus grand cinéaste de la deuxième moitié du siècle passé, avec Fellini, et peut-être Dino Risi... » Ainsi s'exprimait sans que je ne lui demande rien sur le sujet Paul Morrissey, le cinéaste de la Factory, l'auteur de la trilogie *Trash, Heat* et *Flesh*, l'homme qui avait fait de Nico la chanteuse du Velvet. Paul Morrissey voit rouge.

À Savannah, en Géorgie, mon endroit préféré est Lafayette Square, la place où se trouve la maison natale de Flannery O'Connor, à deux pas d'une église assoupie. Flannery, ombre singulière sous les duvets espagnols des grands arbres penchés... C'est à Savannah que se déroule chaque année un festival de cinéma indépendant, présenté comme une sorte de Sundance, en plus humble. Rosanna Arquette y était venue y présenter son documentaire sur les filles de Hollywood, tricardes sur les plateaux entre 35 et 50 ans, trop vieilles pour jouer les sex-symbols, trop jeunes pour jouer les grands-mères. Morrissey y avait fait une ou deux conférences. Il n'avait jamais été particulièrement progressiste, mais, chez cet homme gris au teint pâle, aux yeux roulant dans leur orbite comme des chatons griffus, l'âge avait fait sauter les ultimes barrières. Il aurait été à sa place à la droite de Dick Cheney. Abrupt, péremptoire, un brin parano contre l'axe du mal qu'incarnent les cinéastes engagés, Morrissey enchaînait devant moi les paradoxes audacieux, moins par provocation que par conviction. Sous son déluge de paroles parfois incantatoires, on voyait surtout poindre le regret et la tristesse d'être incompris dans son pays. Je l'interrogeai sur Nico et le laissai aller où il voulait. La saga de Nico, de Viva et d'Edie attendra.

« Faire un film en indépendant, comme Bertolucci ou Garrel, c'est quelque chose qui n'a jamais vraiment existé aux États-Unis. En Europe, en France et en Italie notamment, les producteurs ont compris que le réalisateur devait faire le film comme il le souhaitait, avec qui il voulait, le finir comme il comptait le finir… C'est quelque chose de normal dans la production européenne… Cela n'a jamais existé chez nous… J'en ai pris mon parti, et je m'en fiche. Je passe mon temps à voir et revoir les vieux films sur le câble. Ça vaut toutes les cinémathèques du monde. Il y a sans doute un ou deux bons nouveaux films chaque année, mais je ne vais pas les voir. Le souvenir des miens me suffit et je suis fier de ce que j'ai réalisé dans ma vie, une quinzaine de films sans personne pour me dire comment les faire. Je ne pense pas qu'ils aient eu une influence sur la nouvelle génération. Certains soutiennent le contraire, mais je crois qu'ils affirment ça pour la seule raison que mes films étaient indépendants et à petit budget… »

Après ce rapide survol de sa carrière, il finit par aborder le sujet qui m'intéressait. Dans la salle de l'hôtel où nous nous étions assis, un endroit sombre et vieillot, tout un passé, pas si ancien, se remettait à vivre.

« C'est Albert Grossman, le manager de Bob Dylan, qui m'avait amené Nico un jour à mon bureau… Elle ne ressemblait pas aux mannequins habituels, des filles qui sont belles parce qu'elles sont arrangées et maquillées. Nico n'avait pas besoin de l'être pour sembler extraordinaire, avec ses yeux immenses et sa silhouette hiératique. J'ai écouté son premier single, *I'm not Saying*, une chanson de Gordon Lightfoot… J'ai trouvé que c'était pas mal et que nous pourrions gagner de l'argent avec elle grâce au nom de Warhol. En fait, Andy n'aurait pas à faire grand-chose. Il devait juste nous laisser nous servir de son nom – pour faire des films expérimentaux par exemple. J'en ai donc parlé à Andy, qui venait de rencontrer les membres alors inconnus du Velvet Underground. Le groupe s'était formé trois jours auparavant ! Je lui ai conseillé de prendre Nico comme chanteuse, ce qui les rendrait meilleurs, car ils étaient alors franchement nuls… Mon plan était qu'on pourrait plus facilement leur faire enregistrer un album. Je l'ai donc imposée dans ce groupe, qui est devenu célèbre grâce à sa présence et à sa voix étrange. J'ai été le manager de Nico et du Velvet pendant des années. C'est elle que je préférais dans le groupe… Non seulement parce que c'était une interprète merveilleuse, avec une voix magnifique, profonde, mais parce que sa personnalité sur scène en tant que chanteuse était, elle aussi, remarquable. Elle avait eu l'intelligence de prendre le contre-pied de tout ce qui se faisait alors, ces hurlements atroces et ces sautillements idiots qui étaient la marque de fabrique du rock'n'roll. Nico restait immobile et chantait calmement, avec une voix grave. Lou Reed était tellement jaloux de son talent bien supérieur au sien qu'il refusait de lui donner des compositions à interpréter. Au début, il a été furieux de mon idée d'imposer Nico. Il voulait être la star du Velvet, et l'arrivée de cette fille a ruiné ses plans… Il a tout essayé pour qu'Andy ne la prenne pas comme chanteuse. C'est alors que nous l'avons filmée avec Andy dans *Chelsea Girls*... Après avoir quitté le Velvet le temps d'un album, Nico a enregistré *Chelsea Girls*, un album en solo, vraiment très bon, bourré de chansons magnifiques. Mais elle était autodestructrice et elle est tombée dans la drogue, qui a été son bourreau. Elle a commencé à déraper et à chanter avec ces chuintements immondes du genre "ouhouhouhouuuu", des gémissements pleurnichards, atroces et stupides. C'est si triste, car elle était une sorte d'enfant innocent, puis en un rien de temps elle s'est retrouvée incapable de chanter correctement, et encore moins d'écrire des textes intelligents... Vous savez comment elle est morte, d'une attaque, sur son vélo, seule à Ibiza... Personne ne s'occupait plus d'elle... Il lui restait heureusement Ari, le fils qu'elle avait eu avec Delon, que j'avais vu gambader à la Factory lorsqu'il était tout petit... Incroyable comme il ressemblait à son père quand il avait 18 ans... Ce sont les médias qui ont poussé Nico d'une manière vicieuse à se prendre au jeu mortel de l'égérie rock. La presse et la télé étaient dominées à l'époque par l'esprit du rock'n'roll, et le mot d'ordre était que chacun devait adopter cette attitude pour être dans le coup... Leur héros était alors ce pauvre Bob Dylan, qui sortait des inepties en public parce qu'il était tout le temps défoncé à l'acide... D'après ce que je crois savoir, il est possible que, à la mort de sa mère, Nico ait décidé de se suicider lentement en devenant junkie. Elle s'est teint les cheveux en rouge et s'est entichée de ce petit Français que je n'ai jamais aimé, encore moins admiré, ce Philippe Garrel... Nico était devenue une autre fille que celle que j'avais connue à New York... C'était comme si sa beauté la révulsait. Il fallait qu'elle soit défoncée, mal fagotée. Le rock'n'roll rend toujours malade et destructeur, c'est pourquoi je le hais. Au début, le Velvet ne faisait pas vraiment du rock. Leur musique était d'une autre dimension, un genre de pop-music où l'on trouvait des éléments étranges... Je trouvais ça intéressant. Mais, après l'expérience avec Nico, ils se sont mis à faire un rock'n'roll très banal. Je n'ai plus rien entendu de bon de leur part à partir de ce moment. Peut-être parce qu'eux aussi ont été ravagés par les drogues. John Cale était le plus doué musicalement. Mais la meilleure de la bande était de loin Nico... Elle n'écrivait pas les morceaux, mais elle possédait une grande voix, et c'est tout ce qu'on demande à une chanteuse. Dans l'univers du rock, il n'y a que les Beatles que j'épargne. Surtout au début de leur carrière. Je les trouvais sympas et amusants, mais, si vous les écoutez, ce n'est pas vraiment du rock. Heureusement ! Tout ce qui est arrivé après eux n'était qu'un ramassis de merdeux sans talent, comme les Rolling Stones, qui voulaient juste gagner beaucoup d'argent. Ils n'avaient pas de voix, pas de personnalité, et écrivaient, pour couronner le tout, des paroles débiles. »

Morrissey n'en avait pas fini de régler ses comptes avec ce qui fut aussi son passé. Ce n'était pas de la frappe chirurgicale, mais du massacre à la tronçonneuse. Et ça continuait. J'étais sous sa coupe, impuissant et servile, comme si j'assistais en invité contraint au dégommage systématique de badauds du haut d'un toit par un sniper fou. Me délectant en même temps de ces sermons hantés.

« Dans le même genre que Nico, mais en beaucoup plus clean, il y avait sa copine Amanda Lear, une mannequin rigolote. Elle m'a amusé quand elle est devenue plus tard l'égérie de Dalí, puis une star du disco... Après tout, se comporter dans la vie comme Amanda est peut-être la seule façon d'affronter l'existence. Celle-ci est pourrie, les gens sont pourris, et si vous prenez au sérieux tout ce qui se passe, vous ne pouvez pas supporter longtemps tant d'idioties. Tandis que, si vous êtes drôle, vous pouvez rendre la vie plus agréable qu'elle ne l'est vraiment. Pas la peine de jouer les ambitieux, de prendre des poses, toutes ces choses insupportables dont se parent les rock-stars. J'ai rencontré Amanda sur un yacht où se trouvaient aussi les Stones. C'était en 1967, au Festival de Cannes... Je me souviens parfaitement d'elle, car elle était si particulière. Elle flottait au-dessus des autres, souriante, drôle, excentrique. Il y avait aussi Anita Pallenberg, qui venait présenter *Vivre à tout prix*, de Volker Schlöndorff, un titre qui ne leur ressemblait pas vraiment... Elle commençait à sortir avec Keith. Tout le monde se déchaînait sur ce bateau. Peut-être y avait-il aussi Zouzou. Voilà une autre fille merveilleuse. Je l'ai rencontrée à Paris grâce à Pierre Cottrell. On s'est vus un peu. Elle était superbe avec son visage qui me semblait si français. Curieusement, toutes ces femmes, Nico, Zouzou, Tina ou Amanda, avaient un truc que la plupart des actrices ne possédaient pas. Elles fascinaient parce qu'on pressentait que leur destin ressemblerait à celui d'un funambule sur un fil de soie. Elles provoquaient la mort par leur beauté insupportable et leur insolence où n'entrait aucun plan de carrière. Pour elles, je le pressentais, tout devait s'achever dans la mort violente, par absorption massive de drogue et d'alcool. Je pense à Edie Sedgwick et à Nico en particulier... Ces filles étaient des stars, ce qu'aucune actrice française n'est plus aujourd'hui. Pour moi, Zouzou et Nico sont mille fois plus stars que Juliette Binoche ou Isabelle Adjani, par exemple. Isabelle Adjani est une actrice, ce n'est pas la même chose. Seules Brigitte Bardot et Romy Schneider méritent le titre de star en France. Romy est le cas le plus tragique, parce qu'elle était la plus belle et la plus talentueuse des actrices et qu'elle est morte si jeune. Bon, assez parlé, je voudrais juste vous dire ça, au sujet de Nico et compagnie... Vous savez la plupart de ces filles étaient moins intéressées par leur carrière que par leur mort. Et c'est après tout ce que certaines d'entre elles ont peut-être le mieux réussi… »

Paul Morrissey se leva brusquement, me salua et se fondit dans la petite foule des festivaliers. Il ressemblait de dos à un cadre à la retraite de la Texaco. Anonyme homme gris au visage de rapace usé. Claudiquant entre ses contradictions, ses anathèmes, ses propos frottés au papier émeri, ses saillies furieuses, qui sont sa vérité et sans doute, en partie la mienne.

Francis Girod se souvient

Peu de gens le savent, mais le réalisateur Francis Girod fut un des piliers du Saint-Germain-des-Prés qui vit éclore les filles de Catherine Harlé. Barbu, les yeux un peu las, il semblait vivre dans un appartement de passage, entre Saint-Germain et Montparnasse. Impression sans doute due à un assemblage hétéroclite de meubles et d'objets. Sa mémoire prodigieuse m'avait fait l'effet d'être celle de ces temps enfuis. Il était là au bon moment et n'a rien oublié. Mêlé à toutes les bandes, celle de Sagan, celle de Pommereulle, celle de Kalfon. Et à d'autres sans doute. Mais trop libre pour s'abonner aux mêmes visages, aux mêmes rituels, jour après jour, nuit après nuit.

Girod avait débarqué à Paris en 1962, après avoir passé une partie de son adolescence à Bruxelles. Il avait 18 ans et voulait, selon la formule convenue, tenter sa chance. Il en eut beaucoup. Dès son arrivée, il fit des rencontres qui lui permirent de prendre pied dans le monde du cinéma. Stagiaire sur *Les Culottes rouges* d'Alex Jaffé, il y rencontra Bourvil, qui le prit en sympathie et lui présenta Jean-Pierre Mocky. Girod se retrouva ainsi troisième, second, et enfin premier assistant, quasiment du jour au lendemain. Il avait, en même temps, un goût très prononcé pour la nuit. Dans le cinéma, ça fait partie du jeu. Entre 18 et 25 ans, Girod aura énormément vécu jusqu'à l'aube. Au-delà des anecdotes, je trouvai une peinture assez exacte de cette époque.

« J'habitais rue Jacob, en bas de la rue Saint-Benoît, tout près de chez Castel. Il y avait deux territoires à Saint-Germain. Le nôtre était délimité par le Flore, Les Deux-Magots, La Coupole et Castel. Celui de La Rhumerie et du Saint-Claude était un autre monde. J'ai rencontré beaucoup d'oiseaux de nuit, dont Christian Bourgois, qui a édité mon premier livre chez Julliard. Ça s'appelait *Manuel de la pensée yéyé*, un livre qui étudiait les yéyés comme une civilisation très ancienne, disparue… J'étais fasciné par la niaiserie de ce phénomène, et par le cynisme de ceux qui l'avaient pris en main. Je reste ahuri du succès de son vivant, et posthume, de Claude François. Il avait une tronche pas possible, pas antipathique, mais un nez refait à la va-vite. Il chantait, comme une casserole, des niaiseries. J'ai gagné assez d'argent pour arrêter d'être assistant et me lancer dans la production. J'ai produit à 22 ans *L'Horizon*, un beau film de Jacques Rouffio, puis je me suis lancé dans la réalisation. *Le Trio infernal, l'État sauvage, Le Bon Plaisir…* »

Le soir, Girod faisait le même trajet que « tout le monde » : le Flore, Lipp, ou Le Petit-Saint-Benoît, et Castel. Il traînait souvent rue Saint-Benoît, à la terrasse du Flore, où il y a les banquettes en osier. En été, le grand jeu des habitués consistait à apostropher les passants. L'hiver, ils prenaient d'assaut la banquette du fond, pour regarder les gens entrer. C'était une épreuve ; l'arrivant se retrouvait sous le feu des regards et des critiques. On faisait son entrée comme au théâtre. Il y avait des petits malins qui voulaient entrer en douce, mais Girod et sa bande ne les rataient pas. Le Flore était aussi un des grands endroits de drague homosexuelle de la capitale. Le patron du café n'avait que ricanements et mépris pour cette clientèle, mais elle assurait un fonds de roulement. C'était le Marais avant l'heure.

« À l'époque, continuait Girod, tout était plus facile. Passer une nuit blanche et être un peu abruti le lendemain sur son lieu de travail n'était pas un problème. Il n'y avait pas l'angoisse actuelle de la sanction du travail ou du non-travail. La vie était incroyablement moins chère. J'étais assistant. Je louais un studio et, comme j'étais célibataire, j'ai déjeuné et dîné au restaurant pendant des années. Le cinéma, la télé, le journalisme étaient des milieux où, avec un QI normal, et un peu de sérieux, tout le monde pouvait trouver du travail. Les CV, les entretiens d'embauche, on n'en avait cure ! Il y a eu un nombre incalculable de contrats d'engagement signés chez Castel entre 2 heures et 5 heures du matin. »

Rue Princesse, tout pouvait arriver. Girod se souvient de ce môme qui n'avait jamais vu la mer. On lui avait bandé les yeux et il fut emmené vers 5 heures du matin à Deauville. Sur la plage, face à la Manche, on lui avait ôté son bandeau. Il avait contemplé l'horizon en murmurant : « C'est bien. C'est bien. » Le fameux dîner de cons est né là aussi. Chacun devait amener son con. Le type qui avait été élu haut la main était un avocat marié à une actrice américaine qui s'est plus tard suicidée à Paris. Le malheureux se prenait pour le plus grand séducteur de sa génération, mais il était surtout le plus grand crétin de Paris. Dans ce milieu, il ne fallait pas devenir tête de Turc. Quand vous tombiez dans les pattes de la bande de Girod, c'était terrible. Il y avait les victimes obligées, qui semblaient trouver leur compte dans ces relations sadomaso. Chez Castel, l'élite siégeait en haut. En bas, les plus jeunes dansaient et draguaient. Il était de bon ton de rester à l'étage, où il y avait peu de places. Une douzaine de tables.

« Y siégeait le formidable Honoré Bostel, l'auteur d'un des plus jolis mots que j'aie jamais entendus. Il avait repris un restaurant dans les Halles. Un jour, alors que j'y déjeunais, un couple à une table voisine se roulait des pelles et se pelotait de façon mal élevée. Alors, se tournant vers le maître d'hôtel, Bostel a lancé à voix haute : "Vous changerez les draps de la 12 !" C'est dans cette ambiance un peu allumée que j'ai approché Zouzou. Je me souviens qu'un jour, chez Lipp, je lui ai lancé alors qu'elle vivait avec Michel Taittinger : "Tu as raison, au moins une fois dans sa vie, il faut goûter au Taittinger." C'était un slogan publicitaire de l'époque. Michel, que je ne connaissais pas, s'était marré et on était tout de suite devenus copains. Zouzou me faisait penser à Brando en femme. Fille de militaire, elle avait une gouaille populaire. Une fille rigolote, et sûre d'elle par-dessus le marché. Elle s'était autoproclamée star. Et elle l'était. Il y avait quelques femmes mémorables dans les bandes de Saint-Germain. Annabelle Buffet, la styliste Peggy Roche, alors mariée à Claude Brasseur, Sagan. Les filles intéressantes qui traînaient chez Castel étaient soit de la bande à Sagan, soit des journalistes liées au Paris people. Il y avait aussi Dani. Elle était fascinée par Zouzou. Elle avait été merveilleuse dans *Les Enfants du palais*, un téléfilm de Jean-Marie Périer. Alors que Dani abordait le métier d'actrice avec sérieux, Zouzou avait toujours fait preuve d'un magnifique dilettantisme, teinté de dandysme. Zouzou n'avait pas de plaisir à tourner. Ce qui l'intéressait, c'était d'être une star dans le réel, pas le virtuel. Autre personnage pittoresque, cette petite femme menue qui traînait avec nous, et qui ne faisait pas mystère de ses origines masculines. »

Parmi les personnages que Francis Girod croisait, il distinguait Daniel Pommereulle, qui vivait dans le sous-sol de l'appartement d'Alain Jouffroy, rue Notre-Dame-des-Champs. Rencontré avant qu'il ne fasse ses boîtes avec des lames de rasoir. Grand, très beau, il avait un léger défaut d'élocution, qui ajoutait à son charme. Il parlait toujours haut et fort, d'une façon péremptoire. Par Pommereulle, Girod avait connu Arroyo, Recalcati et

Fromanger. La bande des peintres de chez Castel. « À la réflexion, si je leur avais acheté des tableaux, j'aurais aujourd'hui beaucoup d'argent. Un autre type a compté, Marc'O. Il semblait avoir une haute opinion de lui-même. Il avait rencontré Bulle Ogier et, par elle, Clémenti, Kalfon et toute cette bande. Il a su leur faire sortir beaucoup de choses. J'ai fait tourner Clémenti, quand j'étais assistant, dans *Cent briques et des tuiles* de Pierre Grimblat. Il était d'une extraordinaire beauté. Michel Deville l'avait repéré et choisi pour *Benjamin*, alors qu'il était groom dans un hôtel parisien. Il s'était révélé être un magnifique comédien. Et déjà très barge, un peu comme Jean-Pierre Léaud, que l'on pouvait voir errer dans le quartier de Montparnasse, jamais vraiment remis de la mort de Truffaut. Clémenti était un grand défoncé, comme beaucoup dans cette bande. Tous n'avaient pas le même comportement avec la drogue. Il y avait ceux qui n'y touchaient pas du tout, ceux qui tournaient autour en y goûtant un peu et ceux qui sont complètement tombés dedans, comme Clémenti. Ça lui a brûlé le cerveau. Vers la fin, je changeais de trottoir quand je le croisais, parce que ça me faisait trop de peine de le voir dans un tel état de délabrement. Et puis on ne pouvait plus s'en dépêtrer. Il se prenait pour le Christ. Il s'était même fait des trous dans les mains, une fois. La fin de sa vie a été un chemin de croix. Et un calvaire pour ses proches. »

Andrew Loog Oldham, l'homme qui inventa Marianne Faithfull

Il faut lire les mémoires d'Andrew Loog Oldham, car il sait tout de l'histoire d'un groupe qu'il a pour ainsi dire inventé : les Rolling Stones. J'avais voulu interroger l'auteur de ce long cut-up en deux tomes, de témoignages habilement organisés, pour certains « la somme définitive sur la musique, l'argent et le rock'n'roll ». L'abus de superlatifs est toujours ridicule, mais, à son sujet, ça me va. Le choix des intervenants, la qualité de leurs propos, de Vidal Sasoon à Mary Quant, de Keith Richards à Chris Stamp, de Pete Townsend à Nik Cohn – la liste est longue –, est bluffant. Bill Wyman m'avait mis sur la piste de « Alo ». Je le croyais à Bogota, mais il s'était replié à Vancouver, où, même si le rapport qualité-prix de la coke n'est pas aussi avantageux, l'environnement semble plus cool, surtout lorsqu'on se soucie de l'avenir de ses enfants. Son long séjour en Colombie avait quelque peu érodé le flegme de cet Anglo-Américain si coriace qui, en 1963, découvrit dans un hôtel du sud de Londres un groupe de cinq blancs-becs, les Rolling Stones. Il devint à 19 ans leur manager et leur producteur. Quatre ans plus tard, ces lascars devinrent des divas planétaires, connurent l'infamie de la prison pour des histoires de came et s'étaient séparés d'avec Andrew, le type qui les avait créés, tel le Dibbouk du *Golem*. Ce stratège faustien habillé à Savile Row avait sûrement assimilé Clausewitz et Sun Tse pour livrer un blitzkrieg aussi victorieux. Sans lui, les Stones n'auraient jamais obtenu satisfaction. Sans eux, ce Rastignac n'aurait jamais goûté si jeune au parfum excitant de l'argent et de la célébrité. Mais ce prodige élevé sans père – un aviateur mort pendant la guerre – ignorait sans doute que, un jour ou l'autre, il serait payé d'ingratitude, la seule monnaie du show-biz. Tous les fils coupent un jour ou l'autre le cordon qui les a conçus. Ses premières émotions musicales furent des Français aux pseudonymes anglo-saxons : Johnny, Eddy Mitchell, Dick Rivers, et un Anglais teigneux se faisant passer pour un Américain du nom de Vince Taylor. Il les avait tous rencontrés à Juan-les-Pins. Andrew avait fugué après avoir quitté son école et pris la direction de la Riviera. Pour survivre, il s'était mis à mendier dans les rues, avait profité de la crédulité de vieux Juifs anglais qui finissaient leur vie à Cannes. Adoptant un accent très Oxbridge pour leur soutirer de l'argent, il assurait à ces âmes candides que, en tant que rejeton de la gentry, il ne manquerait pas de passer le lendemain pour les rembourser. Il s'était fait pincer à ce petit jeu pas très honnête, mais continuait de garder de son passage en France de bons souvenirs. Il avait aimé les films de la Nouvelle Vague, en particulier *Le Beau Serge*. Un film qui l'avait marqué à cause de l'attitude crâneuse et vaguement méprisante de ses interprètes. Les costumes anthracite des héros de Chabrol avaient influencé le premier look des Stones.

Andrew était aussi l'homme qui a enfanté une *baby doll* de 17 ans : Marianne Faithfull, et fait chanter Nico, avec l'aide de Jimmy Page. Il était d'accord pour parler. Vancouver étant loin, je le rejoignis à Stockholm en novembre, où un hommage lui était rendu à l'occasion d'un festival de rock. Il m'attendait au bar de l'hôtel Birger Jarl. Son allure assez classique était trahie par des bracelets de turquoise aux poignets. Gentleman-rocker passé par Taos. Il me proposa un thé spécial, monta dans sa chambre chercher son matériel portatif et redescendit avec sa balance pour peser un mélange aux senteurs de gingembre, une passoire destinée à filtrer ce breuvage biorganique importé de Vancouver. L'impression d'être en compagnie d'un dealer. Erreur. Oldham ne touchait plus à l'alcool ni à la coke, la drogue qui avait aspiré sa fortune dans les années 70.

Derrière nous, un garçon travesti en Zarah Leander déglutissait dans une sorte de sabir anglo-germano-suédois des chansons molles et déprimantes, accompagné au piano par un clone de Jules Berry à l'œil de colin froid. Il était 3 heures de l'après-midi et la nuit nous tombait dessus comme un vol de parpaing. La voix de Loog Oldham surnageait dans ce sirop de mélasse. Il se pencha vers moi.

« Dès que j'ai vu les Stones en concert, j'ai tout de suite senti leur potentiel extraordinaire. Les Stones étaient plus que de la musique. Ils incarnaient surtout une manière de vivre. Leur principe, c'était de renvoyer une image qui marque le public. Je les ai incités à m'impressionner comme ils pouvaient impressionner les autres. J'étais leur manager, mais je me mettais aussi à la place du public. Il faut dire que je suis obsédé par les affiches de cinéma depuis l'âge de 11 ans. J'ai appris à penser un peu comme une affiche. Propagande et slogans. Lorsque j'ai épousé ma deuxième femme, *Mahoganny*, un film avec Diana Ross, venait de sortir. Le film en lui-même était nul, l'affiche, en revanche, était exceptionnelle. On pouvait y lire : "Le succès n'est rien si on ne peut le partager." La chanson-thème interprétée par Diana Ross était excellente aussi : *Do You Know Where You're Going To?* Je l'ai choisie pour mon mariage. Je peux donc dire que j'aime le principe du lavage de cerveau. Il n'y a pas de hasard. Il faut comprendre une chose : ce mouvement rock n'aurait pas eu lieu sans la pilule. À partir du moment où des gens peuvent faire l'amour sans avoir un enfant, la donne change complètement. Devant ce nouveau public de mutants, les Stones fonctionnaient comme un documentaire sans cesse en mouvement. Un *work in progress.* C'est pour ça que j'ai tourné *Charlie My Darling* à la fin de 65. Afin qu'ils puissent s'habituer à jouer la comédie, à se voir sur des écrans. »

Pourtant rien ne s'était passé comme prévu. Le film fut à peine montré parce que l'ambiance de l'année 1965, avec son espèce d'innocence, avait disparu un an plus tard. Jusque-là, les consommateurs de drogue appartenaient encore à un club ultra-privé. Loog Oldham enfonça le clou :

« On faisait tourner les joints et le reste pour créer. Mais, à partir de 1967, les sixties que nous avions tellement appréciées touchaient un public beaucoup plus large. La drogue, la libération sexuelle, se répandaient comme un incendie planétaire. La folie des années 60 telles que les gens l'entendaient commençait là où, pour ses initiateurs, elle s'achevait. Nous devions inventer un nouveau jeu. Les sixties telles qu'on les considère aujourd'hui n'ont été largement vécues et acceptées qu'à partir de 1967. »

J'accompagnai Andrew dans un studio de télévision, où le présentateur passa un morceau fabuleux des Small Faces (une minute de silence pour Steve Marriott), autres « créatures » de « Alo ». Nous avions suivi des quais gelés où des cyclistes passaient comme des ombres silencieuses. Le froid nous avait obligés à forcer le pas et anesthésiait nos paroles.

« Quand j'ai débarqué dans le business de la musique, j'étais comme tous mes camarades, je n'y connaissais rien ! Les patrons des maisons de disques en étaient au même point. Aujourd'hui, ce serait impensable. Nous vivons dans le monde sinistre des hommes en gris. À l'époque des Beatles et des Stones, les labels ne comprenaient pas ce qui se passait, ils signaient des groupes, accompagnaient la sortie des 45-tours, mais c'était à peu près tout. Je choisissais moi-même les singles, le label ne décidait rien. Je passais du temps en studio et courais chez les producteurs pour leur annoncer : "Je tiens le prochain single !" Le marché n'était pas encore mondial. Les États-Unis nous paraissaient vraiment loin et ne faisaient pas partie de nos préoccupations. Mais j'ai vite trouvé chiante la vie au Royaume-Uni. Je devenais étranger dans mon pays natal, alors que je me sentais libre aux States. Je ne me rendais pas compte du contrôle qu'exerçaient les drogues sur ma vie et de la spirale dans laquelle j'étais tombé. Devant les Stones, je fermais ma gueule. Le 18 octobre 1964, je les ai rejoints pour leur premier concert européen à l'Olympia. Un retour triomphal au pays que je considérais jusque-là comme ma seconde patrie. À la conférence de presse, j'étais tellement pété que j'ai porté un toast à Vince Taylor, à Charles de Gaulle et à Johnny Hallyday. J'ai lancé à un flic qui voulait nous arrêter, Keith et moi, pour une histoire de stationnement interdit : "Je suis James Bond." Il m'a répondu : "Bouge de là 007 !" C'est ce qu'on a fait en se rendant chez Pierre Cardin, rue du Faubourg-Saint-Honoré. Les Stones ont fait ce jour-là une vraie orgie de shopping.

— Et Marianne Faithfull ? Que devenait-elle ?

— Elle n'a rien enregistré pendant les trois ou quatre années où elle a vécu avec Mick. Elle s'est efforcée de l'instruire en lui conseillant des lectures. Et puis elle a tout abandonné. Un mode de vie qu'il faut pouvoir se permettre. Quand on est Keith Richards, on a les moyens, mais quand on est Marianne Faithfull, c'est une autre histoire. Il faut savoir qu'elle n'a jamais été payée pour le disque qu'elle a fait avec moi ni pour celui avec

Chris Blackwell. La maison de disques n'ayant pas prévu des coûts de production aussi élevés, elle a dû trouver d'autres solutions pour vivre. »

Je lui demande comment lui, si avisé, si rusé, doué d'une volonté d'airain et d'une arrogance insupportable, a pu finir par se faire avoir et sombrer dans la blanche.

« Je n'avais rien contre la drogue. Je voyais plein de gens dedans, mais je ne pouvais pas en faire autant puisque j'étais coincé par mon travail. Finalement, lorsque j'ai arrêté d'être manager et producteur, je me suis dit que j'avais mérité de me défoncer à mon tour. Moi, c'était plutôt la coke. Comme la plupart des artistes en prenaient, les types des maisons de disques s'y étaient mis. Du coup, chacun devenait un expert. Et ça m'énervait. Je voulais en prendre comme on goûte un Château-Lafite entre gentlemen. C'est pour cette raison que j'ai préféré filer en Colombie. La consommation s'y passe autrement. La coke, pour les Indiens, est un instrument de revanche sur l'homme blanc. J'étais content de me passer d'intermédiaire. Dès que je suis arrivé là-bas, j'ai cherché à connaître des gens dans le business. L'un est devenu un ami proche. Il ne fréquentait que des prostituées, des toxicos qui faisaient le trottoir pour se payer leur dose avec sa came. J'ai pris aussi pas mal d'héroïne, mais j'ai eu la chance de ne jamais m'accrocher. Je voulais juste m'amuser ! Ce n'était pas le cas de tout le monde. Brian Jones, par exemple, se préférait défoncé. L'héroïne a achevé les sixties. Lorsque vous commencez à en prendre, vous êtes pris par elle. Elle devient un rythme, un mode de vie, l'horloge de votre quotidien. Cela dit, il ne faut pas tout mettre sur le dos de la came. Keith Richards est ravagé par l'abus du tabac, de l'herbe et du soleil, mais pas par l'héroïne, qui ne laisse pas toujours de stigmates. Regardez Burroughs. Il n'avait pas l'air si détruit que ça ! »

Andrew avait fait enregistrer à Nico deux chansons pop. *I'm not Saying*, écrite by Gordon Lightfoot, et *The Last Mile*, qu'il avait co-écrite avec Jimmy Page. Nico habitait alors à Londres, Andrew la connaissait, ça suffisait pour qu'ils décident d'enregistrer des disques ensemble. L'affaire d'une soirée, à peine trois heures, et c'était dans la poche. Par ailleurs, Nico l'aida pour ses affaires. Elle le soutint lorsqu'il lança *Immediate Records*, son nouveau label. Elle alla voir les distributeurs, les fabricants de disques.

« Aurait-elle pu faire une grande carrière ? Dur à dire. C'était une fille à part. Quand je l'ai connue, j'avais 21 ans, alors qu'elle était plus âgée, plus expérimentée surtout. Elle se comportait de manière unique. Pour moi, elle faisait partie de notre bande de garçons et n'était pas comme les autres filles. Il faut savoir que, malgré les beaux discours et la mode hippie, les hommes étaient encore très misogynes. Ils portaient des pendentifs *peace & love*, mais, une fois leur porte fermée, ils tapaient sur leur femme en gueulant : "Prépare mon putain de petit déjeuner." *The Last Mile*, la face B du single que j'ai fait avec Nico, figure sur une compilation. Incroyable et triste hasard de la vie : j'étais à Ibiza au moment où elle est morte en tombant de son vélo. Nous n'avons pas été la première génération à se droguer, cela a toujours existé. Une des choses qui m'a tenu un temps à l'écart des drogues, ce fut la vision de Ray Charles au festival d'Antibes, où je bossais en 1960. On m'avait parlé de l'héroïne, mais j'ai eu un choc en voyant Ray Charles, assis dans un couloir, emmitouflé dans un gros manteau, alors que c'était l'été. Il avait des sueurs froides. La consommation de drogue n'était pas la même qu'aujourd'hui. On prenait du speed ou de la coke pour travailler. De nos jours, le consommateur moyen se lève, va travailler, rentre chez lui le soir et fume un joint. À l'époque, c'était : je me lève, je prends un truc, je vais travailler, je rentre chez moi et je bois une tasse de thé. Jusqu'à 50 ans, on peut prendre de la drogue, boire, manger tout ce qu'on veut, et rester baisable. Mais, passé cet âge, les choses se compliquent. Votre horloge interne change. »

Nous avions regagné notre hôtel. Le Nordique en jupon avait renoncé à ses vocalises pour un mauvais remake de *Cabaret*. Le lobby était désert et nous parlions encore. Andrew Loog Oldham n'était pas seulement une légende, il était devenu l'archiviste de ces années folles, un témoin de premier choix. À la dent parfois très dure.

« Marianne avait fait sensation rien qu'avec ses photos. David Bailey, qui avait eu le coup de foudre pour elle, avait fait ces fameuses photos d'elle en socquettes. Tout ça a pris de l'ampleur. J'en ai eu ras le bol. Elle m'ennuyait et j'ai décidé de ne plus travailler avec elle. Elle n'était pas assez du genre rebelle. Et pourtant, dès que je l'ai aperçue dans cette *party*, au bras de son fiancé John Dunbar, j'ai su qu'elle serait mon prochain coup. En d'autres temps, je l'aurais draguée. J'ai préféré l'enregistrer. »

Ce visionnaire avait écrit les tables de la loi du rock : attitude de rebelles, mode de vie scandaleux. Et tubes à la chaîne. Un sans-faute. Avant de me quitter, il improvisa un hommage au parfum d'épitaphe pied de nez et un brin crâneuse :

« Je me serais volontiers imaginé en train de prendre de l'acide et de faire l'amour avec Marianne, Anita, Nico. Ces filles étaient de vrais mecs, au sens où Morrissey décrit dans ses chansons les femmes au caractère trempé du nord de l'Angleterre. Au lieu de quoi j'ai travaillé avec Marianne et Nico. Anita a conquis toute seule le monde. Peut-être aurais-je dû lui demander si elle savait chanter… »

Dans le cercle noir d'Olivier Mosset

Je revois les images fugitives qui apparaissent dans la série *Twin Peaks.* Un homme à longs cheveux, aux airs de routard de l'Apocalypse, hantait la pellicule de David Lynch, comme un mauvais rêve. On m'avait parlé du peintre Olivier Mosset, qui a enfourché un jour sa moto et traversé l'océan tel un Pégase de chrome dégoulinant d'huile de vidange et de térébenthine. Frédéric Pardo, Zouzou, entre autres. Et puis je garde d'autres images aperçues il y a longtemps, sans doute dans *Art Press*: Mosset, dans son atelier de la Bastille. Lucifer Rising version biker à pinceaux. Enfin, il y a cette manie suisse de peindre d'impeccables ronds noirs sur fond blanc, hommage en forme de pied de nez à Malevitch et à ses carrés. Il était de passage à Nîmes pour une rétrospective. J'arrivai de Stockholm où j'avais grelotté en compagnie d'Andrew Loog Oldham. L'air tiède du Sud parvint à peine à me réchauffer.

Mosset était attablé devant un plat de viande. Une barbe de père Noël, la panoplie d'un ange de la mort, cuir, jeans, lourdes bottes auxquelles il ne manquait que les éperons poussiéreux. On était loin du rapin de Montparnasse. La longue barbe grise lui donne facilement quinze ans de plus.

Nous avions longuement parlé. Plus malin qu'il n'en avait l'air. Plus instruit, bien qu'il n'ait pas fait d'études. Parti de chez lui à 17 ans. S'intéressant déjà à la peinture. Il rencontre à Paris son compatriote Jean Tinguely. Formant avec Buren, Parmentier et Toroni une bande des quatre, gardes rouges et moines-soldats de la peinture. Le groupe BMPT. En janvier 1967, Mosset débarque avec ses acolytes avant-gardistes au musée d'Art moderne de Paris. Le plus jeune avait 22 ans, le plus âgé, 30. Ils haïssent l'esthétisme, l'imagination et les « gadgets de luxe ». Le commando déploie tout un attirail, magnétophone, tracts, toiles et pinceaux, pour faire en public « la peinture la plus bête du monde ». Six heures durant lesquelles une bande magnétique répétait inlassablement : « Buren, Mosset, Parmentier, Toroni vous conseillent de devenir intelligents. » En trois langues. Une toile après l'autre, ils exécutaient mécaniquement leurs tableaux : bordure, bandes, points réguliers, cercles parfaitement ronds. Un manifeste distribué par de jolies filles détaille les raisons pour lesquelles ils refusent l'appellation de « peintre », jugée équivoque et romantique. Logiques avec leurs théories (ou leur stratégie), le vernissage terminé, les quatre emportent leurs toiles. La peinture comme geste moral et non comme objet de décoration. Pendant ce temps, Paul McCartney découvre les travaux de Robert Malaval. Une série de vingt-cinq dessins tentant d'épuiser les possibilités visuelles d'une paire de jambes. Dessinées avec la minutie des planches d'anatomie, cela allait de la seringue hypodermique à la bande Velpeau en passant par les déformations de l'image télévisée. À cette époque, Mosset rencontre tout ce qui compte de dandys et d'égéries. Pierre Clémenti à Saint-Germain. « Une star naturelle. J'avais été invité au festival de cinéma d'avant-garde de Knokke-le-Zoute avec lui. Il venait de jouer dans *Belle de jour* de Buñuel, et j'avais pu mesurer quel genre de personnage baroque et extravagant c'était. Kalfon, lui, était un acteur. »

Ce courant était le résultat d'un mélange de défonce et de politique extrême. Un chassé-croisé d'aspirations surréalisantes. Des gauchistes découvraient soudain l'Amérique, le rock, les drogues. Inversement, on voyait des Américains cool débarquer en France et rejeter la came pour entrer en politique.

« En ce qui me concerne, me confia Mosset, j'y croyais dur comme fer. Je pensais vraiment que le monde allait changer. Comme peintre, je savais que Malevitch avait fait son *Carré noir* sur fond blanc en 1915 et que la Révolution russe avait commencé deux ans après. Je m'étais dit de manière un peu ridicule : "J'ai fait un rond noir en 66, donc la révolution approche..." Et puis, j'ai admis que ce n'était que la répétition générale du Grand Soir. Il fallait s'organiser plus sérieusement, mais nous n'en avions pas les moyens. Finalement, on n'a rien fait. S'il y a eu une révolution, elle a été culturelle. Nous avons suivi un mouvement dialectique qui est parti de l'expressionnisme abstrait, en passant par le pop, pour aboutir au minimalisme. On a fini par l'art conceptuel. »

Dalí était venu en 1967 à l'un de ses vernissages avec Amanda Lear. Mosset s'était ensuite embarqué pour Montréal. Il était descendu à New York et, à peine son sac déposé à l'hôtel, avait filé chez Warhol. C'était encore l'époque de la Factory historique, pleine d'allumés, de projets et d'argent facile. Warhol l'avait emmené boire un verre avant d'aller écouter le Velvet au Gymnasium. Il n'y avait pas un chat dans la salle. Ils étaient destinés, Nico et lui, à se rencontrer plus tard, à Paris. Au début des années 70, elle frappe à sa porte. Mosset l'emmène à La Coupole. Ils se voient pendant plusieurs mois, vont ensemble chercher son fils, Ari, le weekend. Puis Nico part en Italie rejoindre Garrel. Un jour, elle débarque à nouveau dans son loft et lui demande si elle peut s'y installer. Elle semble perdue. L'endroit est tellement grand que Mosset se voit mal refuser l'hospitalité…

« Mais c'est vite devenu dramatique. Je crois qu'elle prenait de la méthadone. Elle a dû perdre deux ou trois fois les clés, ce qui est toujours agaçant. Et elle a bien failli mettre le feu, ce qui est très énervant. Au bout d'un moment, elle a senti qu'elle devait partir. »

L'histoire des dandys des sixties, Mosset n'y croit qu'à moitié :

« Clémenti l'était un peu dans ses attitudes et ses vêtements, mais c'était surtout une star née. À la rigueur, Pardo, Didier Léon et Pommereulle, mais les autres, non. Clémenti pouvait draguer qui il voulait, tant il avait une présence hallucinante. J'ai perdu contact avec lui quand il est allé en prison en Italie. J'ai revu Margaret, sa femme, à Rome, dans l'hôtel du Campo dei Fiori où tout le monde passait. »

Deux expositions plus tard, Mosset passe (assez vite) de la bande BMTP à celle, cinéphile, de Zanzibar, avant de se consacrer entièrement à la moto. Après 1968, un certain Marx voulait fonder un club de motards. Olivier Mosset dénicha un atelier rue de Lappe, dans lequel son ami installa un garage. Les membres possédaient des Ducatti, des Guzzi, des BSA, certains organisaient même des courses dans le loft en Kawasaki. Mosset allait boire des coups avec ses copains, chez Paul, un rade graisseux devenu un bistrot d'aimables bobos. Un jour, un type passa proposer sa Harley 750. Mosset venait de vendre une toile. Affaire conclue. Puis Marx était parti, la plupart de ses potes aussi, et avaient débarqué peu à peu des gars plus lumpen, plus loubards, plus violents. Certains avaient des Harley. C'était la grande époque des américaines chromées. Mosset avait aimé la proximité de ces lascars adeptes du bourre-pif et des liqueurs d'hommes. Il avait toujours conservé le contact avec certains d'entre eux, même les gros durs.

« Dans l'immédiat après-68, quand on était bourgeois, on cherchait à connaître des prolos, reconnaissait-il... Beaucoup de ces types étaient des gens de grande valeur, des gens que je respecte beaucoup. Je jubilais secrètement en mêlant les milieux. Je me souviens d'une fois où j'avais présenté la photographe Bettina Rheims, alors galeriste, à mes potes Hell's. La tête qu'elle a faite ! » Aux États-Unis, Mosset rencontre Jean Genet, alors défenseur des Black Panthers. L'écrivain évoque devant lui un projet de roman qui reprendrait *Les Souffrances du jeune Werther* en remplaçant Charlotte par une moto. Trente-cinq ans plus tard, l'artiste cherchait à réaliser ce projet, m'avouant avoir eu maintes fois l'occasion de réaliser des films, et y avoir à chaque fois renoncé, faute d'idée. Pourtant, Sylvina Boissonnas lui proposait de l'argent.

« Je ne dépendais pas d'elle pour ma peinture, je tenais à payer moi-même le matériel pour rester libre. Ça ne m'a pas empêché de profiter de sa fortune. Je n'avais pas de souci d'argent grâce à elle. »

Mosset n'aura jamais fait partie des Hell's Angels, contrairement à ce que m'avait dit Pardo. Il fut en revanche membre du club de Crimée avant que celui-ci soit intégré aux Hell's. Le lendemain matin, au moment de partir pour l'Arizona, où il vit aujourd'hui, Mosset bouclait ainsi la ronde des souvenirs :

« En ce qui me concerne, je suis fini. On m'a soumis le questionnaire de Proust récemment. À la question : "Votre plus grand défaut ?". J'ai répondu : "Je suis trop vieux." » Je lui avais soufflé alors ce qu'aimait me répeter une amie : « Il faut oublier son âge pour que l'âge vous oublie. »

Un air de vieux Stones

Celui-là avait allègrement dépassé la soixantaine. Il passait par Paris pour parler de sa dernière réalisation, un honnête album de rock, de boogie et de blues, *Bill Wyman's Rythm's Kings*, où l'on retrouvait quelques grosses pointures, comme le faramineux guitariste Albert Lee. Je l'avais rejoint dans un restaurant près de la Maison de la Radio. Petit, les cheveux teints, le regard à la tristesse humide, camouflé derrière des lunettes teintées, Bill Wyman s'envoie rosé de Provence sur rosé de Provence. Gentil, mais soudain grossier, il expliqua à la serveuse qui aurait pu être sa petite fille, quel usage il aimerait faire du beurre posé sur la table. *Just for a thrill.* L'ancien bassiste des Stones m'éclaira à sa façon, modeste et claire, l'histoire dans laquelle il fut à la fois l'acteur et le spectateur.

« Nous étions venus à Paris, en 64, pour faire de la promotion. Mais on a insisté pour que l'on joue dans une émission de télévision. Nous avions pris nos instruments au cas où, mais les douaniers français nous les ont saisis. Du coup, nous avons dû demander aux groupes qui passaient avec nous dans le show de nous prêter les leurs. Personne n'avait de basse. J'ai donc dû prendre une guitare à la place, ce qui fait que ce jour-là nous avons joué à trois guitares. Nous sommes revenus plus tard pour notre premier vrai concert en France, à l'Olympia. Émeute. Les blousons noirs ont tout cassé, explosé les vitres, la salle.

Bruno Coquatrix, qui aurait dû être furieux et nous traîner en justice, était ravi. Il ne cessait de répéter : "Vous êtes merveilleux, merveilleux, encore plus grands que les Beatles !" En quittant l'Olympia, on a regardé les types détruire les kiosques à journaux et pulvériser les vitrines du boulevard des Italiens. Chez Castel, on a retrouvé Amanda Lear, Zouzou. Elles n'ont jamais été mes amies. C'étaient celles de Brian. Les Français nous préféraient aux Beatles. C'était assez bizarre parce que, dans les charts, en Angleterre et aux States, les Stones étaient toujours derrière les Beatles. À Paris, après ce fameux show à l'Olympia, nous étions au sommet. »

Wyman avait une bonne descente. Le vin lui donnait des ailes pour remonter le temps. J'appréciais.

« Brian avait créé les Stones, il en était évidemment le leader. C'était son groupe, ses idées, son style musical. Il avait eu l'idée du nom, l'idée de partir du blues. Pour moi, les Stones restent le groupe de Brian Jones. Mais on lui a pris son rêve et il est parti. C'est quelque chose qui se produit, hélas, souvent dans la vie : vous avez une vision, cette vision se réalise, et quelqu'un vous vole votre bien, et en fait sa chose. Et Brian est mort. La drogue, c'est certain, a joué son rôle. Mais pas seulement. Je pense qu'il y avait d'autres raisons. Brian était au bout du rouleau. »

Wyman embraya, Dieu sait pourquoi, sur Chagall qu'il a connu quand il habitait dans le sud de la France, au moment de l'enregistrement d'*Exile on Main Street* et dans les années qui ont suivi. La première fois qu'il débarqua chez le peintre, il remarqua que tous les murs étaient occupés par des toiles, très grandes et très belles. Wyman demanda à Chagall pourquoi elles n'étaient pas exposées ou vendues. Le peintre lui répondit qu'elles n'étaient pas finies.

« Je lui ai demandé à quel moment il considérait que ses tableaux étaient achevés. Il m'a dit : "Lorsque je peux les poser dans mon jardin, au milieu des fleurs et des buissons, et qu'ils ne semblent pas en mauvaise santé. Alors à ce moment-là, je sais que je peux les considérer comme achevés." »

Brian Jones, il en était persuadé, aurait aimé cette belle histoire.

La collection Bauchau

À la proue d'un vaisseau de pierre, une équipe de cinéma s'agitait. Patrick Bauchau, révélé il y a une cinquantaine d'années par *La Collectionneuse* d'Éric Rohmer, était sur l'île Saint-Louis. Il jouait le rôle d'un vieillard bloqué dans un corset de métal à quatre roues, une chaise roulante poussée par une femme qui semblait l'agonir de reproches. Il s'agissait d'un film argentin. J'avais vécu, très jeune, près de cette proue et je me souviens de l'artiste Michel Journiac, Dracula à lunettes noires, qui réalisait du boudin avec son sang, hautement comestible et très coté. Entre deux prises, Bauchau revint s'asseoir à une terrasse de bistrot, ôta sa moustache et son bouc postiches, devint sans se faire prier le chroniqueur précis et véhément des sixties. Ce Belge avait su y goûter avec une gourmandise élégante.

« J'ai connu Anita Pallenberg chez Deborah Dixon, croyait se souvenir cet homme toujours beau. Elle ressemblait à l'idée que l'on se fait de Roxane ou de ces belles esclaves circassiennes qui ont servi les sultans à Istanbul et joué un rôle politique important au XVIe siècle. Je l'ai perdue de vue quand elle a commencé son idylle avec Keith. À l'époque où nous étions amis, elle venait de tourner dans *Vivre à tout prix*, qui n'était pas trop mal. Son meilleur rôle avec celui qu'elle a tenu dans *Performance*, ce film-phare qui a capturé l'ambiance anglo-française et bien décrypté les rapports hommes-femmes des années 60, l'ambiguïté de toute définition sexuelle. *La Collectionneuse* dans lequel je jouais aux côtés de Pommereulle, traitait le même sujet sur le mode parisien, même si la définition des rôles y était plus nette. Dans *Performance*, Anita Pallenberg campe une sorte de gaillard déguisé en fille. Jagger joue merveilleusement sur les deux registres. Pour ces raisons, *La Collectionneuse* et *Performance* sont les deux seuls films fidèles à un certain état d'esprit sexuellement ambigu de cette époque complètement dingue. »

Patrick Bauchau avait vécu « à mort », selon son expression, la scène de Londres-Paris des années 60, tout simplement parce qu'il avait été envoyé en pension en Angleterre. Londres lui était plus familier que Paris.

« C'était merveilleux de voir l'Angleterre se réveiller du sommeil de l'après-guerre, poursuivait-il. Tout ce remue-ménage m'avait surpris, mais je ne l'ai pas pris trop au sérieux. À Oxford, les petits cons branchés fumaient un pétard à différents moments de la journée. Mais on a été surpris par l'apparition des cames psychédéliques venues de Californie. J'avais, à Oxford, pris de plein fouet la naissance du rythm'n'blues et mon oreille fut affinée par Donald Cammell. Lui rapportait de New York tout ce qu'il y avait de bon. Il était moitié rock'n'roll, moitié rythm'n'blues et c'est lui qui a fait le lien entre les Stones et Paris, par l'intermédiaire de Brian Jones. J'ai rencontré Brian lorsqu'il était avec Anita. Nous sommes tout de suite devenus très potes. Il était défoncé, mais ça n'avait rien d'étonnant parce que tous les musiciens l'étaient... Brian était un garçon attachant qui cultivait un côté nounours perdu dont rêvent les jeunes filles. Dommage qu'il ait disparu si tôt, parce que, après, les Stones, ça n'a plus été ça... Dans la petite mouvance anglaise que je fréquentais, il y avait l'antiquaire-décorateur Christopher Gibbs, qui a travaillé sur *Performance*; le photographe

Michael Cooper, qui a fait plein de photos avec Mijanou (Bardot) et un reportage assez éclairant sur l'exposition de Pommereulle, *La peinture salit les doigts*, à moins que ce ne soit *La peinture coupe*… Tous ces mecs sont morts. Les filles, c'est autre chose ! Beaucoup plus solides. À part Nico, les égéries rock sont toujours là. Indestructibles. Un peu diaboliques. Un peu amazones… Lorsque j'ai connu Anita, elle était plutôt une groupie de Deborah, avant de devenir celle des Stones. Deborah était un mannequin à succès et, comme sa famille texane était riche, elle avait l'habitude de payer des tablées à La Coupole, quand l'endroit était encore fréquentable, et des coups à boire chez Castel. J'habitais avec Mijanou au-dessus de chez Castel, c'était donc notre seconde maison. À l'époque, je n'étais rien. Je m'intéressais vaguement au cinéma. Donald avait déjà réalisé un film, qui lui avait rapporté un peu d'argent. Moi qui me sentais plutôt proche des *Cahiers du cinéma*, de la cinéphilie pure et dure, j'avais l'impression de m'encanailler en traînant avec eux, car Donald défendait un cinéma grand public américain. Et je n'ai jamais compris pourquoi, parce que son cinéma n'avait rien de commercial. *Performance* a engendré l'espoir d'un autre cinéma anglophone, mais ce fut un bide. Son appartement de la rue Delambre était agréable, avec une terrasse. On terminait les soirées chez eux en fumant des pétards. Certains se cocaïnaient. Les rock-stars anglaises considéraient cet endroit comme leur bouée de sauvetage lorsqu'ils étaient perdus dans le Paris plan-plan. La rue Delambre a été un endroit stratégique. J'aimais beaucoup y passer, mais la plupart de mes proches semblaient terrorisés dès que j'évoquais cette adresse, sauf Christian Marquand. Deborah et Donald avaient, il faut le dire, une formidable réputation. Jane Fonda et Vadim ont passé des soirées mémorables là-bas. Dans ses mémoires, Jane a l'air de regretter ce qu'elle et Vadim y ont vécu. Il n'y a rien de pire que les repentis ! Tous ces gens-là formaient un milieu hippie jet-set assez disparate, mais dont les femmes étaient le lien. Parler des Cammell me fait penser à un autre personnage disparu, Dennis Deegan. Catherine Harlé était très proche de ce garçon, un jardinier-paysagiste tout à fait allumé. Fils adoptif de John Houseman, un producteur remarquable, notamment de certains films de Fritz Lang, Dennis avait été chassé de Hollywood pour avoir couché avec sa mère adoptive. Le mari de celle-ci n'ayant pas trouvé cette liaison à son goût, il dut s'exiler à Paris, qu'il a d'emblée conquis par son amoralisme. Il était drôle et insupportable, pourri de talents. Gravement dépressif, sans cesse au bord de la crise de nerfs. Homo, il traînait toujours avec des filles. Il a fini par en épouser une avec laquelle il a eu un fils. Il a beaucoup glandé dans le sillage de Catherine Harlé, fait un peu le mannequin. Début 70, il a fondé une entreprise de jardinage, où il faisait des plantations avec Deborah. Il a eu une fin mystérieuse.

« Chez la plupart des chroniqueurs de ces années-là, l'histoire réelle fait peu surface, alors que le mythe, lui, occupe tout le terrain. Les Stones, c'est bien, mais c'est l'entourage qui est intéressant. Mais, en même temps, on ne peut que les admirer, car ces types, à leurs débuts, n'ont pas eu froid aux yeux, et ce qu'ils ont fait a surpris tout le monde. Les Stones, mais aussi les Kinks, les Yardbirds, les Who, les Pretty Things, des bandes de miteux anglais vêtus comme des Brummell électriques… Dans le genre d'allumés qui symbolise cette époque, je ne peux pas oublier Paul Gégauff, poursuit Patrick Bauchau. Un bon scénariste et un grand dingue, poignardé par sa dernière femme. Paul la provoquait tout le temps en lui mettant un couteau entre les mains, jusqu'au jour où elle le lui a planté dans le ventre. Il recevait beaucoup dans sa maison de campagne, et c'est chez lui qu'est née l'idée de *La Collectionneuse*. Rohmer aimait venir chez Paul, qui l'impressionnait par sa démesure, son extravagance. Zouzou avait été un moment pressentie pour le premier rôle féminin. On lui préféra Haydie Politoff, une parfaite inconnue, dénichée par le plus grand des hasards. Rohmer avait dormi un week-end chez Gégauff dans la chambre occupée par cette jeune apprentie comédienne. Le lendemain, il voulut absolument savoir qui habitait dans la chambre. On lui a montré une photo, et il a engagé Haydie. »

La Collectionneuse, réalisée en 1967, est une sorte de bande-annonce de mai 68. Tout y est ébauché, dans les attitudes des personnages, leur dialectique marxiste, leur sainte horreur des conventions affectives. Cammell y fait une apparition dans la scène du night-club. Deborah et Donald passaient l'été à Grimaud avec Robert Fraser. Celui-ci, copain avec Magritte, avait remis ce surréaliste à la mode en en vendant notamment à son ami Paul McCartney. Les Bauchau habitaient à La Madrague, chez Bardot, la sœur deMijanou, avec Haydie et Pommereulle, ami et parrain de leur fille. Toute cette bande était très liée à cette époque-là, autour de Rohmer. La Mini mauve du film était celle de Bardot. Helmut Newton avait prêté sa Bentley pour quelques scènes. La maison du film se trouvait au-dessus de l'usine de torpilles. Le peignoir à fleurs était à Bardot, les djellabas, à Deborah. Haydie a fait ensuite une petite carrière en Italie. Puis elle a tout laissé tomber pour rejoindre son copain musicien en Californie. Elle a vécu dans le nord de l'État. Ensuite Bauchau et les autres ont perdu sa trace. Qu'est devenue Haydie Politoff?

« L'introduction de la pilule a créé une race de filles plus cavalières que celles de la génération d'avant, philosophait Bauchau en réajustant sa moustache postiche. Cette parenthèse enchantée où tout le monde couchait avec tout le monde a duré cinq, six ans. Je me souviens que, vers 1967-1968, j'étais persuadé qu'une épidémie, du genre de celles qui ont ravagé le Moyen Âge, allait nous tomber dessus. C'était pas possible, ces orgies permanentes ! Une sorte de punition céleste était suspendue au-dessus de ces millions de corps en folie. Et tout est malheureusement arrivé… Les années 60 ont aussi annoncé la reconnaissance de l'hermaphrodite. Nous ne sommes plus classés entre hommes et femmes. Certains êtres sont plus homme, d'autres plus femme, mais ce n'est pas forcément déterminé par les attributs sexuels. Donald était persuadé que le fond de la nature masculine est le Mal. Il tenait cette croyance de son père, un fils de famille ruiné, qui avait appartenu à la secte d'Alistair Crowley, le mage anglais qui cultivait une réputation de sataniste et qu'adorait Jimmy Page. Cammell pensait que la rédemption viendrait des femmes. Pour lui, chaque homme était un meurtrier en puissance, Shiva dans sa forme la plus noire. Le passage à l'acte de tout ça a été le meurtre de Sharon Tate et de ses amis par la bande de Charles Manson. Les années 60 se sont achevées sur cette atrocité. Si vous voulez voir quand même ce que cette époque avait de fabuleux, revoyez *Easy Rider*, qui est un peu démodé, mais surtout *Macadam à deux voies*, le chef-d'œuvre maudit de Monte Hellman… »

Moteur ! On tourne ! Patrick Bauchau se leva d'un bond et courut vers sa chaise roulante.

La maison-matelas de Valérie

Elle était venue me chercher à la station de RER et, en l'attendant, j'assistai à l'arrestation en souplesse de deux jeunes dealers, plaqués au sol et embarqués dans une voiture banalisée en dix secondes chrono. Valérie Lagrange habitait une maison de banlieue dont elle avait hérité. Dans l'entrée, il y avait des photos d'un beau garçon un peu hippie jouant de la guitare, datant sans doute des années 70. Dans le salon, un chauve en survêtement semblait emmuré au fond de rêveries qu'on devinait terribles. C'était le jeune Anglais des photos, qu'une overdose avait changé en statue de chair. La scène m'évoque ma visite au Mexique chez Leonora Carrington, peintre et poète surréaliste soudée dans un face-à-face insoutenable avec son vieux mari hongrois qui avait déserté depuis des lustres le monde de la parole. Valérie s'occupait de son homme avec une abnégation qui forçait le respect.

Alors qu'elle avait à peine 17 ans, un client de la quincaillerie familiale, en arrêt devant sa beauté exceptionnelle, lui avait parlé d'une audition au Studio de Saint-Maurice. Elle s'était retrouvée face à une cinquantaine de filles avec une scène à apprendre par cœur. Quelques jours plus tard, on lui demandait de refaire la même scène, mais avec des acteurs en costume. Elle y était allée en cachette de ses parents et on l'avait choisie pour *La Jument verte*, un film de Claude Autant-Lara. Sur le tournage, elle avait rencontré un photographe du nom de Serge Bauvarlet. Ils s'étaient mariés très vite et, l'année suivante, elle était enceinte de son fils.

« Nous habitions rue Notre-Dame-de-Lorette, près du compositeur Francis Lai, qui s'était mis à m'écrire des chansons. Plus tard, Gainsbourg m'avait offert *La Guérilla*, qui était devenue un petit tube. Parallèlement, je continuais dans le cinéma, mais assez inculte et pas vraiment conseillée, j'ai tourné pas mal de nanars alimentaires, qui ne me plaisaient pas. Et puis j'ai rencontré Kalfon et Clémenti, qui m'ont aussitôt plongée dans l'underground, en 1965. Je n'allais pas bien, car le père de mon fils venait de se suicider. Pierre Barouh m'a présenté Kalfon à une projection de *Des Filles et des Fusils*, un des premiers Lelouch. Avec lui, ma vie a changé. Jean-Pierre, c'était Bulle Ogier, Marc'O, Bernadette Lafont, Zouzou et les jeunes réalisateurs, Rivette, Téchiné, Garrel, Aubier... La bande de La Coupole, qui était la cantine des créateurs rebelles... On était une espèce de tribu inséparable. Il y avait aussi Pommereulle, Pardo, Tina Aumont. On faisait presque tous de la musique dans une maison près du parc Montsouris que Jean-Pierre et moi avions louée. On avait installé un studio de répétition dans la cave et fait de notre lieu d'habitation une "maison ouverte". À 2 heures du matin, lorsque La Coupole fermait, nos amis ou nos proches venaient finir la nuit à la maison de l'impasse Villa-Montsouris, qui n'était qu'à un quart d'heure à pied. Keith Richards y a même passé une nuit. Tout un tas de gens improbables... Il y a eu des assemblées générales de trotskistes, et de maoïstes, mais pas au même moment, bien sûr. Jean-Pierre et moi, ce fut une grande passion, avec des hauts et des bas. J'ai fumé avec lui les premiers joints, les premiers trips d'acide, mais j'ai continué à tourner, notamment *Mon amour oublie-moi*, de Nadine Trintignant. Le sommet de la folie a été l'année 67. Parmi nos proches, il faudrait parler de Didier Léon, un garçon sublime qui était peintre, magnifique d'intelligence, très fin, très drôle. Un type doué pour tout, qui a malheureusement plongé ensuite dans l'héroïne. À la fin de sa courte vie, il avait eu une aventure avec Jean Seberg. Je voyais aussi souvent Zouzou. Elle me faisait rire... Elle avait du génie. Je la trouvais très droite par rapport à une faune un peu louvoyante. Quand elle avait un truc à dire, elle le disait, que ça fasse plaisir ou pas. Elle me faisait penser à un jeune garçon manqué en minijupe. »

En mai 68, Valérie arracha les pavés avec Jean-Jacques Schuhl. Une nuit, elle était chez lui, rue Royer-Collard, et il faisait une chaleur écrasante dans le studio parce que des types avaient mis le feu à des voitures. Schuhl et ses amis avaient rempli la baignoire d'eau pour les combattants, qui venaient se tremper le visage avant de ressortir ; sur la tête, ils avaient enfilé des pochettes de disque contre les gaz lacrymogènes. Vu du balcon, ça oscillait entre une scène de guerre et un bal masqué surréaliste.

La proclamation de la « mort » du couple traditionnel, après l'espoir de révolution, circulait chez les rêveurs. On vivait ensemble, mais, si on avait envie de coucher avec quelqu'un, il ne fallait surtout pas se gêner. Cela convenait à moitié à Valérie Lagrange, mais elle ne voulait surtout pas avoir l'air d'être coincée. Elle jouait le jeu sans être vraiment convaincue.

« J'ai couché avec tous les types de la bande, me confia-t-elle, un peu gênée. Dans la pratique, c'était parfois douloureux, mais au moins n'y avait-il pas d'hypocrisie... Kalfon prétendait qu'au lieu de dire bonjour aux gens on devrait immédiatement faire l'amour avec eux, comme ça on savait vite à qui on avait affaire. J'en ai eu par-dessus la tête, de ces histoires d'amour libre. Le 12 mai 1968, j'ai pris un avion pour Rome, où se trouvaient déjà Clémenti, Tina Aumont et Pardo. Je connaissais la ville pour y avoir tourné quelques films, et je parlais italien. J'ai atterri dans l'hôtel où ils dormaient tous, Campo dei Fiori, un Chelsea Hotel romain en plus *cheap*. Clémenti y était comme un coq en pâte. Sa mère était marchande des quatre saisons. Il n'a jamais connu son père. Alors, les palaces, c'était pas son truc ! C'est lui qui avait trouvé cet hôtel. Pas d'eau chaude, des toilettes à la turque sur le palier. Les deux premiers étages servaient de chambres de passe, et les étages du dessus étaient peuplés de routards. Au milieu de tout ça, des statues de la Vierge et du Christ. La propriétaire avec toute sa famille habitait en bas. Pour eux, Pierre était le nouveau Messie. J'avais 25 ans et c'était la première fois de ma vie que je me retrouvais seule. Les routards m'ont appris à jouer de la guitare et à chanter les textes de Dylan. Une seconde naissance. On y croisait des acteurs du Living Theater, Tina, Garrel, chaussé de bottes qu'il faisait claquer comme un SS en marchant sans cesse de long en large. Une sorte de Bonaparte mutique. Nico, une personne assez spéciale. »

Au bout de six mois, Valérie avait décidé de rejoindre la bande de Garrel à Cotta Ferrata pour le tournage du *Lit de la vierge*. Elle se retrouva au milieu de tous ces gens qui passaient leur temps à prendre de l'acide et qui vivaient des relations extrêmement compliquées.

« Une bande de Français, quoi ! Moi, je croyais à tout ce mouvement *peace and love, flower power*, l'harmonie entre les gens, la générosité, le partage. J'étais fleur bleue. La bande de Garrel vivait en fait des rapports assez âpres. Des types brillants, mais d'une dureté effrayante. Purs et durs. Je restais calfeutrée dans ma chambre toute la journée. Je jouais de la guitare. Je lisais des livres sur le bouddhisme. Quand Nico a débarqué à la maison, je l'ai embrassée sur les deux joues d'une façon qu'elle a dû trouver un peu paysanne. Elle a rougi. Elle n'était pas habituée à ça. Je ne me sentais pas bien dans un univers aussi fabriqué qui ne laissait aucune place à la spontanéité. Ce qui ne m'empêche pas d'aimer ce qu'a fait Nico, sa voix, ses chansons. Elle était glaciale et je n'ai jamais vraiment réussi à parler avec elle. J'aime la générosité, l'ouverture, le partage. Est-ce que Nico incarnait ça ? Je n'en suis pas certaine. Moi, je suis plutôt du genre rêveuse baba cool. Je me souviens de ma vie plus tard à Londres. J'étais tombée amoureuse d'un Anglais qui jouait de la guitare et ressemblait vaguement à Rimbaud, en très pâle. Il habitait sur une péniche, mais elle était trop loin, sur la Tamise. Alors on se baladait avec notre matelas et on débarquait la nuit chez ses copains. On prenait le bus avec notre matelas et on allait ailleurs pour quelques jours. »

Valérie avait remarqué au large de Positano, dans le golfe de Naples, une maison mystérieuse posée comme une offrande sur une île minuscule. Elle s'était juré de l'habiter. Isola Li Galli. L'île des coqs, surnommée l'île des Sirènes, dont m'avait parlé Frédéric Pardo et dont me reparlerait plus tard Jack-Alain Léger. Elisabeth Taylor avait voulu la racheter. Cet îlot qui évoquait, sous ses airs solaires, la beauté funèbre de *L'île des morts*, d'Arnold Böcklin, était alors la propriété du chorégraphe Massine, qui le tenait de Diaghilev. Il serait plus tard racheté par Noureev qui y disposait ses plus beaux kilims, de manière différente chaque jour. La bande de Garrel n'y était finalement restée que quatre mois. Il y avait eu assez vite des engueulades. Une partie de la tribu était partie chez les Dogons.

« Nous avons rêvé trop haut, et les plus fragiles se sont brûlé les ailes. Certains s'en sont sortis en devenant plus durs que les autres. Margaret, la femme de Clémenti, a sombré. J'ai compris que ça ne tournait plus rond dans sa tête, le jour où, alors qu'on sortait du Drugstore Saint-Germain, elle m'a assuré que nous étions suivies par des agents de la CIA. Je lui ai filé un somnifère pour arrêter sa crise et, vers 4 heures du matin, elle a décidé d'appeler Pierre à Rome. Par une coïncidence incroyable qui l'a un peu plus perturbée, les flics venaient d'arrêter Clémenti. Le milieu du cinéma s'est mobilisé et a tenté de le faire libérer de taule, mais il a refusé, convaincu que Dieu l'avait mis là pour qu'il souffre et soulage ses codétenus. Il les considérait comme des frères. Il est resté enfermé deux ans et, après, c'en était fini de lui. Il était définitivement passé de l'autre côté. Margaret est peut-être une extralucide. Elle avait vraiment senti qu'il allait se passer quelque chose de terrible. »

Trop près du précipice

J'avais 17 ans quand je vis avec ma mère *La Cicatrice intérieure*, cette étrange tragédie musicale où il semble que parfois la musique porte le film. Lorsque je le revis il y a quelques années, je compris, à travers ses monologues, que Nico aimait Goethe, le romantisme allemand, les Niebelungen. Je savais que Clémenti avait également écrit son texte. J'avais aimé ce titre, si curieux, que je croyais extrait d'un poème d'André Breton, jusqu'au jour où Garrel en révéla l'origine. Ce titre lui était venu au cours d'une nuit passée à refaire le monde avec un ami qui avait commencé à lui parler de cicatrice intérieure. Garrel avait trouvé l'image d'une force incroyable.

Aux antipodes des mégalos du cinéma, Garrel était plutôt du genre monomaniaque, un bricoleur qui, avec *Le Berceau de cristal*, avait inventé une esthétique onirique où la drogue avait son mot à dire. J'allai l'écouter lors de l'hommage que lui rendit la Cinémathèque. Il se demandait face au public ce qu'il faudrait faire pour que le cinéma retourne dans nos vies. « Pour moi, disait-il, la caméra que j'ai dans mes rêves est une chambre au sens freudien du terme. Je n'ai pas du tout intégré le numérique, qui nécessite de réinventer un genre, à l'image de *L'Esquive* et de *Festen*, qui sont des films magnifiques. Le problème est de savoir qui fait quoi avec quoi, l'art n'est pas un absolu. » Puis Garrel avait évoqué Nico, dont il ne savait jamais ce qu'elle allait dire dans ses films. Il attendait qu'elle joue sa partition. « Si *La Cicatrice intérieure* est supportable, ajoutait-il, c'est parce que le son prend le relais de l'image et que Nico chante très bien. Il n'y avait pas de scénario, juste l'idée d'une marche à travers l'Islande. Une marche qui n'en finit jamais. Avec l'idée d'essayer d'aller là où la Nouvelle Vague n'avait pas osé aller. » Garrel essayait ainsi de faire quelque chose de vraiment moderne. Ses autres films, comme *Marie pour mémoire*, étaient de simples hommages à la Nouvelle Vague. Derrière Godard, qui avait fait la coupure avec le vieux cinéma, il devenait, selon lui, difficile d'opérer une deuxième coupure.

À l'époque où Philippe Garrel l'avait rencontrée, Nico était avant tout connue comme la chanteuse du Velvet Underground, une Américaine, puisqu'elle chantait en anglais. Garrel, le premier, assurait l'avoir prise pour telle. Il apprendra, bien plus tard, de la bouche même de Nico, qu'elle était allemande. Nico avait un problème avec sa germanité, comme beaucoup d'Allemands de sa génération. Elle ne comprenait pas qu'elle ne pouvait pas chanter la première strophe de l'hymne allemand composé par un contemporain de Goethe sous prétexte que ça avait été récupéré par le nazisme. L'univers de *La Cicatrice intérieure* est rattaché à l'onirisme d'outre-Rhin. Les références picturales appartiennent au romantisme, à Caspar David Friedrich, et à Arnold Böcklin, aussi, toujours cette *Île des morts*, qui semble faire le lien entre tous les protagonistes de ce livre. Il y avait aussi le nombre incroyable de morts autour de Garrel, comme s'il avait tourné trop près du précipice et focalisé une bonne part de la violence à venir.

« Fille de l'ombre »...

Il se fit appeler Melmoth pour son premier album, *La Devanture des ivresses.* Il avait choisi Dashiell Hedayat pour le suivant, le très beau *Obsolete.* On le retrouvera écrivain sous les noms de Jack-Alain Léger et de Paul Smaïl, oscillant entre best-seller, livre intimiste et coup de génie. Il a l'allure d'un fauve blessé par les trahisons et les coups tordus. Avant de devenir l'un des meilleurs écrivains français de sa génération, Jack-Alain Léger a vécu en plein cœur le big bang 68, le grand huit de l'acide, sous l'influence de Syd Barett, Nico et Gong. Il avait répondu à ma curiosité devant un scotch au Select dans le quartier de Montparnasse, où il avait traîné ses guêtres de nuit blanche en nuit blanche, avant le revival punk et les années 80. J'énumérais quelques titres de sa propre mythologie musicale, tirés d'*Obsolète*: *Chrysler, Eh Mushroom Will you Mush my Room? Long Song for Zelda*, avec des samplers de la voix de William Burroughs, rencontré à Londres, et auquel il avait dérobé une de ses bandes dans sa chambre un peu miteuse de Piccadily Circus, car l'auteur du *Festin nu* enregistrait tout ou presque... Jack-Alain Léger semblait plutôt surpris que je le presse de questions, lui qui avait abandonné sa guitare depuis un bail. Être Hendrix ou rien. C'était pourtant déjà pas mal du tout, cet *Obsolète...* Souvenirs, entre Nico, Tina et Syd en mauvaise descente d'acide. Et l'Isola Li Galli revenue sur le tapis.

« Virginia Onorato, la première femme de Bertolucci, couvrait pour la RAI les événements de mai 68 et m'avait invité chez elle à Rome, après que l'on s'était rencontrés sur les barricades. J'ai dû mettre cinq jours pour rejoindre l'Italie en stop avec un ami. Une fois là-bas, j'ai intégré la bande de Clémenti, Kalfon et Valérie Lagrange, sur le Campo di Fiori. Je les ai rejoints une partie de l'été suivant sur l'Isola Li Galli. Nous prenions beaucoup de drogues sur l'île, tant et si bien qu'une nuit, après avoir ingurgité un puissant cocktail LSD-mescaline, je me suis jeté dans la mer et j'ai nagé sans trop savoir où j'allais jusqu'au moment où je me suis retrouvé coincé entre deux rochers. Clémenti s'est obstiné à me chercher avec une lampe-torche alors que les autres étaient persuadés que je m'étais noyé. Il m'a repêché et j'ai fait une très mauvaise descente d'acide sur *Electric Ladyland*, le double album de Jimi Hendrix qui passait en boucle. Garrel, que j'avais rencontré grâce à l'écrivain Marc Cholodenko et le réalisateur Jérôme Laperrousaz, passait de temps à autre. Sur cette île qui a failli être mon tombeau débarqua un jour une femme auréolée d'une certaine gloire, Viva Superstar, l'une des égéries de Warhol, par qui j'allais connaître Gerard Malanga, le poète-danseur au fouet. Quant à Nico, on me l'avait présentée à Rome à la terrasse du café Tre Scalini, sur la piazza Navona, là où j'avais aussi croisé Pasolini. C'était la fin de la *dolce vita*, et les années de plomb approchaient à pas de loup. En quelques mois, j'ai vu basculer dans le terrorisme des dandys dilettantes qui ne juraient jusque-là que par Jimi Hendrix et Hermann Hesse. Leur métamorphose reste pour moi l'un des phénomènes les plus extravagants de ces années-là… Nico était déjà atteinte, totalement diaphane, noyée dans son monde à elle. Assez folle, il faut l'avouer. Mais il y avait en ce temps-là une autre figure de légende dans le groupe désœuvré et désargenté que nous formions, c'était Roska, une Islandaise qui était notre lutin. Qu'est devenue cette femme extraordinaire ? La nuit parisienne, que je retrouvais après l'Italie, ressemblait à un ciel obscur, parsemé d'une constellation d'appartements plus ou moins occupés dont on ne savait jamais vraiment à qui ils étaient, souvent à de riches Anglo-Saxons, comme le couple Cammell.

J'ai passé ensuite de bons moments à Londres pour enregistrer mes disques. Je travaillais avec les musiciens de Soft Machine, dont le merveilleux Robert Wyatt... J'ai été très lié au photographe Mick Rock et à Syd Barrett, qui était déjà passé de l'autre côté. Il était étonnant parce qu'il passait de moments totalement déjantés à des instants de grâce, où il se mettait à réciter du Baudelaire et du Rimbaud en français, ce qui semblait bizarre, compte tenu du bagage intellectuel proche du néant de la plupart des musiciens de rock... C'était terrible parce qu'on ne savait jamais à quel moment il allait basculer. Je me souviens en particulier d'un dîner dans un restaurant italien de Chelsea où, avec sa fourchette, il se mit à dessiner dans l'espace des signes mystérieux... Il ne nous entendait plus. On ne savait pas quoi faire... C'était un génie, qui ne s'était jamais vraiment sorti d'un mauvais trip d'acide... *As Time goes by.* »

Comment la montre à quartz a changé le monde

C'étaient deux amis inséparables qui ressemblaient à un couple de vieux fêtards nyctalopes. Rien du monde de la nuit ne leur avait échappé. Pierre Bénichou, physique massif, mais esprit léger de danseur étoile, sautillant d'un concept à l'autre, d'un paradoxe inattendu à une jolie image. Et Jean-Pierre de Lucovitch, la science exacte des noms et des bandes. Jeune journaliste à *Paris-Match*, il avait rencontré Zouzou chez Régine, dans sa première boîte située rue du Four, au carrefour Mabillon. C'est là qu'était apparu en France le twist, parce que les danseurs américains de *West Side Story* avaient coutume d'y débarquer, après leur spectacle. Régine avait senti qu'il y avait un truc à lancer… Zouzou portait ce soir-là un bonnet à carreaux avec une jupe écossaise. Lucovitch en fit l'héroïne du premier reportage sur le twist, cette épidémie de gigotage aigu. Des vieillards de 90 ans semblaient à leur tour contaminés par cette étrange danse de Saint-Guy. Mais Zouzou était la plus déchaînée.

Les Brésiliens hantaient alors les boîtes parisiennes. Les plus fortunés habitaient le Plazza, et ceux qui l'étaient moins, surtout des musiciens, à l'hôtel Montaigne. Parmi cette colonie colorée figurait celle qui allait devenir Mimi d'Arcangues, la femme de Guy d'Arcangues. Elle était mannequin chez Chanel, dans la fameuse cabine mondaine. On trouvait sur la piste de danse aussi d'autres splendeurs, Vera Valdès et Bonbon Campos, la belle-sœur de Louis Malle. À côté de ces femmes du monde naviguaient les filles de Madame Claude, habillées comme des bourgeoises, en escarpins Chanel et robes imprimées d'Emilio Pucci assez moulantes. Elles défiaient parfois les futures égéries drogue'n'roll, dont Nico ou Anita Pallenberg.

« On couchait avec beaucoup d'insouciance parce que c'étaient les débuts de la pilule et qu'il n'y avait pas le sida, me confessa Bénichou. Il y avait une nouvelle génération d'amazones, de femmes libres. Si l'on compte par décennies et que l'on compare les femmes des années 50 à celles des années 60, ça n'a rien à voir. Dans les années 50, à Saint-Germain-des-Prés, les hommes se refilaient les numéros des deux filles avec lesquelles il était possible de coucher… complètement. »

Pierre Bénichou le fêtard était certainement l'un des plus crédibles pour m'évoquer le souvenir de cette nuit sans fin. On pouvait le rencontrer jusqu'à la fin de sa vie chez Castel et au Mathis où il allait « pointer » avec une ponctualité de chef de service « Nuit ». Lui et les siens vivaient avec l'idée romantique qu'il existait une sorte de fraternité de noctambules où se mêlaient des PDG, des artistes, des demi-putes, des écrivaines, des mondaines, des droguées.

« L'invention de la montre à quartz a changé la donne, soupira soudain Bénichou devant son café. Avec cette pile miracle, tout le monde se mettait à être à l'heure, alors qu'avant, pour ne pas aller se coucher, il suffisait de prétendre que sa montre s'était arrêtée. Les gens se mirent à se lever tôt, sur le modèle japonais. Plus personne ne voulut sortir en semaine. Puis ils ont tous voulu maigrir, se sont mis à moins manger, à moins picoler. La coupure a été opérée en 1968. Autant Mai 68 a libéré la jeunesse de certains tabous, autant ça a donné un terrible coup de vieux à ceux qui avaient 30 ans. La conscience politique les avait subitement disciplinés comme de bons petits soldats. Mai 68 démoda en quelques jours ce qui était un peu frelaté et charmant dans la vie nocturne à Paris. Après, ce ne fut plus jamais la même ambiance. »

Les années 60 avaient, il est vrai, commencé en 1958, au retour au pouvoir du Général de Gaulle, et s'étaient achevées en 1968 dans les fumigènes et le lancer du cube en granit. Le travail de sape de l'Histoire, cette tentative de destruction des mœurs et des mentalités poussiéreuses, est arrivé pendant une révolution avortée. Mai 68 a créé des comportements différents dans les rapports sociaux et a tapé dur sur les habitudes des mondains, des play-boys. On est entré dans le sérieux, avec une politisation de la jeunesse et une mise à l'écart des aînés. Le jeunisme a commencé à ce moment-là.

« Il est amusant, ironisait maintenant Bénichou, de constater que les mœurs dissolues ne peuvent s'épanouir que sous des régimes autoritaires. De Gaulle était parfait pour ça. Tout était carré, comme un lit de conscrit, donc on rigolait. »

Il avait rencontré Zouzou à ses débuts : « Elle avait connu une petite célébrité grâce à Lucovitch. Les hommes de plume et les photographes créaient alors des personnages de femmes extraordinaires pour vendre du papier. Il leur arrivait d'être séduits par ces jolies jeunes filles. Zouzou a été inventée de toutes pièces. On se disait que, peut-être un jour, elle connaîtrait la gloire. On a pris en quelque sorte les devants avec elle ! Son côté fleur des faubourgs nous changeait de la cabine Chanel. Quant à Dani, c'était une de ces mômes qui hantaient alors les nuits parisiennes. Elle essayait de chanter, faisait des apparitions au cinéma, mais semblait surtout perdue. Marianne Faithfull était en revanche l'égérie absolue, parce qu'elle avait ce côté extrêmement… extrême. Elle était plus décadente, plus folle que les autres filles. Elle a incarné mieux que quiconque la folie de Carnaby Street. La tendance, à la fin des années 60, était à la came, ces filles qui allaient au gré du courant sont tombées dedans la tête la première. La came correspondait à la mode de l'absinthe au temps des symbolistes. Mais le drame fut l'intrusion de la drogue dans la middle-class. Tant que les mondains ou trois malheureuses épaves se droguaient… »

Alejandro Jodorowsky : vie et fin de Catherine Harlé

Il m'avait d'abord reçu chez lui, à deux portées de canon de la Bastille, pour évoquer son autobiographie, mêlant le mime Marceau et les happenings « Panique », ses souvenirs d'une enfance magique au Chili, un pays venteux où, lorsque l'on savait prêter l'oreille, on pouvait entendre des voix étranges et surnaturelles. Nous avions aussi évoqué Leonora Carrington, qui m'avait transmis des paroles magiques que je conservais comme un talisman. Les révéler signerait l'arrêt brutal et définitif des battements de mon propre cœur, j'en étais convaincu, tout simplement parce qu'elle me l'avait dit. Jodorowsky avait souffert ces dernières années, mais il continuait de porter beau, le visage éclairé par un incroyable sourire où il n'y avait aucune fatuité, mais plutôt une grande sagesse. Ce diseur de belles histoires et de bonnes aventures au tarot m'avait aussi réconforté et apaisé à la suite d'un séisme sentimental en m'enjoignant de faire ce qu'il me demandait d'accomplir. J'avais écrit quelques mots avec une goutte de mon sang, m'étais branlé et versé des larmes dessus, puis j'étais allé deux ou trois jours plus tard brûler ce papier sur la tombe de ma mère, dans un cimetière du Berry.

Ma mère avec laquelle j'avais aussi vu *La Montagne sacrée*... Tout se tenait. Et Jodorowsky m'invitait à nouveau pour ressusciter une époque dont il fut l'un des acteurs enthousiastes. Il commença par évoquer la figure de Catherine Harlé, disparue il y a une quinzaine d'années.

« Je l'ai connue dans les loges de l'Olympia. J'étais dans la troupe du mime Marceau. Je tenais les pancartes sur lesquelles étaient écrits les noms de ses techniciens… Pour Catherine, je vais commencer par la fin. La dernière fois que je l'ai vue, son fils Nicolas est venu me dire : "Je crois que tu ne parleras plus à ma mère." Elle est morte le lendemain dans son lit, habillée en Tibétaine. C'était troublant, parce qu'elle semblait être en pleine méditation. Mais elle était bien morte. Et je me suis demandé pourquoi son fils voulait que je la voie ainsi. J'en reviens à l'Olympia. Le mime Marceau faisait la première partie de Charles Aznavour, qui ramenait un public populaire. Quand Marceau est apparu, les gens n'ont rien compris et ce fut un bide. Marceau était assis sur le lavabo de sa loge. Il bavait de colère. J'ai essayé de le calmer, mais c'était impossible. Personne n'y arrivait. Une femme que personne ne connaissait s'est avancée vers lui. Elle avait les cheveux bouclés, teints en jaune. Je l'ai bien regardée, et j'ai trouvé qu'elle ressemblait à Harpo Marx. Je me suis levé et je me suis incliné devant elle, sans dire un mot. Elle s'est alors dirigée vers moi et m'a proposé de m'emmener chez elle, dans une maison près de Versailles. Je me suis retrouvé dans une vaste demeure avec une grande bibliothèque et des pièces remplies de plantes. J'étais très beau à l'époque, et Catherine m'a pris comme amant dès la première nuit. J'étais heureux. Je pouvais prendre des bains, alors que j'étais si pauvre que je vivais dans une chambre de bonne sans eau courante. Catherine me nourrissait. J'étais payé l'équivalent de trois euros par jour, ce qui me maintenait à peine en vie. Chez elle, il y avait plein de livres d'ésotérisme. Je m'habillais toujours en cuir noir, depuis que j'avais vu un film d'Elvis Presley, descendu évidemment par les critiques de cinéma. J'avais décidé de m'habiller comme Elvis. D'être Elvis. Catherine buvait des litres de jus de tomate toute la journée et ça me déprimait. Alors je suis parti au bout d'un mois. Son fils Nicolas est resté marqué par mon passage. Il s'est mis ensuite à fabriquer des costumes en cuir pour des films. Catherine voulait que je revienne, mais je n'en avais plus envie. On est restés amis. De très grands amis, même. Elle était d'une extrême finesse. Je ne l'ai plus vue pendant un certain temps, jusqu'à ce qu'elle ouvre son agence de mannequins passage Choiseul. Comme elle m'aimait beaucoup, elle a accepté de se désintoxiquer du jus de tomate et de passer au champagne, tellement meilleur pour la santé. Elle me prêtait sa maison du passage Choiseul, quand elle partait en vacances. C'est là que j'ai fondé Panique avec Topor et Arrabal. Il y avait du champagne qu'avait commandé en grande quantité Catherine, alors je saoulais mes copains. Ils étaient si pauvres qu'ils utilisaient à tour de rôle la baignoire de Catherine. J'allais déjeuner avec elle et je découvrais ces filles sublimes qui passaient la voir, Nico, Anita Pallenberg, Amanda Lear, Patti Boyd, Anna Karina, Margaret Clémenti, la future astrologue Elisabeth Teissier… Il y avait aussi de beaux garçons qui lui tournaient autour. Elle était superbe, mais ne voulait pas s'attacher, alors elle cueillait les hommes qu'elle voulait. Elle était libre et elle en profitait. Mais elle était comme une mère pour ses filles. Parmi celles-ci, je n'ai jamais oublié la présence magnétique d'Amanda Lear. On a raconté beaucoup de conneries sur cette femme douée d'un pouvoir de séduction hors du commun. Amanda m'a aidé lorsque j'ai essayé d'obtenir Dalí pour jouer l'empereur fou de la galaxie dans *Dune*. Je me souviens de l'avoir accompagnée à un dîner à Barcelone où était présent Pasolini. Il avait été chargé de remettre à Dalí la médaille de la Crevette. On avait décidé que l'on dégusterait de grosses crevettes rouges dans un plat énorme. Dalí les décortiquait avec une grande dextérité. J'étais à sa droite. À sa gauche, il y avait Amanda Lear et, en face de lui, Pasolini, qui voulait que Dalí lui cède gratuitement l'autorisation de reproduire *Le Grand Masturbateur* pour son prochain film. Chaque fois qu'il revenait à la charge, Dalí répondait "5 000 dollars", en avalant une crevette. Pasolini insistait. Et ça a duré jusqu'à ce que Dalí ait fini de manger. Et Pasolini est reparti bredouille dans la nuit.

J'ai vécu sans me soucier des lendemains, mais je me souviens de ma pauvreté extrême. J'avais alors comme amie une mignonne qui tenait le vestiaire au Club Saint-Germain et me faisait entrer gratuitement. Au moins, là, je pouvais me réchauffer ! Je me souviens avoir dansé des heures à côté d'un type qui était aussi bon que Fred Astaire, et qui s'appelait Jean-Pierre Cassel. »

Jodorowsky reçut enfin l'argent que lui devait le mime Marceau depuis un bout de temps. Avec une partie de la somme, il organisa un énorme happening à Paris, en mars 1965, dont quelques vieux se souviennent encore. Il avait engagé pour l'occasion les filles de l'agence de Catherine Harlé. Les années 60 résonnaient désormais en lui comme des « années mortes », comme si la faim, en dépit de ses belles rencontres, rôdait à nouveau à la porte de son appartement où ne manquent que les bobines de ses films, dérobées par un « gangster », un producteur « véreux » qui arnaqua aussi les Beatles.

Champagne on the rocks

« Amanda était mannequin chez Catherine Harlé. Elle était spécialisée dans les dessous, parce qu'elle avait de très gros seins. » Michel Taittinger me déballait tout, sans nostalgie. Il se contentait de dérouler affablement la pelote de son existence. Engoncé dans un costume de belle coupe, le cheveu un peu long et las, en souvenir du temps où ce jeune homme alors svelte adoptait la coupe Yardbirds en dépit de ses idées d'un autre bord. Cet héritier était très à l'aise dans son intérieur de grand bourgeois aux tentures lourdes, aux meubles de famille pas très fun, assis devant ses armées de soldats de plomb alignés comme à la parade, sous la grande photo ornant l'un des murs du salon : les Beatles et lui-même au studio d'Abbey Road en plein enregistrement de *Sergeant Pepper's*. Double et trouble. Sympathique, volubile.

Il avait grandi sans trop savoir que faire de son existence légère de bulle de champagne, avant de se retrouver à 16 ans à traîner avec la bande du Drugstore. Ces minets se retrouvaient devant l'hôtel Astoria, avant qu'il brûle. Ils avaient alors émigré devant le « Drug' » des Champs-Élysées, déjà évoqué par Boris Bergman et Zouzou. Un rassemblement assez éclectique de « voyous » dandys qui venaient de diverses bandes, telles que celles du snack Saint-Lazare, de la Trinité, de la Muette. Celle de la Trinité, plus prolétaire, comptait des jeunes comme Jacques Dutronc et Eddy Mitchell, celle de la Muette n'acceptait que la jeunesse dorée du XVIe. Quant à la bande de la Bastille, elle inspirait de loin le respect aux minets griffés Renoma, parce que ses méchants membres en Perfecto n'hésitaient pas à venir les provoquer et jouer du surin. Le noyau dur de la bande du Drugstore était formé d'une quarantaine de jeunes garçons dont le « commissaire artistique », Jean-Paul Goude, avait établi un code vestimentaire qui imposait le port des marinettes. Il avait trouvé un vieux tailleur qui réalisait les costumes qu'il dessinait. Tous les garçons, comme Taittinger, portaient des redingotes, des pantalons légèrement pattes d'éléphant et, dès 62, des cheveux longs, bien avant les Beatles. Certains gentils membres de la bande du Drugstore allaient devenir célèbres. Les coureurs automobiles Jacques Laffitte et Jean-Pierre Jabouille, le journaliste de radio Jean-Bernard Hebey, le réalisateur Benoît Jacquot… Quant à ceux, un peu plus âgés, que l'on surnommait les « post-zazous », ils se retrouvaient dans le quartier des Champs-Élysées, à La Belle Ferronnière, le café des dandys roulant en Facel Vega et des beaux garçons de *Marie Claire* et de *Paris Match*, l'hebdomadaire que Georges Pompidou comparait non sans raison à « un bordel pour femmes ». L'immeuble du groupe Prouvost était juste à côté.

C'est pendant un rassemblement informel de la bande du Drugstore que Taittinger avait rencontré Zouzou. Elle allait bouleverser sa vie.

« Égérie sublime dès 1962 ! L'égérie totale ! s'enflamma-t-il soudain. J'ai été ébloui par Zouzou dès que je l'ai vue. Elle était androgyne, avec une manière de s'habiller, une attitude qui n'appartenait qu'à elle. Rencontrer une Martienne ne m'aurait pas fait plus d'effet. Mais, quand j'y pense, elle avait des tas de talents qu'elle n'a pas exploités par manque d'ambition. La plupart de ces filles, Anita Pallenberg, Zouzou, Tina Aumont, Caroline de Bendern – je mets Amanda à part, car elle était moins velléitaire et moins indolente que les autres –, se sont amusées comme des folles pendant une quinzaine d'années. Je ne mets pas Dani dans la même catégorie, c'était un clone de Zouzou un peu provincial. Quand je l'ai rencontrée, elle venait de débarquer à Paris, amenée par Jean-Jacques Debout qui l'avait rencontré chez Graule, le magasin de chaussures de ses parents à Perpignan. Zouzou, elle, n'a jamais utilisé, comme la plupart des filles, les mecs qu'elle a connus. Elle était portée par des affections. Quand elle m'a quitté, j'ai été choqué, car j'étais sous son emprise. »

Taittinger et ses amis de la bande du Drugstore avaient fini par émigrer dès 1966 Rive gauche. La rue Saint-Benoît prit des airs de via Veneto époque *dolce vita*. En même temps commençait l'aventure Castel, où Taittinger passa quinze ans de ses nuits.

« Je trouvais le Régine trop BCBG. Le Club Saint-Hilaire était carrément ringard à nos yeux. Plus rock et plus jeune, le Rock'n'roll Circus, rue Jacob, était un endroit formidable. C'est là que Jim Morrison a fait son overdose avant qu'on ne transporte son corps en douce chez lui dans le Marais. Mais le top, c'était Castel. Un melting-pot incroyable, avec des écrivains, des comédiens des avocats, des rock-stars, des hommes politiques, des artistes... Amanda, Zouzou, Anita y traînaient souvent, comme des collègues qui se retrouvent après le boulot.

— Étaient-elles aussi copines que ça ?

— Je n'en suis pas certain, cela dit il y avait une espèce de sentiment d'appartenance à un groupe. Il n'y avait pas de règle, mais, comme c'étaient des cercles minuscules, on croisait les mêmes personnes partout. »

Taittinger avait connu Nico avant qu'elle ne soit avec Garrel, à l'époque où il vivait avec Zouzou. Il voyait aussi Patti Boyd cuvée Harrison. « Elle était dans le moule de toutes les filles de cette époque. Blonde avec une frange, une minijupe Mary Quant. Mais, à mes yeux, la plus belle de cette bande franco-anglaise était Phyllis Major. J'aimais aussi beaucoup Anita. Je la trouvais fascinante parce qu'elle avait un sourire magnifique et une âme diabolique.

— *Let me introduce myself (Whoo whoo)...*

— Keith avait racheté la Mercedes de Goering et se baladait dedans avec les fanions. C'était juste de la provocation puérile. Après tout, les Hell's sont bien couverts de croix gammées... Quand j'ai rencontré Anita, elle avait une histoire à trois avec Cammell et sa girlfriend Deborah Dixon. Donald était un grand destructeur. Il traînait tout le temps chez Castel, entouré de filles somptueuses. »

Taittinger se mit comme les autres, mais modérément, aux pétards. Jamais à l'héroïne.

« C'est une drogue vraiment liée aux seventies, avec les conséquences dramatiques que l'on sait : overdoses en série dans le milieu et séropositivité pour beaucoup parce que les gens se piquaient tous avec la même aiguille. Quant à la politique, elle a surgi d'un coup. Il y avait eu des signes avant-coureurs, l'occupation de la Cinémathèque après le renvoi de Langlois... mais rien de sérieux. Avant 68, nous étions très peu politisés. J'avais moi-même adopté une espèce de rock-attitude teintée de fausse provocation, dans le genre anticonformiste conformiste, qui me faisait passer pour un fasciste. »

Charles Matton avait fait entrer à *Salut les copains* ce bourgeois désœuvré. Taittinger eut le sentiment de se retrouver soudain à l'avant-garde de tout ce qui se passait puisque la rédaction en chef le chargea du rock anglo-saxon. Ce mouvement, si incroyable que ça puisse paraître, n'intéressait personne dans la bande de Filipacchi, aimantée par les pathétiques yéyés. Taittinger allait ainsi découvrir les Stones avant leur tout premier album (avec Ian Stewart aux claviers, avant qu'il ne soit mis sur la touche par Andrew Loog Oldham). On l'envoyait à Londres écouter les Who, les Small Faces, les Kinks, les Pretty Things, les Moody Blues, Donovan, à leurs débuts.

« J'ai copiné avec les musiciens anglais. Je leur servais de guide quand ils débarquaient à Paris. Le plus cocasse, ce fut la tournée des boîtes avec les parents de George Harrison. Il m'arrivait souvent de raccompagner à Orly Brian Jones ou certains des Beatles dans ma vieille Volkswagen. »

Antenne 2 avait proposé à Taittinger de participer à une nouvelle émission sur le rock'n'roll baptisée *Boutons rouges*. Il engagea Just Jaeckin et Philippe Garrel pour filmer des concerts de Hendrix et des stars de cette envergure, qui n'étaient même pas payées. Garrel tourna la moitié des sujets. Il put réaliser son premier film grâce à la pellicule dérobée à Antenne 2. Il avait réuni Polnareff, Zouzou et les Pink Floyd dans une église. Et cela donna un truc incroyable. Tout se passait sans agents, sans avocats. Il n'y avait même pas de copyright. Ces trésors sont aujourd'hui déposés à l'INA. *Rest in peace*?

« Garrel est tombé sur Sylvina Boissonnas, qui finançait ses copains dans la dèche. Beaucoup ont vraiment abusé. Ils empochaient une avance pour de prétendus tournages et restaient à l'hôtel à se défoncer. Elle m'a projeté un jour un court-métrage réalisé par son amant de l'époque, où elle apparaissait nue au fond d'un puits. On lui jetait des ordures dessus. »

Taittinger repartit pour Londres. Il fut invité pendant deux semaines dans les studios d'Abbey Road pour l'enregistrement de *Sergeant Pepper's*.

« J'étais copain avec Eric Clapton, Jimmy Page, Brian Jones et Mick Jagger, le seul que je vois toujours. J'aimais bien Brian Jones. Il n'avait jamais un rond, mais adorait faire la tournée des grands-ducs : Castel, Régine, le Bilboquet. Brian Jones est le vrai créateur et l'âme des Stones première manière. Il m'impressionnait vraiment avec son look de Brummell déjanté. C'est Giorgio Gomelsky, le pivot de la scène anglaise naissante, qui a découvert les Stones. Un personnage très flamboyant, à la Pavarotti, d'origine russe et francophile, qui descendait de Raspoutine. Et c'est, comme vous le savez, Andrew Loog Oldham qui les lança. Il fut évincé par le terrifiant Alan Klein, qui a failli tuer les Stones en leur piquant leur fric. Il a ensuite sévi chez les Beatles… Le très honnête prince Rupert Loewenstein est heureusement arrivé et a remis les Stones d'aplomb. Autre personnage de légende que j'ai bien connu, le producteur Robert Stigwood, qui avait toujours autour de lui une bande de petites folles. Il avait une Rolls blanche et un chauffeur en uniforme blanc : veste croisée, casquette, culotte de cheval avec des bottes… Il choisissait toujours des blondinets, avec des gueules de gouape à la Rod Stewart… Dans son hôtel particulier de Londres, on croisait toutes les rock-stars, mais jamais beaucoup de filles. »

Les groupes voulaient aller chez Castel après leur show. Taittinger les accompagnait parce qu'il savait que Jean Castel n'en avait rien à foutre de leur notoriété et qu'il pouvait tout aussi bien les jeter. Ils entraient grâce à lui. Il débarqua un soir avec les Kinks au cours d'une fête pour une marque de vodka. Castel avait transformé la boîte en ferme de l'Oural. Il y avait de la paille partout, des poules, des cochons, des Tsiganes, de la vodka…

« Les frères Davies ont été ramenés à l'aube sur des civières… Un habitué des lieux, habillé en soldat tsariste, était tellement imbibé de vodka qu'il fut jeté dans un taxi et envoyé… à l'ambassade soviétique ! »

Une semaine après, les Who passaient à l'Olympia, et Keith Moon avait demandé à Taittinger de les emmener, après leur set, dans la boîte où l'on buvait « entourés de poules et de cochons ».

« Parfois, je devais intervenir pour faire entrer les musiciens. Une nuit, le portier est venu me chercher en me disant qu'il y avait un moustachu qui prétendait être un Beatle. C'était Paul McCartney. Un autre soir, après un France-Galles au Parc des Princes, les rugbymen français s'étaient retrouvés comme souvent chez Castel pour une troisième mi-temps. À un moment, le colossal Walter Spanghero souleva le minuscule Brian Jones pour lui couper les cheveux. Il hurlait : “Mais qu'est-ce que c'est que cette gonzesse ? Apportez-moi des ciseaux !” Tout se passait dans une franche rigolade. On ne ressortait jamais de chez Castel avant 7 heures du matin. Je dormais trois heures, et j'allais bosser à *SLC* vers 11 heures. Je ne sais pas comment je faisais pour tenir. Durant l'été 1964, j'ai vu souvent Peter O'Toole, qui nous rejoignait tous les soirs en sortant du tournage de *What's New Pussycat?* Il quittait la boîte au petit matin et allait tourner sans dormir. Il était accompagné d'un acteur irlandais tout petit, très méchant et tout le temps pété. À partir d'un certain nombre de verres de whisky, Peter se jetait sur toutes les femmes, même sur celles qui étaient accompagnées. Un soir, il a mis la main aux fesses d'une bourgeoise, son mari s'est interposé, mais Peter l'a descendu aussi sec d'un coup de poing. Castel a alors demandé à ce qu'on le foute dehors. Les serveurs ont dû se mettre à six pour l'éjecter. Peter a continué à se jeter la tête la première contre la porte pour essayer de la défoncer. Un habitué, un décorateur en vogue, a proposé d'aller le calmer. *“What's going on? What can I do for you?”* demanda-t-il avec une exquise courtoisie. En guise de remerciement pour l'aide proposée, Peter lui expédia une droite fatale. L'homme s'évanouit sous le choc, la mâchoire cassée net. Exit le décorateur. Peter était un sacré gaillard. »

Taittinger a rencontré Hendrix dans un studio d'enregistrement londonien alors qu'il venait de mettre en boîte sa version de *Hey Joe.* Dans les années 60, on enregistrait sur deux ou trois pistes maximum, mais les musiciens étaient si bons que, même avec un matériel moins sophistiqué qu'aujourd'hui, cela donnait des trucs meilleurs que la plupart des morceaux qui se font maintenant sur mille pistes. Hendrix portait cette nuit-là une flamboyante veste de hussard napoléonien. Au petit matin, Taittinger et le guitariste prodige regagnèrent le Cumberland Hotel, où était aussi descendu le photographe Jean-Marie Périer, pour faire un portrait de Jimi. Périer prenait son petit déjeuner, et le musicien avait dû patienter sur le trottoir, parce que le portier ne voulait pas le laisser entrer. Comme la table de Périer donnait sur la rue, il demanda à Taittinger: « Mais qui est ce mec pas possible que tu m'amènes encore? – C'est un des plus grands guitaristes de rock, un pur génie, il vient d'enregistrer *Hey Joe*, et je te parie que ce mec va faire un tabac. » Pari gagné: lorsque le disque est sorti, il est rapidement devenu numéro un partout dans le monde.

Taittinger avait pour mission d'amener à Périer les groupes ou les musiciens. Chaque fois, Périer avait un doute, mais, quinze jours plus tard, ces types étaient dans les charts. Pour Hendrix, il avait décidé de faire une photo dans le métro, sur un quai désert. Six mois plus tard, Taittinger suivait une tournée de Hendrix en Allemagne, à Hambourg, Francfort, Cologne ou Düsseldorf, dormant dans des hôtels minables.

« Je n'avais même pas de valise. On me demandait de porter les guitares. Jimi jouait dans de grands clubs. Le huitième jour, on était tellement explosés de fatigue que j'ai dormi pendant tout le concert, appuyé contre le mur d'amplis Marshall. Malgré les coups de tonnerre! C'est l'époque où Hendrix a été le meilleur. Je l'ai revu ensuite lorsqu'il habitait chez Eric Burdon, une bicoque dans Chelsea. Il avait accroché des tentures hindoues dans sa chambre, alors que Burdon, lui, préférait d'autres drapeaux d'un genre plus sulfureux. Londres, c'était La Mecque, sauf peut-être pour les boîtes. La France n'était en avance pour rien, mais c'était la France. Les boîtes anglaises n'ont jamais eu la classe et le délire de Castel. Il a régné en France une grande insouciance jusqu'en 1968. J'ai vécu Mai d'une manière comique. J'étais d'extrême droite et membre du GUD à Sciences Po, mais je portais les cheveux longs et je fumais des pétards, alors mes "alliés" me traitaient de pédé. Dans le genre comique, il y avait la cellule communiste de Castel, avec Jérôme Kanapa, Siné, Jean-Daniel Simon… Mes copains de bamboche, comme Pommereulle ou Philippe Leroy, se sont mis à faire des affiches à l'atelier des Beaux-Arts. Avec nos voitures de sport, nous allions les coller la nuit. Des affiches "CRS SS", vous voyez le genre ! Leroy, qui a été ensuite marié à Agnès b., était un peintre et un dandy extraordinaire. Je l'idolâtrais. Il portait des gilets bretons, des cheveux très longs. Il avait une dégaine hallucinante, des idées d'ultragauche aux antipodes des miennes, mais la fraternité de la nuit et de l'alcool nous réunissait. Il avait alors le béguin pour Emmanuelle, la fille du chef de cabinet de Christian Fouchet, le ministre de l'Intérieur d'alors, ce qui est plutôt comique quand on songe à la situation quasi insurrectionnelle de l'époque. Ce qui l'a moins été, ce fut la fin sordide de cette fille ravissante. On l'a retrouvée quelques années plus tard, assassinée, les yeux posés dans une soucoupe. »

Avec Emmanuelle et Philippe Leroy, Taittinger avait formé un trio prêt à en découdre pendant l'insurrection. À l'Odéon, on montait la garde en costumes de théâtre, avec des casques grecs en carton vissés sur la tête. Les combattants de la nuit finissaient invariablement chez

Castel. Des grenades lacrymogènes ont même atterri une nuit sur la piste de danse de Régine. Quand les flics leur tombaient dessus, Emmanuelle Fouchet les sortait de ce mauvais pas en hurlant : « Mais enfin, je suis la fille du chef de cabinet du ministre de l'Intérieur ! Laissez-nous tranquilles ! » Les CRS s'excusaient en disant : « Nous ne savons plus qui est qui ! »

Taittinger essaya de prolonger la fête en s'inventant des chimères. Il voulut créer quelque chose qui posséderait un peu de la magie des Stones, mais à la française. Les Variations, qu'on présentait comme les Stones français, n'eurent pas le succès escompté. Et puis, Taittinger s'en souvenait comme si c'était hier, tout se termina sur un trottoir pluvieux de mars 1972. Il assistait à l'enregistrement d'un *Musicorama* avec une « sensation » du moment, mais tout le monde était sorti au bout de trois morceaux.

« C'était la fin. Nous avions décroché. Ce que nous avions aimé, ce que nous avions été, était vraiment mort et enterré. »

Tenebrae factae sunt

Pascal Aubier était le contraire exact de Michel Taittinger. À gauche et ruiné. Mais lui aussi était très coopératif et assez précis dans les souvenirs. Héritier d'une dynastie d'éditeurs, il avait eu de l'argent, qu'il avait cramé pour produire ses propres films. Il avait levé le poing dans les manifs, levé le camp pour acquérir une vieille Rolls en Angleterre, car il n'était pas à une contradiction près. Aubier était inscrit au Parti communiste et, sans être hyperactif, avait été impliqué depuis la guerre d'Algérie, en commençant par donner des coups de main à ses copains algériens du FLN. Le premier divorce était arrivé avec la guerre du Vietnam, lorsque les trotskistes avaient décidé que leur ennemi, ce n'était pas le capitalisme, mais le PC français. Après, il y a eu les maoïstes comme Godard, dont il avait été l'assistant et qui lui répétait : « Pascal, t'es un sale con. Je ne veux plus te parler. Tu es révisionniste. »

« Aucune des égéries sixties n'avait un pied dans la mouvance d'extrême gauche, m'affirma Aubier, qui m'avait reçu dans son appartement en face du Luxembourg. J'ai connu Zouzou par José Varela, qui lui donna un petit rôle dans un court-métrage. Michel Portal jouait du saxo et elle devait lui apporter un truc et s'en aller. Varela lui avait demandé de danser le twist. Moi, je ne savais pas qui c'était, et je m'en foutais un peu. Elle était très jolie. Elle avait surtout une gueule formidable.

On est devenus copains assez vite. Anita Pallenberg, je l'ai rencontrée chez Mijanou Bardot, dans le Midi. Elle me faisait peur, dans le genre Italo-Allemande, extrêmement flippante. Elle était pulpeuse, mais je trouvais qu'elle incarnait la mort.

— Vous semblez préférer la figure solaire de Marie France…

— De loin. Une fille extraordinaire ! Elle était discrète dans sa façon de s'habiller. Elle portait des petits chandails, des chaussures plates, des jeans. Elle avait les cheveux courts. C'était une fille, il n'y avait pas d'équivoque possible.

— Et vous avez pu garder le nez propre ?

— Je me souviens d'une discussion à ce sujet avec Bernadette Lafont. Nous étions persuadés de ne jamais tomber dedans, parce que nous étions dans la vie, résolument, et que la mort ne nous intéressait pas. Les junkies ont un côté mortifère. Pour avoir une idée du Paris underground de ces années-là, il suffit de regarder *Les Idoles*, un film nullissime qui a un seul mérite : il réunit tous les acteurs et les figurants qui sont, depuis, morts d'overdose… On devrait le rebaptiser *Le Grand Cimetière*. Nous n'avions pas d'interdit majeur. Lorsqu'on a commencé à baiser, les filles craignaient d'être enceintes… Mais elles avaient surtout peur de se faire dépuceler. Du coup, toutes les filles de la grande bourgeoisie se laissaient sodomiser. Et celles qui se laissaient baiser se faisaient recoudre l'hymen. »

Aubier avait des tonnes d'histoires dans ce genre. Il avait réalisé un documentaire sur le Bus Palladium, à l'époque où ce club avait ouvert sur les décombres de L'Ange Rouge, une boîte de tango. Les patrons avaient eu l'idée de remplacer les vieux musiciens argentins par un groupe anglais, les Ingoes, une pâle copie des Beatles, qui jouait dans le même décor vieillot. La clientèle habituelle, un peu désemparée, se mêlait à la jeunesse. Tout ce monde essayait de danser comme les Anglais. Comique à contempler et si amusant que Pascal Aubier décida d'en faire un film. Ce sera *Tenebrae factae sunt*. Avec en figurants les types de la bande des Batignolles, des blousons noirs soft, encore gamins, qui venaient pour danser, mais finiront par éjecter les mamies tango. Aubier et ses amis amenèrent, de leur côté, Dalí et tout le tremblement. Le Bus Palladium devint un endroit à la mode. On y trouvait aussi bien l'éditeur Raphaël Sorin que les sœurs Breillat, Catherine et Marie-Hélène, avec qui Aubier prenait des cours de russe.

« J'étais alors assistant de Godard sur *Masculin Féminin*, après avoir travaillé sur *Pierrot le fou* l'été précédent. Marie-Hélène Breillat avait remporté le premier marathon du monkey, une danse à la con, lancé par un chanteur à la con, qu'interprétaient Anna Karina, Samy Frey et Claude Brasseur dans *Bande à part*. Dans ce marathon, les gens n'avaient plus besoin d'être dans l'alignement, comme cela se faisait à l'époque, pour le be-bop ou le rock. On était loin de *On achève bien les chevaux*, mais les prix étaient attractifs. Personne n'avait d'argent, et celui qui gagnait avait une année de bouffe devant lui ! Cela avait duré 24 heures. »

Aubier allait souvent à Londres, avec Kalfon et Schuhl… Ils avaient débarqué un soir dans une boîte où les Animals se produisaient. Pendant les pauses, les musiciens laissaient leurs amplis allumés, et ceux qui voulaient se faire remarquer des producteurs présents avaient le droit de tenter leur chance en empruntant les instruments le temps d'un titre ou deux. Un grand type avec un chapeau melon vissé sur le crâne était monté sur la scène, avait emprunté une guitare et commencé à jouer sans que personne y prête vraiment attention. Mais, tout d'un coup, ce furieux avait commencé à bouffer sa guitare et à faire avec des trucs hallucinants, comme s'il tenait un cobra dans ses mains. Johnny Hallyday était présent ce soir-là. Il avait demandé à Aubier d'expliquer à cet inconnu qu'il voulait le prendre dans son groupe. Ce type, c'était Hendrix. Il l'avait accepté en première partie d'une série de trois concerts avec Polnareff au piano.

« Une bande importante des années 60, avait tenu à ajouter Pascal Aubier, c'était celle de la villa du parc Montsouris, la maison louée par Kalfon et Valérie Lagrange. Un lieu qui fut le théâtre d'une histoire tragi-comique. Elle avait été habitée auparavant par des gens qui avaient dû faire de l'argent pendant la guerre. Kalfon avait trouvé dans la cave des bobines de film en 16 mm que nous avions projetées à l'aide de mon vieux projecteur. On y voyait une petite fille en robe de communion qui n'arrêtait pas de sauter dès que la caméra venait sur elle. Son père devait lui dire : "Le cinéma, ça bouge, alors bouge !" La mère sortait ses fourrures, ça devait dater de 1947 ou 1948. Il y avait aussi un garçon très bizarre. Un jour, en pleine fête, quelqu'un sonne à la porte. C'était l'ex-petit garçon du film. Il sortait d'un asile psychiatrique et voulait récupérer sa maison, dont il ignorait la vente. Comme nous étions tous défoncés, nous ne comprenions rien à ce qu'il nous racontait. Il devait nous prendre aussi pour des échappés de Sainte-Anne. Des infirmiers sont venus le chercher. »

Ce que j'ai aimé, ce que j'ai gardé ou non, je l'aimerai toujours

« Les larmes inapprivoisées de l'enfance murmurent toute la vie. » Je me récitais cette phrase d'André Dhôtel que Jean-Claude Pirotte m'avait lancée une nuit dans un bar de Namur. Nous buvions à l'ombre d'un gros insecte de pierre, la cathédrale où Baudelaire avait eu son attaque. Je savais pourquoi ces mots résonnaient ainsi en moi. La femme qui m'avait mis au monde ressemblait à celle qui se trouvait maintenant en face de moi et qui avait disparu il y a une quinzaine d'années, encore assez jeune, mais vieille d'avoir usé et abusé. La dernière fois que je l'avais vue, si maigre et tremblante, perdue en haut de l'avenue des Champs-Élysées, comme un épouvantail décharné sous ses cheveux de paille. Des passants riaient et j'avais pataugé dans ma honte comme dans une grande flaque noire. Je n'oublierai jamais ces bouches de crachats invisibles. Deux jours plus tard, elle avait cessé de respirer pour entrer dans une nuit à laquelle elle aspirait, mais qu'elle redoutait chaque soir lorsque le jour se détachait entre les crêtes de pierre. Il me semblait que ma venue à Londres n'obéissait pas seulement au souhait de mon journal, mais à autre chose, de plus souterrain. La destruction et la mort qui virevoltent à chaque page racontent aussi cela.

Noire comme une blonde

« I saw her today at the reception
In her glass was a bleeding man
She was practised at the art of deception,
I could tell her by her blood-stained hands
And you can't always get what you want, honey
You can't get what you want. »
JAGGER/RICHARDS

Anita grillait une américaine, et un pâle soleil polissait la blancheur de sa denture refaite. Le photographe Dominique Tarlé avait organisé le rendez-vous. Il prenait des photos en passant et me racontait aussi ce qu'il avait connu, lui, le gamin de Paris, ébloui par un concert des Beatles en 1964 à l'Olympia. Photographe des Kinks, des Yardbirds et de toute la clique.

La chance qu'avaient eue de jeunes gens comme lui, c'était d'être seulement à une grosse demi-journée de Londres. Les Français y allaient et en rapportaient une attitude, un mode de vie réservé à une élite. Pour ceux qui ne pouvaient pas se payer le voyage, il restait l'Olympia et la Locomotive. Les passerelles pour Londres. Mais, au bout d'un moment, ça ne suffisait plus, il fallait aller voir sur place. Il se passait des choses là-bas qui n'arriveraient jamais en France ! Le vendredi soir, les gens prenaient le train, le ferry et le train encore jusqu'à Londres avec retour en fin de week-end. L'Angleterre avait réinventé le rock. Les rockers étaient des Blancs « dégénérés » qui avaient le courage de jouer une musique de nègre. Au début des années 1960, le rock avait pratiquement sombré aux États-Unis. En Angleterre, en revanche, c'était le début d'une marche triomphale. Avec leurs indemnités de chômage, les gosses sans emploi avaient assez d'argent pour s'acheter des guitares et des amplis. Et Londres était l'une des villes les moins chères d'Europe…

Anita? Keith disait d'elle, avec un brin d'admiration mêlée à de l'inquiétude: *"The first to get laid, the last to get paid."* La première à se faire sauter, la dernière à se faire payer… Indifférente, contrairement à tant de filles pullulant dans les lits de rock-stars, au montant du compte en banque. La première fois que je l'ai vue, précisait Tarlé sans lâcher son appareil-photo, c'était pendant la tournée d'adieu des Stones en Angleterre. En 1971, juste avant qu'ils s'exilent dans le sud de la France. On ne les imaginait pas entourés de gosses, pourtant ils s'en occupaient comme n'importe quels parents avant d'entrer en scène. Tout à coup, quelqu'un arrivait et criait: "Ça y est, les mecs. Vous pouvez y aller!" Ils montaient sur scène et jouaient. Anita se baladait dans les coulisses avec son petit garçon, Marlon, âgé d'un an et demi. Une fille bien. Tant que vous ne cherchiez pas à profiter d'elle, elle se conduisait normalement.

On l'oublie trop, mais Anita Pallenberg avait eu une vie avant les Stones. Dieu merci! Née en 1942 à Rome, elle descendait d'une lignée de Suisses allemands venus en Italie pour perpétuer le rêve romantique de Goethe. Peindre, écrire et se cultiver. Petite, elle apprit à marcher sous les bombes avant d'être placée dans une pension allemande, mais refusa de parler la langue de Kleist parce qu'elle se considérait comme italienne. Quant au français, qu'elle maîtrisait bien, elle l'avait appris à Paris lorsqu'elle était devenue mannequin. Elle avait grandi avec sa sœur dans une atmosphère cultivée où on lui enseignait les bases de la musique classique. Son père était un bon pianiste. Elle-même jouait du violoncelle, sa sœur de la flûte. Comme il n'y avait pas de télévision ni de radio à la maison, la musique était la seule forme d'évasion et de distraction. Mais, à l'adolescence, elle découvrit le rock'n'roll et s'était mise à écouter en boucle *Blueberry Hill* de Fats Domino. Bientôt elle se retrouva mêlée à la *dolce vita* qui illuminait la nuit romaine. Bill Willis me l'avait décrite à cette époque-là. D'une beauté insolente. Déjà fêtarde. Déjà prête à tout ou presque.

Venue à Paris, après un séjour new-yorkais avec son petit ami, le peintre Mario Schifano par lequel elle rencontra Jasper Johns et Andy Warhol, Anita avait été repérée par Catherine Harlé et posa pour Jean-Loup Sieff, Guy Bourdin, et un tas d'autres photographes. Avec son premier cachet, elle s'offrit un blouson en peau de serpent. Sa découverte du British boom avait eu lieu à Paris en 1964 lors du premier concert des Who à La Locomotive. Elle avait adoré leur show. Le gérant de La Locomotive, l'acteur André Pousse, m'avait raconté deux mois avant sa mort, dans un salon provincial d'un hôtel de la Rive droite, ces embrasements d'amplis qui évoquaient un peu le Blitz londonien avec ses piqués de Stukas. Les guitaristes de rock, Clapton, Page, Beck, Mariott, avaient d'ailleurs beaucoup emprunté au look des héros de la RAF, à leur façon de tutoyer les cieux, de planer avant de partir en looping, d'affronter le danger avec une mine tranquille de trompe-la-mort. La nouvelle bataille d'Angleterre se rejouait avec des amplis Marshall et des Telecaster. »

Tarlé avait lui aussi assisté au concert des Who. « J'ai été scotché par leur monstrueuse créativité, s'excite-t-il. Les Who ont été des pionniers, ce qui n'a pas été le cas des Stones, qui se contentaient de reprises. Eux avaient fait table rase du passé et reconstruisaient leur truc à leur façon. Les voir à La Locomotive fut un choc, peut-être aussi parce que le concert se déroulait dans une boîte de Pigalle. On sortait enfin des artistes du music-hall traditionnel. Un monde nouveau s'ouvrait. »

Une série de photos de mode va changer l'existence tranquillement déjantée d'Anita. Elle se rendait souvent à Hambourg. Ses amis allemands du milieu de la mode n'arrêtaient pas de lui seriner : « Les Beatles, c'est fini. Il y a un nouveau groupe fantastique que tu devrais écouter, les Rolling Stones. » Un jour de l'année 1965, alors qu'elle est à Munich pour son travail, à la fin de la séance de pose, le photographe lui lance : « Les Rolling Stones jouent ce soir dans une brasserie. Veux-tu venir avec moi ? » Elle accepte. Le groupe doit pourtant interrompre le concert parce que la salle est devenue incontrôlable. « Mick avait peur de se faire violer par toutes ces filles déchaînées. » Anita se débrouille pour se glisser dans les coulisses, poussée par l'envie de les rencontrer. Elle leur propose un joint. Pour me parler, Anita écrasa sa cigarette dans un cendrier.

« Ce n'était alors pas courant de fumer. Il n'y avait que les artistes d'avant-garde qui se roulaient des pétards, et les pauvres petits Stones ont été effrayés. Ils étaient clean à l'époque. Sauf Brian qui y avait déjà goûté. À leurs débuts, j'aimais leur musique parce qu'elle était encore authentique. Et leur mode de vie. Ce que j'appelle le style "gypsie". Gagner de l'argent et le dépenser aussitôt sans se soucier du lendemain. Enfin, je parle surtout de Brian et de Keith. Faire ce qu'on veut, être libre comme l'air. Moi-même, je vivais ainsi. Je partais en Espagne claquer le fric que me rapportaient les photos de mode. J'attendais d'être fauchée pour rentrer à Paris. Catherine Harlé m'appelait pour me dire que j'étais bookée pour telle ou telle séance, mais, si j'avais encore de quoi vivre, je ne bougeais pas le petit doigt. On passait sa vie chez

Régine et chez Castel. J'ai vécu pas mal de nuits avec une bande de filles fabuleuses. Nico qui était alors mannequin, Amanda Lear, Deborah Dixon et l'incroyable Zouzou. Je me souviens qu'une nuit, vers 3 heures du matin, on est sorties de chez Castel et on est parties directement pour Saint-Tropez. Ça se faisait beaucoup à l'époque. »

Entre Brian Jones et Anita Pallenberg, le courant passe immédiatement dans les loges munichoises. Ne craignant pas les superlatifs, elle avait qualifié devant moi de génial le petit Stones à la coiffure de toit de chaume, alors âgé de 23 ans.

« C'était le plus cultivé. Il parlait allemand, aimait Kafka comme moi et connaissait beaucoup de choses. Les autres avaient moins d'envergure. Et puis Keith, lorsque je l'ai rencontré, n'avait pas encore trouvé son style. Son physique était plutôt ingrat, avec ses grandes oreilles décollées et sa timidité maladive. Lorsqu'il ouvrait la bouche, c'était pour dire des horreurs, des grossièretés, comme s'il cherchait à se faire remarquer. Il n'était pas fréquentable. Je me suis installée avec Brian et nous avons vécu deux ans de passion très… caractérielle. Il me battait parfois. Jaloux, paranoïaque et maniaco-dépressif, ça faisait beaucoup pour moi. Je me souviens qu'un jour il m'a demandé de le travestir en Françoise Hardy, l'une de ses idoles. Il était sous acide et je l'ai maquillé et habillé en fille. Quand nous sommes partis pour le Maroc, tout s'est dégradé. J'ai dû le laisser à l'hôpital d'Albi, car il était malade, et j'ai continué le chemin avec Keith et Deborah. Elle nous a quittés à Barcelone et je me suis retrouvée seule avec Keith. Je commençais à flasher sur lui, mais j'ai accepté de tenter à nouveau quelque chose avec Brian lorsqu'il nous a rejoints à Tanger. Il s'est mis à débloquer sérieusement à Marrakech. À l'hôtel, il passait son temps à commander des tas de plats dans notre chambre et à me les balancer à la figure. Je commençais à avoir peur. Un jour, Keith lui a ordonné de me foutre la paix. Je suis tombée amoureuse de lui et nous sommes rentrés à Londres. Brian est reparti en passant par Paris, où il est resté quelque temps. Il allait très mal. Avec Brian, j'avais vécu une relation sado-maso, au propre et au figuré. Il fallait arrêter. Je ne l'ai pratiquement pas revu jusqu'à sa mort. Brian a été assassiné, sans aucun doute possible! On l'a retrouvé noyé, mais je suis certaine qu'il est mort comme Maurice Ronet dans *La Piscine*. Il avait organisé une fête chez lui, à Londres. Tout le monde était défoncé et bourré, et je reste persuadée que cela a dégénéré. Quelqu'un a dû s'amuser à maintenir la tête de Brian sous l'eau jusqu'à ce qu'il perde conscience. L'univers du rock est loin de l'image d'Épinal distillée par ses concepteurs. En privé, c'est souvent l'horreur. On ne le raconte jamais parce que ce n'est pas bon pour la légende, mais les musiciens ne s'aimaient pas trop. Ils se jalousaient. Les Stones, par exemple, n'aimaient pas du tout Led Zeppelin, surtout leur chanteur, Robert Plant. Celui-là, personne ne pouvait l'encadrer! »

On verra très peu Anita au cinéma, à cause de son dilettantisme irréductible et aussi parce qu'elle a détesté l'ambiance des tournages. Elle n'a fait que quelques films, mais avec de bons réalisateurs: Schlöndorff, Fassbinder, Ferreri, Roeg, Garrel. Et ça lui a suffi. *Vivre à tout prix, Barbarella, Le Berceau de cristal*. Dans *Performance*, elle partageait l'affiche avec Mick Jagger et James Fox. Et même le lit du premier. La rumeur prétendait que les scènes d'amour n'étaient pas bidon.

« Je n'ai jamais eu une histoire avec Mick sur le tournage, lâcha-t-elle dans un grand rire que l'on pouvait aussi interpréter comme un désaveu de cette affirmation. Au risque de me mettre ses fans à dos, Mick n'était absolument pas mon genre. Je n'aime pas son physique. On a passé une semaine ensemble dans un lit, mais c'était strictement professionnel ! »

On a souvent affirmé qu'Anita était le sixième Stones, tellement elle avait imprimé sa marque et son emprise sur Keith. Elle m'affirmait ne pas avoir été à l'origine de cette autopromotion. Pour elle, et pour les autres, le sixième élément était Ian Stewart, leur pianiste.

« Je n'aurais jamais eu la prétention de sortir un truc pareil, s'était-elle indignée. Ce qui est vrai, c'est que j'étais leur nounou. Je leur ai fait découvrir le hasch, les fringues à la mode, Warhol, qui était un ami, des écrivains comme Moravia, Ginsberg ou Burroughs, le théâtre avec le Living Theater que j'avais suivi en tournée. J'ai eu une vie avant les Stones, à Paris, dans un milieu où se côtoyaient les artistes et les intellectuels. J'ai fait découvrir beaucoup d'écrivains à Brian… Ces années de formation restent la période la plus importante de ma vie. Keith passait son temps à me piquer mes fringues. Il adorait mettre mes vestes Biba sur scène, mais c'est moi qui ai dessiné son légendaire pantalon en cuir noir lacé sur les côtés, qu'il a porté longtemps en concert. J'ai fait les chœurs sur *Sympathy for the Devil* et j'ai coécrit avec Mick, au Pérou, les paroles de *You Can't Always Get What You Want*, mais il ne m'a pas créditée, quand le disque est sorti ! Sinon, je serais riche aujourd'hui ! J'ai aussi participé à l'écriture de *Honky Tonk Women*… Marshall Chess, le manager, voulait m'offrir une Ferrari pour me remercier de tout ce que je faisais pour Keith et les Stones à l'époque de Nellcote, mais je n'en ai jamais vu la couleur… »

Anita avait du mal à nier qu'elle était devenue une légende, à son corps défendant. Ses enfants, m'affirmait-elle, sont beaucoup plus importants à ses yeux que tout ce qu'elle a pu faire, que ce soient ses films ou sa période Stones, qu'elle a toujours voulu relativiser. Ce sont les historiens du rock, les fans, qui en ont fait une légende. Une diva déchue. Capable de se faire refouler d'un endroit branché plutôt que d'être obligée de donner son nom pour qu'on lui déroule le tapis rouge.

C'est le prince Rupert Loewenstein, l'homme qui avait succédé à Alan Klein pour sauver les finances des Stones, qui, en 1971, organisa leur installation en France. Anita découvrit la villa Nellcote en arrivant à Villefranche-sur-Mer, au printemps. Keith, leur fils Marlon et la nounou étaient partis en éclaireurs. Personne n'avait vu la maison, même en photo… Elle était magnifique, mais dégageait d'étranges vibrations. N'avait-elle pas servi de quartier général à la Gestapo pendant la guerre? Il y avait encore des croix gammées dans l'office. Cela avait amusé Anita et Keith. La maison n'était pas très confortable, avec une cuisine vieillotte, un jardin à l'abandon. Il fallut le remettre en état. Le groupe voulait s'exiler pour des raisons fiscales. Le gouvernement britannique empochait alors une écrasante partie de ses revenus. Et puis, il y avait l'envie de faire un nouveau disque. *Sticky Fingers* avait été un énorme succès. Les Stones voulaient composer quelque chose de différent, un peu plus *roots.* La chaleur et la moiteur du Midi allaient parfaitement avec l'ambiance *bluesy* de leur inspiration musicale. Mick Jagger, Bill Wyman, Mick Taylor et Charlie Watts se retrouvaient presque chaque soir à Nellcote, dont le sous-sol avait été transformé en studio d'enregistrement. C'étaient des vacances studieuses, en somme. Ce qui convenait à Anita, pas très portée sur les jeux de plage. Elle avait plutôt besoin de stimulations. Elle fut servie. Il fallait gérer l'intendance, entre les amis, célèbres ou inconnus, qui passaient, d'Eric Clapton à John Lennon, la musique nuit et jour, Marion qui gambadait partout. Dans le port de Villefranche, juste en face, quand l'escadre américaine y mouillait, des marins titubaient, bourrés de

LSD. Avec Bobby Keys, le saxo des Stones, Anita partait à l'abordage de leurs bateaux. Elle hurlait : « Vous n'avez pas du shit ou des buvards à nous vendre ? »

Tarlé, silencieux depuis un bon moment, se mit à compléter les souvenirs d'Anita :

« Anita avait arrangé les choses de façon à ce qu'il y ait des échanges musique et écriture. C'était une période intense pour tout le monde. Il faut comprendre que ces gens-là vivaient isolés du monde. Ils louaient de grandes maisons et invitaient leurs copains. Ainsi pouvaient-ils renouveler leur inspiration. Cette faune de passage leur permettait d'écrire des paroles collant à la réalité. Les Stones ne racontaient pas la vie de gens extraordinaires. Il n'y avait pas deux personnes plus honnêtes que Keith et Anita. À partir du moment où j'ai résidé à Nellcote, Anita a pris soin de moi pour que je ne sois pas largué. Notre amitié était spontanée. Les Stones étaient censés être au repos, même s'ils avaient décidé de faire un disque. Je ne me suis jamais senti aussi épanoui qu'en compagnie d'Anita et de Keith. C'étaient des gens normaux. »

À Nellcote, on laissait vivre chacun à sa guise. C'était la cour de *Richards* Cœur de Lion : beaucoup de gens étaient adoubés, qui, d'un coup, tombaient en disgrâce. Anita et Keith n'avaient pas à congédier les indésirables. À leur façon de les regarder ou de les ignorer, les gens comprenaient s'ils pouvaient rester ou pas. Relax, mais impitoyables. Ils prenaient le Riva quand ça leur chantait, sinon ils partaient pour la plage dans la Jaguar de Keith ou la grosse américaine achetée à un Libanais. À la maison, table ouverte. Chacun allait et venait avec ses amis. À la fin, tout s'est gâté à cause de ces drôles de types qu'ils avaient baptisés les « cow-boys ». Des jeunes du coin engagés pour aider à la maison et qui sont devenus dangereux parce qu'ils ont commencé à dealer. Ils ont ramené aussi des « cousins » de Marseille, des petites frappes qui jouaient aux gros durs. Quand Keith leur avait demandé de dégager, ils avaient menacé de revenir en nombre. Ils squattaient la maison du gardien. Avec eux, ça a vraiment été difficile. Les loups dans la bergerie. Anita et Keith étaient naïfs et un peu trop défoncés pour réaliser que certains abusaient de la situation. La porte était ouverte, jour et nuit. Personne ne savait où étaient les clés ! Résultat, Keith s'était fait dérober toutes ses guitares, en plein jour. Des bijoux hors de prix. Ian Stewart, le pianiste, s'était mis en chasse à travers l'Europe et il en a retrouvé pas mal, dont une aux puces d'Amsterdam. Keith a longtemps prétendu que les voleurs avaient fini avec des chaussures en ciment au fond de la rade de Villefranche. Et Anita restait persuadée que c'était possible : « Keith est gentil, mais il ne faut pas le mettre en colère. »

Après l'affaire des guitares, ils avaient refermé les portes du paradis. Une attitude très Stones. Tout est cool jusqu'au moment où ça dérape. Alors le groupe se ferme comme une huître.

« On n'a jamais eu de problèmes avec la police, m'assurait Anita. On a eu des embrouilles avec les mamans des "cow-boys". Elles nous faisaient porter le chapeau pour les problèmes de leurs mômes. Mais ce sont eux qui dealaient de l'héroïne, pas nous. Un jour, j'ai vu une drôle de fille que je ne connaissais pas se balader dans la propriété. Elle avait posé son sac sur un muret, je l'ai ouvert et j'ai vu qu'elle avait une carte de flic. On a dû quitter les lieux parce qu'une rumeur courait qu'on allait m'arrêter. Des Français m'affirmaient que je risquais quatorze ans de prison pour trafic de drogue. J'étais la bête noire des autorités françaises. Contrairement à la légende, Keith, lui, n'était pas dans leur ligne de mire. On est partis en une heure et on s'est envolés pour Los Angeles, où les accusations et les menaces ont recommencé. C'est pourquoi nous nous sommes ensuite installés en Suisse, où on nous a enfin foutu la paix.

— C'est difficile d'envisager le futur lorsqu'on se sépare, enchaîna Tarlé. On évoque toujours le climat dangereux de Nellcote, mais, le plus gros danger que j'y aie connu, c'est d'affronter la vie après avoir goûté pendant quelques mois à la compagnie délicieuse de Keith et Anita. C'est le monde extérieur qui était un monde fou et iconoclaste, et pas le leur ! Eux vivaient dans une bulle. Bien sûr, il y a eu la défonce. Mais les drogues n'étaient pas une priorité. La priorité, c'était la musique. La maison était remplie de musiciens. Gram Parsons, Ian Stewart, Nicky Hopkins et les Stones jouaient de tous les instruments. Le seul problème à Nellcote, c'était de pouvoir écouter un disque des Stones. Eux n'écoutaient jamais leur musique. J'attendais que tout le monde parte à la plage pour me repasser leurs chansons. Le soir, vers 7 heures, ils allaient s'enfermer dans la cave jusqu'à 7 heures du matin. Keith avalait un verre de rosé de temps en temps ; quant aux drogues, il n'y avait pas de compotiers remplis de cocaïne dans toutes les pièces, ni de seringues qui traînaient par terre. »

Anita acquiesça :

« Bien sûr, on se défonçait pas mal avec Keith, mais ce n'était pas si régulier que ça. C'est vrai qu'il nous arrivait d'acheter de l'héro aux "cow-boys", mais de là à faire de nous des dealers ! À Nellcote, la dope n'était pas une priorité. Tout ça, c'est de l'image bidon, sexe, drogue et rock'n'roll. Je vous assure qu'on avait mille autres centres d'intérêt. On parlait beaucoup de politique, de la guerre du Vietnam et d'Angela Davis, dont on avait affiché le portrait. La chanson *Black Angel* lui est d'ailleurs dédiée. À Nellcote, on a été heureux, avant que les emmerdements ne nous tombent dessus. On était si bien intégrés qu'on s'était même mis au Pernod 51, comme les gens du

Midi. Les habitants étaient discrets, mais savaient qui on était. Lorsque j'allais boire un verre sur le port, j'entendais les riffs de guitare de Keith. Les gens de Villefranche faisaient abstraction du fait que les Rolling Stones séjournaient chez eux. Ils nous considéraient comme des gens comme les autres, juste un peu bizarres. Chaque jour, nous allions rendre hommage à la *Zaca*, la vieille goélette à l'abandon d'Errol Flynn qui avait servi au tournage de *La Dame de Shanghai*. Keith caressait l'idée de l'acheter et venait souvent tourner autour. La *Zaca* était, paraît-il, hantée : certains à Villefranche nous affirmaient avoir aperçu la nuit le fantôme d'Errol Flynn pendant que l'intérieur du voilier résonnait de musique, de voix et de rires comme si les fameuses fêtes d'Errol se poursuivaient à bord... Nous vivions comme des bohémiens chics, des gitans fortunés, avec table ouverte. Heureux comme Dieu en France, comme disent les Allemands. »

Anita s'était maintenant tue. Elle se dirigea vers la fenêtre et regarda dans la rue le manège des passants, comme un ballet morne et gris. Elle me concéda que vivre avec un rocker était parfois un peu saoulant, mais il lui avait fallu accepter dès le départ la façon de fonctionner de Keith. Elle s'était énervée un jour parce qu'il ne l'écoutait pas, et avait saisi sa guitare pour la fracasser sous ses yeux. Keith, sans même la regarder, avait décroché le téléphone et dit à Stu, son homme à tout faire : « Ramène-toi. Une de mes guitares a eu un accident ! » Ça l'a rendue encore plus folle de rage. Ses vraies rivales, c'étaient les guitares. Elles et Anita étaient tout le temps en compétition. Keith leur donnait la meilleure place dans les canapés et sur les fauteuils. Jusqu'au lit, où il continuait de gratter lorsque l'aube éclairait les persiennes.

Jagger ne passait chez eux que pour travailler. Il avait loué une maison près de Grasse et avait épousé dans la foulée la Nicaraguayenne Bianca Perez-Mora y

Macias à Saint-Tropez. Elle était enceinte et n'aimait pas Nellcote, où il y avait trop de monde à son goût. Elle voulait être seule avec Mick. Selon Anita, les deux femmes n'ont jamais vraiment accroché. L'Italienne jugeait la Nicaraguayenne « particulière ». De son côté, Bianca eut cette amusante sortie à propos de ses noces avec Jagger, peu porté sur la fidélité : « Mon mariage a pris fin le jour de mon mariage ».

Comment élever un enfant dans cette ambiance de fiesta permanente ? Marlon avait sa nounou et plein de copains pour jouer avec lui. Anita se réservait son fils pour l'après-midi. Keith pouvait sans problème enchaîner la nuit qu'il avait passée à jouer et la matinée consacrée à l'enfant. Cet oiseau de nuit dormait peu, quelques heures dans l'après-midi, vingt minutes par-ci par-là dans la journée. Ça lui suffisait. Marlon portait ce prénom en hommage à Brando. Anita avait en effet tourné dans *Candy*, de Christian Marquand, un film étrange et daté. Le jour de son accouchement, Keith était à côté d'elle. Il lui annonça que Brando avait appelé pour la féliciter de son jeu dans *Performance*. Comme ils n'avaient pas encore choisi de prénom, ce fut : « Pourquoi pas Marlon ? » L'enfant avait appris à marcher sur scène, à la fin d'un concert à Amsterdam. Et à compter dans les listes de numéros d'appels internes des chambres d'hôtel. Et c'est Anita qui lui a appris à lire. Quant à leur fille Dandelion, de trois ans plus jeune que son frère, ils avaient prudemment décidé de la confier toute petite à ses grands-parents paternels afin qu'elle ait une enfance normale et ne soit pas trimballée d'un palace à un autre dans des ambiances parfois orgiaques.

« Ça n'a pas dû être évident pour Marlon, notre époque destroy avec Keith, poursuivait Anita en allumant une cigarette. Marlon avait tellement l'habitude de voir traîner de la poudre un peu partout que, vers 7-8 ans, il s'est mis à écraser des cachets d'aspirine pour s'amuser à en faire des lignes pour nous imiter. Il les disposait sur nos meubles et les gens qui passaient croyaient que c'étaient de délicates attentions de notre part. Les pauvres, ils sniffaient de l'aspirine ! J'ai été une mère assez spéciale. Marlon prétend que j'étais très drôle quand je me mettais à danser saoule sur la table du salon. Je ne suis pas certaine que ce fût si drôle que ça pour lui. Aujourd'hui, on se parle de tout ça. Moi, j'ai enfin grandi. J'ai arrêté la dope il y a quinze ans. Je ne pouvais plus continuer ainsi, et la qualité de l'héroïne a beaucoup baissé. Je ne me voyais pas devenir une grand-mère junkie et alcoolo. Je crois qu'avec ce que Marlon a vécu, enfant, l'ambiance Stones a frisé l'overdose. Longtemps, il a fait un rejet total de tout ce qui touchait de près ou de loin au groupe. Il détestait leur musique, leur mythe, et ce qu'il véhiculait. Pour faire enrager son père, il ne passait à la maison que des disques des Beatles, qu'il trouvait bien meilleurs que ceux des Stones. Et ce qui m'a achevé, c'est que, à l'adolescence, il n'a jamais voulu toucher aux drogues ! C'était sa période rebelle. Les enfants font toujours le contraire de leurs parents. Pourtant, j'ai toujours considéré que la drogue avait été une étape nécessaire à une certaine période de ma vie. Un moyen d'accéder à certaines formes supérieures de la connaissance. Mais, aujourd'hui, la dope n'est plus que de la merde dangereuse. De notre temps, la coke était d'une pureté incroyable. Si Keith et moi, on faisait aujourd'hui ce qu'on a fait il y a trente ans, on serait morts. En même temps, inutile de nier que la drogue nous a séparés. On s'est fait coincer par les flics à Toronto en 1974. Comme nous risquions d'être accusés d'association de malfaiteurs, notre avocat, qui était aussi le défenseur des familles de la mafia, donc un coriace, nous a conseillé de nous séparer. C'était la seule façon d'éviter la prison. On s'est quittés, mais on s'aimait toujours. On se revoyait en douce aux concerts, dans les coulisses. On se regardait droit dans les yeux et on disait en même temps “score”. Ce qui voulait dire en langage codé : barrons-nous pour aller acheter de la poudre ! On n’a jamais été mariés et on ne s’est jamais séparés non plus. C’est pour ça qu’on est restés si amis. Cela dit, mon accoutumance aux drogues dures devenait problématique, alors j’ai décidé de rentrer en Angleterre et de suivre le programme de Narcotic Anonymes avant de passer mon diplôme de styliste à la Saint Martin’s School. Je n’ai pas vu Keith pendant cinq ans afin de ne pas être tentée. Parce que, lui, il continuait... Personne ne nous enlèvera ce que nous avons vécu. Keith reste mon homme, même s’il s’est marié depuis. Il l’a aussi avoué dans un livre : “J’aime toujours Anita, mais nous ne pouvons tout simplement pas vivre ensemble.” C’est l’homme de ma vie. Enfin oui et non. Si on parle de passion, ça reste Brian. Keith fut le complice, le confident, l’amant aimé. Il n’est absolument pas le méchant garçon qu’il incarne à la télé ou dans les médias. C’est un calme. Un seigneur gitan. Un pirate flamboyant. Un type bien, quoi ! C’est incroyable qu’on ait survécu à tout ! Nous en parlions parfois. Et nous avons une explication : nous sommes nés pendant la guerre. On a appris à marcher sous les bombes. Ça forge le caractère ! On est indestructibles ! »

Le rock était devenu, selon Anita, et j’approuvais, trop formaté. L’image des artistes était devenue si contrôlée qu’elle n’était absolument plus le reflet de ce qu’ils étaient vraiment. Les photos sont retouchées, au point que la vie en est absente. Cela dit, Anita n’a jamais rien eu à faire de la nostalgie du calamiteux « c’était mieux avant ». Lorsqu’elle avait retrouvé Marianne après des années d’éloignement dues à leurs « problèmes » respectifs, elles n’avaient pas souhaité convoquer les spectres encombrants du passé. Elles laissaient cela à la presse.

« J'aime vraiment Marianne, me dit Anita sur un ton, comme s'il s'agissait d'un aveu inattendu. C'est drôle parce que nous sommes très différentes, même opposées sur la façon de juger notre passé commun. Comme le yin et le yang. Marianne est nostalgique de cette époque, de son histoire d'amour avec Mick, de la folie qui s'était emparée de Londres et dont elle était la reine. Avant de sombrer. Enfin, c'est ce qu'elle raconte dans son autobiographie. Je sais qu'elle pouvait, même aux pires moments, aller chez des amis pour prendre une douche et se reposer ! »

Je repensais à la filmographie d'Anita, très noire. Diabolique. *Vivre à tout prix*, de Volker Schlöndorff. *Dillinger est mort*, de Marco Ferreri. *Barbarella*, de Vadim, où elle incarne la Reine noire. *Performance*, où elle flirte avec le diable, *Lucifer Rising*, de Kenneth Anger. *Love is the Devil*, de John Maybury. Sans oublier sa participation vocale à *Sympathy for the Devil* filmé par Godard dans *One plus one*. Et ses provocations. N'avait-elle pas posé avec Brian Jones pour un magazine anglais en officier SS écrasant une poupée sous ses bottes ?

Elle affirmait n'avoir jamais pratiqué, comme on l'a dit, la magie noire, même si Brian Jones avait souffert un jour de douleurs épouvantables à l'estomac alors qu'elle avait manipulé une poupée vaudou devant lui. D'après elle, cette sombre histoire serait de la pure invention. Comme Jimmy Page et certains membres de l'establishment rock, elle avait lu les écrits d'Aleister Crowley, dit « La Bête » (1875-1945). Cet ami de Bram Stoker, l'auteur de *Dracula*, était une sorte de sorcier partouzard porté sur l'orgie sexuelle, qui, selon lui, permettait de s'éveiller à l'« être supérieur » tapi au fond de chacun d'entre nous… « *I do believe in forces* », reconnaissait-elle. Certes, Anita faisait peur aux gens, mais comme font peur les êtres cultivés dans un milieu où la connaissance est jugée suspecte.

Little Bob stories

David Rochline m'avait parlé de Bob Benamou. Manager un temps de Nico et du Gong avant de virer marchand d'art contemporain, toujours entouré de jeunes et jolies filles, c'était un minuscule sexagénaire au visage étonnamment juvénile. Ami du banquier Édouard Stern et de celle qui lui tira une balle dans le crâne... Nous nous étions vus dans la galerie près des Champs-Élysées qu'il dirigeait avec Albert Koski. Il était assis derrière son bureau, pendant que les pistolets géants de Philippe Perrin me mettaient en joue. Ce ludion sautillant, né dans le Marais, avait survécu pendant la guerre, caché dans une ferme du Berry. Adolescent entre Saint-Michel et Saint-Germain, il avait frayé avec toute la faune rive-gauche. Photographe spécialisé dans le jazz, il arrêta ce métier en 1964, après avoir été photographe de plateau pour Godard et Rozier.

« Dès 1963, je ne pensais qu'à fumer des pétards et à aller au Maroc, me dit-il de sa voix d'enfant. Grâce à Jean-Jacques Lebel, avec qui j'avais sympathisé, j'ai participé l'année suivante à des happenings au théâtre du Centre américain, et au Théâtre de la Chimère. Plus tard, j'ai découvert Soft Machine, un groupe anglais qui séjournait près de Saint-Tropez. Je préparais avec Lebel la mise en scène du *Désir attrapé par la queue*, une pièce que Picasso aurait écrite en une nuit. De l'écriture automatique, pleine de belles saillies psychanalytiques. L'équipe de Soft Machine avait déboulé à trente chez le père de Lebel, dans sa maison à Valbonne. Ce fut mon premier contact avec le rock. Peu de temps après, je suis allé à New York, où j'ai fait la connaissance de Warhol, qui deviendra l'un de mes proches. Il fera plusieurs portraits de moi. »

Benamou avait connu Nico à Paris, à l'époque où elle vivait avec Garrel, qui lui avait demandé de relancer la carrière de la chanteuse. Benamou était alors le manager de Gong, un groupe important du début des années 1970, et que j'avais aimé, adolescent, surtout pour les parties de guitare de Steve Hillage.

« Je l'ai placée en première partie de leurs concerts. Nico a suivi le Gong en tournée jusqu'en 1973.

— Le point d'orgue a été le concert de la cathédrale de Reims avec Tangerine Dream, auquel j'ai assisté, à vingt ans. J'avais pris un bus de Paris avec des centaines de jeunes.

— Nico était une fille de grand talent, qui a composé de très belles chansons, notamment celles de *La Cicatrice intérieure*. Mais elle était complètement accro à l'héroïne. Pendant trois ans, elle est venue tous les jours chez moi. On était voisins. C'étaient sans cesse des psychodrames. Un jour, Garrel a pété un plomb et a voulu balancer ses caisses de bobines de film par la fenêtre. J'ai réussi à l'en dissuader. Nico parlait tout le temps d'Andy, qui l'avait beaucoup aidée. Elle avait vendu les tableaux qu'il lui avait donnés pour se payer de la came. Elle était vraiment ce qu'on appelle une grande dame, une personnalité bouleversante.

– Elle avait une présence sur scène étonnante. Je me souviens qu'à Reims, dès qu'elle était apparue, le silence était tombé sur les travées de la cathédrale comme une nappe de fumée d'encens.

– Les gens étaient fascinés par son personnage. Elle ne pensait qu'à travailler, malgré la défonce qui la détruisait peu à peu. Un jour, elle m'a annoncé que Lou Reed était à Paris. J'ai contacté la deuxième chaîne de télévision et réussi à convaincre les responsables de filmer Lou et Nico au Bataclan pour un concert exceptionnel. Ça reste un grand succès underground. Elle était aussi très liée à Jim Morrison. Ils avaient d'ailleurs été amants et se voyaient tous les jours quand il est venu s'installer à Paris. Elle me l'a présenté. Il était bouffi, incohérent. J'ai eu le triste pressentiment qu'il allait claquer et c'est arrivé quelques jours après. Je pensais la même chose au sujet de Nico. Je lui disais qu'il fallait absolument qu'elle décroche, mais elle me mentait. Elle m'assurait que tout ça était du passé. Qu'elle n'y touchait plus. Je savais, vu son état, qu'elle racontait n'importe quoi. »

Avec Lebel puis Gong, Benamou avait vécu des moments assez amusants, entre fêtes et happenings, concerts et rencontres. Il s'était calmé à partir de 1973, l'année où il avait cessé de s'occuper de Gong, fatigué des tournées, épuisé par les excès. Il ne revit jamais Nico.

Un autre Bob achèvera cette histoire sans fin. Bob Elia avait longtemps été directeur artistique dans la presse magazine. Il vivait, lorsque je le vis, à Montmartre, dans un appartement retour d'Égypte, qui me rappelait celui de Pardo, en plus monacal, comme tracé au cordeau dans le labyrinthe sinueux de ses songes. Lui aussi peignait des scènes minutieuses qui contaient des histoires d'hétaïres lascives, d'odalisques de Nubie et de Carthage. Elia avait suivi pendant plusieurs jours la tournée 1972 des Stones, en compagnie de Jean-Marie Périer, tournée que filma Robert Frank dans le sulfureux et longtemps invisible *Cocksucker Blues.* Avec ce tour, une époque s'achevait vraiment. Le professionnalisme à tous les niveaux (musique, droits, finances, dope...) avait fini par avoir raison de La Locomotive et du Marquee. Le genre d'endroits où la musique se frayait un passage hasardeux, mais fabuleux.

Elia évoqua de sa voix posée où perçait une pointe d'accent oriental le baisser de rideau. Il avait rencontré Anita Pallenberg en 1971, le jour du mariage de Jagger et de Bianca à Saint-Tropez. Ils logeaient tous au Byblos, et les invités anglais avaient débarqué de Londres dans un Boeing spécialement affrété. À bord se pressait la crème du rock anglais et américain, Eric Clapton, Paul McCartney, Stephen Stills…

« Comme tout le monde fumait des pétards dans le zinc, les pilotes étaient dans le cirage, et ça avait pas mal secoué. Deux bus nous ont conduits jusqu'à l'hôtel, et quelques groupies bien renseignées avaient sauté dedans. Au Byblos, la veille des noces, Ringo Starr et Paul McCartney, très saouls, s'étaient déguisés en fantômes, avec des draps, pour aller réveiller Clapton, occupé avec une fille dans sa chambre. »

Personne n'avait fermé l'œil de la nuit. Le lendemain, ils s'étaient retrouvés à la chapelle Sainte-Anne devant un prêtre qui s'évertuait à appeler Mick Jagger « Michel Philippe Jagé ». Keith Richards portait une veste militaire allemande, avec, autour du cou, une écharpe indienne qui traînait par terre. Des lunettes roses protégeaient ses yeux fatigués. Il y eut une soirée extraordinaire au Café des Lices, avec un bœuf monstre qui s'acheva au matin.

« Le retour a été dur. À l'époque, j'étais non seulement directeur artistique, mais aussi professeur aux Arts déco. J'avais justifié mon absence en me faisant porter pâle. Tout le monde ricanait dans la cour de l'école : mes élèves m'avaient vu la veille aux infos avec Mick Jagger et sa mère, au bord de la piscine. Je prenais mon petit déjeuner alors que des types raides défoncés se jetaient de leur balcon dans la piscine. Le conseil des professeurs avait été gratiné. Ce fut pire à Los Angeles, où j'avais rejoint les Stones.

À peine arrivés au Hyatt West Hollywood, Jean-Marie Périer et moi-même avons assisté à une scène incroyable : dans le couloir, il y avait un garde du corps avec une mâchoire en acier, comme l'un des fameux méchants de James Bond. À peine sortis de l'ascenseur, ce monstre a pointé son flingue sur nous : "Allongez-vous !" Il nous a fouillés. Nous lui avons alors expliqué que nous étions attendus. Il a appelé Jagger au téléphone, puis a raccroché. On s'est remis en marche, mais il nous a fait signe de stopper à nouveau : "Arrêtez-vous. J'ai pas fini de bouffer !" Il avait enfourné dans sa gueule en métal un énorme morceau de viande crue qu'il mâchait consciencieusement. Du sang coulait de sa bouche. Il nous fixait et s'est écrié comme un damné : "J'aime bien la viande saignante !" Soudain la porte de l'ascenseur s'est ouverte devant une groupie pas vraiment attendue. Le type s'est levé calmement, l'a plaquée contre le mur, l'a soulevée par ses vêtements, et boum ! retour dans l'ascenseur. Nous sommes enfin arrivés dans une des suites des Stones. Ils s'emmerdaient, car ils ne pouvaient pas sortir à cause de la foule massée en bas. On aurait dit des prisonniers. Ils tuaient le temps en s'envoyant en l'air. La défonce totale. Et le délire. La télé était allumée et Keith a lâché d'un coup : "Elle est complètement conne, cette émission !" Il a pris le poste, qu'il a balancé par-dessus le balcon. J'ai blêmi en pensant aux groupies en bas. C'était rock'n'roll Babylone !

— Led Zeppelin était aussi réputé pour ses lancers de téléviseurs dans ce palace surnommé "Riot House".

— Alors ce devait être une coutume rock ! Le concert du soir a été de la même eau. Apocalyptique. Au deuxième balcon, une chaîne de filles qui se tenaient par la main a perdu l'équilibre et s'est écrasée sur la scène.

Direction les urgences. Après le show, il y avait des pyramides de coke sur les tables. Stevie Wonder et ses musiciens, qui avaient fait la première partie, étaient là. Et le maire aussi ! Il voulait absolument un autographe pour ses enfants et une photo avec les Stones. Il ne voyait rien, ni les pétards ni la coke. "L'attaché de presse" des Stones, chargé du ravitaillement en stupéfiants, a ouvert une mallette en nous disant : "Choisissez !" Il y avait tout ce qu'on voulait : poudre, seringues, sacs d'herbe, cachets, pilules de toutes les couleurs. Distribués à volonté. Nous sommes ensuite partis pour Philadelphie, puis pour New York, dans l'avion de la tournée.

— Le photographe Robert Frank y avait été autorisé à filmer ce qui se passait, ou presque. On peut voir ça dans *Cocksucker Blues*. Truman Capote avait suivi une partie de la tournée et avait flingué le groupe dans un papier fleuve.

— Oui, le film maudit, interdit, piraté et que tout le monde a vu... À un moment, Frank a fait un gros plan d'un mec en train de baiser une fille. C'était le « médecin » attitré de Keith Richards, un Hawaïen en tongs qui injectait à Keith des tas de trucs bizarres. Quelqu'un a collé sur ses fesses une étiquette "Special Guest Rolling Stones" avec la fameuse langue. À peine arrivés au Madison Square Garden où devait se dérouler le concert, une voiture de police a déboulé avec le « médecin » en question, menotté et caché sous une couverture. Les flics nous ont demandé si on connaissait cet individu. Keith Richards a juste dit aux mecs : "Ben oui, c'est mon toubib." Les flics l'avaient pris pour un dingue, car ils l'avaient trouvé à poil dans l'avion. Des plaisantins lui avaient piqué ses fringues pendant qu'il baisait la groupie. C'était l'orgie totale dans cet avion !

— Bizarre qu'il ne se soit pas écrasé.

— Je me suis posé la question plus d'une fois. Prenez Bobby Keys, le saxophoniste des Stones, un type assez curieux. Il voulait sauter une des hôtesses de l'air et n'arrivait pas à comprendre que la fille refuse. Il s'est battu avec le copilote, qui était intervenu avant que ça tourne au viol... À Pittsburgh, ils ont fait une blague à Mick au moment où il chantait *Wild Horses*, et où normalement il prenait des fleurs dans un petit bac qu'il jetait ensuite à la foule. Seulement, ce soir-là, ses potes avaient introduit aussi des morceaux de bidoche sanguinolents. Mick n'a pas mis la main dans le bac, il l'a jeté sur la foule ! Et vlan, les fleurs qui volent avec la barbaque, le bac qui atterrit sur un spectateur au troisième rang, et hop, civière. C'était n'importe quoi dans la salle ! Il y avait plein de mecs à poil, il y en avait qui baisaient, d'autres qui se branlaient. À la fin, on est tous partis fêter l'anniversaire de Mick au San Regis, où la moitié de New York avait été conviée. Count Basie avait été payé une fortune pour jouer *Happy Birthday*, avec son orchestre de soixante musiciens. D'un gigantesque gâteau, une fille nue avait surgi, recouverte de crème fouettée. Étaient présents pas mal de macs noirs, avec des chapeaux à poils et des putes, des types de la mafia. J'étais à table avec Andy Warhol, Truman Capote et Bianca Jagger. À un moment, Capote a piqué une colère parce que Bianca, qui se baladait toujours avec une canne, lui a défoncé son panama pour se marrer. Il s'est mis à hurler : "Ce chapeau m'a coûté une fortune. C'est pas drôle, tes conneries !" Et c'est vrai que tout n'a pas été drôle. Après le concert de Houston, le chauffeur de la limousine s'est gouré de sortie. Il est parti droit dans la foule qui quittait le stade. À un moment, l'une des portières s'est ouverte et, malgré les gardes du corps postés sur le toit de la voiture, des groupies se sont précipitées avec des ciseaux, pour tenter de couper un bout des vêtements ou une mèche de cheveux des Stones recroquevillés au fond du véhicule... Ça cliquetait de tous les côtés. Un des gorilles a plongé du toit et a refermé la portière d'un coup sec, sur les doigts d'une des filles. La malheureuse a eu les quatre doigts sectionnés net et la voiture a redémarré, alors qu'elle hurlait dans son sang, à terre. Cette folie a duré dix jours. Avec Jean-Marie Périer, nous avons dû partir récupérer dans les Rocheuses. Les Stones étaient dépassés par leur succès. En tournée, ils ne pouvaient jamais sortir. Ils étaient complètement torchés. Ils cassaient tout. Mick était passé une fois à mon bureau sur les Champs-Élysées. Il s'emmerdait comme un rat mort et m'avait demandé de l'accompagner faire des courses. On était repassés au Raphaël, l'hôtel où il résidait, et, dans le corridor, il avait ôté ses tennis, s'était mis à marcher pieds nus et avait explosé une applique avec ses chaussures. Quant à Keith, il était alors tellement défoncé que c'était proprement impossible d'avoir une conversation suivie avec lui. Il ne savait jamais où il était ni quelle année on était. Il tenait le coup sur scène, mais il se demandait où il jouait, si c'était le jour ou la nuit. Il se métamorphosait totalement lorsqu'il arrivait devant son public. Jagger pareil. C'est là que j'ai découvert ce qu'est un véritable homme de spectacle. Tout ça était fabuleux. Pourtant je n'ai aucune excitation à reparler de cette époque. Je trouve cela nocif, la nostalgie. »

La baguette magique d'Anita en bouquet (presque) final

Il se devait d'être aussi sur la photo. Quelques années après les autres car, à l'époque, je ne le connaissais pas encore. Le poète, danseur, photographe Gerard Malanga avait participé, muni d'un fouet de dresseur, à l'Exploding Plastic Inevitable, le spectacle multimédia d'Andy Warhol qu'accompagnaient sur scène le Velvet Underground et Nico. C'est à Malanga que l'on doit la découverte du Velvet par Warhol. Le bras droit de l'artiste le convainquit d'assister à un concert du groupe en décembre 1965, après les avoir vus sur scène la veille en compagnie de la performeuse et réalisatrice Barbara Rubin. De passage à Paris, il y a quelque temps, Malanga m'avait évoqué, lors d'un déjeuner au Flore se traînant lentement mais sûrement, et avec bonheur, vers la fin de l'après-midi, son passé de fidèle centurion de Warhol, mais c'était une autre histoire. Un autre livre. Des noms cependant – Nico, Anita Pallenberg, Denis Deegan – surgissaient qui se rattachaient à la galaxie Harlé, avec un détour par un autre axe important à ses yeux, le Paris-Rome… « Nico, me dit-il, possédait un certain charisme bien qu'à l'époque où je la rencontrai, elle n'avait pas encore fait grand-chose de son existence, hormis des photos de mode et un 45 tours produit par Andrew Loog Oldham et Jimmy Page. Lorsque Andy décida qu'elle serait super dans le Velvet, ça ne se révéla pas immédiatement une bonne idée. Elle ne savait pas chanter sur scène et se contentait de frapper sur un tambourin. Pour la mettre un peu plus en valeur, le Velvet avait décidé de lui faire interpréter une reprise de "I'll Keep it With Mine", une chanson de Bob Dylan. Mais ça n'avait pas suffi à Andy qui avait convaincu Lou de lui écrire une chanson. Lou et en partie John Cale lui ont finalement offert deux titres : *I'll Be Your Mirror* et *All Tomorrow's Parties*. Elle avait enfin une raison d'apparaître... C'est ça l'histoire. C'est aussi mon histoire, d'une certaine manière... Quant à Anita, je l'ai rencontrée par Mario Schifano, son petit ami de l'époque. Anita et lui avaient fait leurs études d'art ensemble à Rome. C'était lors de l'un de leurs passages à New York en 1964. Quand je suis allé à Rome deux ans plus tard, exit Mario puisque Anita s'était entichée de Brian Jones. Schifano, lui, était devenu un artiste majeur de son temps. Il avait énormément de talent et c'était l'un de mes meilleurs amis. Nous avons travaillé ensemble sur un grand spectacle complètement fou à Rome en 1967. Mario faisait alors partie d'un petit groupe d'artistes et d'intellectuels incluant entre autres le sculpteur suisse Peter Hartmann et l'écrivaine italienne Elsa Morante. Nous formions un petit noyau très intime. Lorsque Andy et moi nous sommes rendus à Paris en 1965, Anita bossait chez Catherine Harlé. Elle vivait alors dans le fameux appartement du passage Choiseul, dans lequel traînait souvent le paysagiste Denis Deegan. Denis était quelqu'un de très important du milieu underground de l'époque. C'était un catalyseur. Il rassemblait tout un tas de personnes qui formaient le noyau dur de Paris. Andy était un peu suspicieux à son égard. Je le soupçonne d'avoir été un peu jaloux de lui. Il aimait dire que Denis "faisait des claquettes pour se faire inviter à dîner". Denis et moi sommes devenus très proches. Il m'a fait découvrir le musée de l'Homme et la maison de Gustave

Moreau. C'était un jeune Américain adorable qui avait fait ses études à Yale. Il avait beaucoup de talent, mais malheureusement, il ne l'a pas bien utilisé. Il était très proche d'Anita, de Robert Fraser, de Catherine Harlé, et la liste est longue. Je ne cessais de l'encourager à écrire un livre sur tout ce qu'il vivait, mais il ne l'a jamais fait. Sans doute par procrastination. C'est du gâchis parce qu'il entendait et partageait beaucoup d'histoires délirantes sur notre petit milieu. Un jour, alors que je m'apprêtais à faire une lecture poétique dans la galerie d'Ileana Sonnabend, Denis a débarqué à mon hôtel avec Stash de Rola et Anita, muni de ce que je croyais être une baguette enroulée dans du papier journal. Mais ce n'était pas une baguette : c'était du haschich dans un gigantesque joint. Nous nous sommes mis à fumer dans la chambre d'hôtel qui a été envahie en quelques minutes d'un épais brouillard. Sur le chemin de la galerie, je me souviens que mes lèvres étaient si sèches que je n'arrivais pas à les décoller. C'était le genre de moments dingues que nous passions avec Denis. Je me souviens de l'une des dernières fois que je l'ai photographié. C'était à New York. Denis n'était pas très en forme à cette époque. Il était de passage et était hébergé par Jean Stein. Je passais alors pas mal de temps chez Jean parce que je l'aidais sur sa bio d'Edie. Et j'étais là quand Denis est arrivé. Je l'ai pris en photo devant la fenêtre qui donnait sur Central Park et un peu plus tard, dehors, dans la rue. Il conduisait une ambulance déclassée. Une vieille Cadillac. La toute dernière fois que je l'ai vu, c'était à Paris, en 1992. J'avais pris des photos de lui avec son fils dans un parc. Il est mort peu de temps après de démence causée par le sida. Pour revenir à l'axe Paris-Rome, je me souviens avoir été rendre visite en 1967 à Stash qui logeait souvent à la Villa Médicis que dirigeait son père, le peintre Balthus. Lors de ce séjour, je suis tombé sur Anita qui se trouvait dans la Ville Éternelle avec Keith. J'ai une photo d'eux deux posant avec un autre ami dans une chambre de l'hôtel où nous nous retrouvions à l'époque. J'ai aussi réalisé un petit film sur leur balcon. Anita travaillait alors sur *Barbarella* de Roger Vadim. C'était une période où l'axe Paris-Rome était important pour toutes ces connexions. Tout ceci a pris fin avec la décennie 60 aussi subitement que cela avait surgi. Tout n'est pas aussi éternel que Rome. »

The End?

Mai 68. L'héroïne. Altamont. La mort de Brian Jones. Charles Manson. *Performance.* Nellcote. La séparation des Beatles. Et cette scène incroyable que m'avait racontée un témoin présent à la séance d'enregistrement de *The Long and Winding Road* en 1969 aux studios d'Abbey Road. Paul McCartney et John Lenon se retrouvaient après une longue période de glaciation. Paul se tenait derrière le micro et John dans la cabine du studio, derrière l'immense console, le fixant droit dans les yeux. Et si on écoute bien, on perçoit à un moment un sanglot étouffé de Paul. Ce face-à-face intense sonnait lui aussi le glas des sixties.

Ces événements, si anecdotiques soient-ils, ont écrit chacun des fins possibles à une histoire où les épisodes se recoupent sans dire tout à fait la même chose. Tout était dans la nuance, le petit écart d'interprétation. Les focales différentes qui laissaient voir des scènes contrastées. Avis de décès sans excédents de larmes. La nostalgie était un autre poison qui s'ajoutait à tous ceux qui ont rongé les années 60 et rendu si peu attirante la décennie suivante. Celle-là, je ne l'avais pas vraiment aimée, avec son ballet de seringues que je contemplais, effrayé, à la fin de mon adolescence. Mais, ce qui me choquait encore davantage, c'était de constater que la pensée s'écoulait des corps en manque comme un mauvais sang inutile. La vacuité du discours et des opinions gouvernait les sybarites de la shooteuse. La pension me tenait lieu de forteresse, mais, même là-bas, j'expérimentai le LSD 25 le jour de mon épreuve de natation au baccalauréat. Je ne savais plus trop où étaient la surface et le fond, mais je surnageai jusqu'au plongeoir.

La surface et le fond. Il semblait bien que beaucoup s'employaient à prendre l'une pour l'autre, et vice-versa. Le rock que je découvrais, trois accords, quatre strophes la plupart du temps assez plates, offrait cependant un je-ne-sais-quoi de vivifiant. La forme comptait plus que le fond, bien que, chez certains francs-tireurs, ce dernier était présent pour peu qu'on veuille le saisir. L'écrivain espagnol Antonio Muñoz Molina explique ainsi la fascination qu'exerce encore cette musique sur nos corps et nos âmes : « Les chansons ne parlent pas de celui qui les a composées, ni même de celui qui les joue, mais bien de celui qui les écoute, de celui qui s'est reconnu en l'une d'elles dès qu'il l'a identifiée et s'est senti compris et expliqué par la forme pure de sa mélodie, par ces paroles qui lui appartiennent, même quand il ne les a comprises qu'en partie. »

Ces chansons m'avaient amené à ce livre, quelques décennies plus tard. La présence d'une femme blonde, aujourd'hui sous terre, m'avait donné envie de partir à la recherche d'autres femmes blondes qui, elles aussi, avaient goûté l'allégresse et la tristesse.

Cette mère dont je voudrais reparler avait pris tout cela de plein fouet, musique, fêtes, abus divers, mais peut-être accompagnait-elle tout simplement le mouvement. Pour elle, le bon port s'éloignait alors que se précisaient les contours de l'île des Morts. Charon approchait avec sa barque. Sois sage ô ma douleur... Tranquillisants, *up and down*, somnifères, alcool. De l'aube à la tombée des jours, comme le mécanisme implacable et parfait d'une horloge automatique. Mais il y aurait une fin pour sortir de cette prison aux barreaux invisibles... Elle avait aussi connu le chagrin d'avoir à accompagner un enfant condamné, squelette aux fins cheveux blonds et au sourire triste et las. Elle et lui, le père, avaient partagé, en 1967, ses convulsions. Ses grands yeux disaient : « Arrêtez ! » Mais ils le retenaient tant qu'ils pouvaient au bord du gouffre et, lorsque son souffle s'était glacé, ils l'avaient serré contre eux comme un petit chat noyé. À partir de là, les nuits et les jours se confondraient dans leur tonalité de pierres noires et coupantes. Anita et Keith avaient eux aussi perdu un garçon prénommé Tara Jo Jo Gunne, mort à l'âge de 2 mois, en 1976. En ressuscitant un passé, je déterrais des spectres. *Et la grive sifflait son chant sur les os des morts.*

Ces filles des années 60 avaient soulevé des tempêtes scintillantes sur quelques villes. Esquintées par les nuits pâles, elles avaient eu leur lot d'expériences et de souffrances payées sur le dos de la bête. Et, malgré tout, conservé ce besoin infernal d'être vivante, de vivre, d'exister dans la vie. Ce livre a été aussi cela, des exercices d'admiration et des rencontres improbables avec des fantômes, vivants ou morts, puisque les premiers ne sont plus ce qu'ils étaient alors. Une romancière anglaise avait coutume de comparer la nature d'une femme à une grande maison avec de nombreuses pièces, certaines accessibles à tous, d'autres plus difficilement, et, dans la chambre la plus reculée, l'âme dans l'attente d'un bruit de pas qui n'arrive jamais. Sans doute ne suis-je pas une femme et n'arriverai-je jamais jusqu'à la chambre du fond. Qui pourrait accéder? Mais les premières pièces avaient livré des secrets. Les années soixante furent surtout l'histoire de ces filles. Les filles étaient les sixties. Et celles-ci n'auraient pas été, par exemple, ce qu'elles ont été sans les Rolling Stones, comme eux ne seraient probablement jamais devenus ce qu'ils sont sans elles.

Ces femmes avaient leur part de dinguerie et de courage, qui faisait peur aux hommes. Avaient-elles changé ? Et pourquoi auraient-elles changé ? « On durcit à de certaines places, on pourrit à d'autres ; on ne mûrit pas », avait écrit Sainte-Beuve. Éternellement jeunes, pures et dures. À leur façon.

Postface

« Je ne sais pas où je vais mais je sais ce que je méprise. »
Annie LEBRUN

Le destin d'un livre est parfois curieux. Celui-ci est né à la suite d'une remarque que m'avait faite Anita Pallenberg : « On parle sans cesse des Stones, mais jamais des femmes qui les ont façonnés. » Marianne Faithfull et Anita avaient pourtant considérablement participé à l'érection du mythe en apportant à Brian Jones, Mick Jagger et Keith Richards la culture, mais aussi un je-ne-sais-quoi dans l'élégance, qui tenait du style et de l'attitude. Cette dernière, lorsqu'elle est habitée, fait partie du jackpot pour un groupe de rock'n'roll, au même titre que la qualité de la musique. Cela pouvait tout aussi bien s'appliquer à Nico rendant soudain glamour, grâce l'insistance visionnaire d'Andy Warhol, un petit groupe débutant sans grande personnalité appelé le Velvet Underground.

Égéries Sixties tentait d'être la réponse à la réflexion d'Anita Pallenberg. Ce récit biographique inaugurait un cycle de quatre ouvrages consacrés à des aspects *scandaleux* de la musique populaire, où la mort jouait sa partition d'une façon parfois expéditive, du revolver de Claudine Longet au couteau de Bobby Beausoleil, quand ce n'était pas le malheur et la folie qui s'invitaient dans l'existence extravagante de Vince Taylor auquel je consacrais, là aussi, une enquête. De ce quatuor vénéneux, *Égéries Sixties* est sans doute celui qui a le plus circulé, au point qu'il ne se passe pas de semaine sans que des inconnus des deux sexes m'en parlent avec intérêt et passion, parfois même avec une dévotion excessive. Cette fascination s'explique essentiellement par la découverte d'un pan longtemps occulté de l'histoire du rock : le rôle joué par une bande d'insoumises aux diktats masculins, pour la plupart issues de l'agence de mannequins parisienne de Catherine Harlé. Ces symboles éclatants d'une certaine bohème sixties – Nico, Amanda Lear, Talitha Getty, Deborah Dixon, et d'autres encore – avaient transformé l'appartement situé au-dessus de l'agence, passage Choiseul, en écurie d'amazones intrépides partant au grand galop à la conquête de dieux électriques. Longtemps négligées et sous-estimées, ces jeunes femmes indépendantes financièrement effrayaient les hommes parce qu'elles étaient l'inverse des « poupées » londoniennes, les Twiggy et compagnie, soumises au précepte déshonorant du « sois belle et tais-toi ». Aussi attirante et inquiétante qu'un succube BDSM, Anita était à la tête de leur troupe radicale. Elle faisait plus la fête, buvait plus, faisait plus l'amour (avec les deux sexes), fumait plus de joints que n'importe lequel des jeunes hommes autour d'elle, reprenant jour après nuit le mot d'ordre de Hunter S. Thompson : « La vie ne doit pas être un voyage vers la tombe avec l'intention d'arriver sain et sauf dans un joli corps bien préservé, mais plutôt déraper à bord dans un nuage de fumée, complètement usé, totalement épuisé, en criant haut et fort "wow, quelle balade !" »

L'artiste et réalisateur Michael Lindsay Hogg qui, entre autres, filma le show du *Rock'n'roll Circus* et le légendaire dernier concert des Beatles sur le toit d'Apple, la maison de disques du groupe, m'avait décrit un soir chez

Lapérouse le frisson qui parcourait les salles de restaurant et les night-clubs lorsque Anita débarquait, souvent aux bras de son amie Deborah Dixon. Une apparition *frissonnante*. De son côté le réalisateur allemand Volker Schlöndorff qui, en 1967, avait fait tourner Pallenberg dans *Vivre à tout prix*, ajoutait : « Anita mettait de l'huile sur le feu avec Brian Jones. Elle l'excitait à mettre de la drogue dans les verres des autres et les deux n'arrêtaient pas de se battre. Je suppose qu'ils tiraient beaucoup d'excitation sexuelle de ces combats. » Anita ? *The Beauty and The Beast*. Un double méphistophélique de « Mademoiselle Révolte », ainsi que l'un de ses intimes avait surnommé Sarah Bernhardt.

Brian, Keith, Mick et les autres rock stars ressemblaient à de candides petits écoliers fascinés et terrorisés par ces walkyries anglo-saxonnes, allemandes et parfois françaises, telle l'incroyable Zouzou. Elles s'étaient de plus emparées avec une avidité de pirates des deux avancées apportées aux femmes, qui tombaient pile avec leur volonté d'affranchissement : la pilule, ce fait anthropologique majeur, et le droit à l'avortement. Deux ailes les emportant encore plus haut dans leurs moissons de conquêtes célestes, même si la misogynie régnante les faisait parfois chuter dans leurs envols : ce que Jagger ou Richards accomplissaient de plus scandaleux était applaudi, là où les mêmes actes perpétrés par Faithfull ou Pallenberg étaient décriés ou moqués. Et pourtant, que de grâce partagée entre hommes et femmes en ces années-là ! Le peintre David Hockney m'avait une fois résumé cette période enchantée d'insouciance, de libertés, de vices assumés, de dérives incontrôlées avec panache : « une parenthèse unique dans l'histoire de l'humanité qui ne reviendra jamais ». Aujourd'hui, alors que les désormais décrétées « infâmes » années 60 et 70 sont accusées de tous les maux par les deux antipodes du spectre politique, l'extrême gauche pourvoyeuse de certificats de bonne moralité et l'extrême droite obsédée par le fantasme de « décadence des mœurs », en France comme un peu partout en Occident, il est bon et utile de se souvenir qu'une avant-garde féminine n'avait jamais voulu se considérer comme victime mais, au contraire, avait mené comme elle l'entendait le combat de son existence, quitte bien sûr à y laisser des plumes. Le monde du rock était le terrain de chasse favori de ces mutantes iconoclastes portant la bannière de la modernité dans les attitudes, la mode, la production créative, le féminisme naissant et les looks outrageusement neufs des coiffures et des vêtements.

L'un des plus beaux hommages que l'on puisse rendre à ce livre est la multitude d'emprunts, et parfois de copies, qu'il continue de provoquer, ici et ailleurs. Voire de plagiat, si l'on songe à une certaine publication anglo-saxonne que l'on m'a aimablement signalée. À la relecture du livre, je me suis aperçu à quel point celui-ci ressemble désormais à un cimetière. Un certain nombre de mes interlocutrices et de mes interlocuteurs sont morts. D'autres sont en très mauvais état et ne sauraient tarder à plonger dans le Styx. Un destin d'éclopés en sursis qui me rappelle cette merveilleuse confidence du peintre Hervé Di Rosa : « On a été sauvés de la drogue juste pour arriver à être vieux et mourir. » Pour terminer, je souhaiterais reprendre quelques mots de Marianne Faithfull figurant dans sa préface à *Queens of Bohemia* de Darren Coffield : « Qu'est-il arrivé à la bohème ? Il a fallu cent ans aux poètes, aux peintres et aux fainéants talentueux pour créer, et seulement vingt ans aux habiles pseudo-hipsters pour tout foutre en l'air. C'est la malédiction de la bohème aux guirlandes toc ! Tout le monde se veut aujourd'hui cool et personne ne sait ce que ça signifie. C'est juste de la bohème de prêt-à-porter pour consommateur cool… J'étais plus heureuse dans la vieille bohème. L'art était plus intense, plus pur. Le sexe était aussi plus chaud – plus réprimé aussi ! » Le pas de côté émerveillé semblait avoir de longs jours devant lui. *Égéries Sixties* n'est en rien un mausolée, mais l'hommage vivant à des bohémiennes en cuissardes ayant défié les conventions de leur temps, se taillant à la force de leur bagout, de leur culot, de leurs vices, de leur insolence, de leur cruauté aussi, une place dans un monde qui cherchait à les marginaliser. Voire à les rejeter. Puissent leurs voix résonner longtemps en nous et leurs éclats nous guider dans l'obscurité parfois déprimante des temps présents.

Remerciements

Pascal Aubier, Tina Aumont, Jacques Baratier, Patrick Bauchau, François Baudot, Bob Benamou, Caroline de Bendern, Pierre Bénichou, Boris Bergman, Bernardo Bertolucci, Jane Birkin, Juliette Boisrivaud, Gisèle Bostel, Frédéric Botton, Patti Boyd, Eric Burdon, Betty Catroux, Edith Cottrell, Dani, Bob Elia, Marianne Faithfull, Bernard Frank, France Gall, Philippe Garrel, Jean-Pierre Georges, Francis Girod, Agathe Godard, Juliette Gréco, Frank Habicht, Nicolas Harlé, Michael Lindsay-Hogg, Alejandro Jodorowsky, Anna Karina, Nick Kent, Albert Koski, Valérie Lagrange, Amanda Lear, Jack-Alain Léger, Donovan Leitch, Linda Leitch, Andrew Loog Oldham, Jean-Pierre de Lucovich, Gerard Malanga, Michèle Manceaux, Greil Marcus, Marie France, Charles Matton, Barry Miles, Paul Morrissey, Gérald Nanty, Terry O'Neill, Anita Pallenberg, Frédéric Pardo, Jean-Marie Périer, Isabelle Pons, André Pousse, Marie-Laure Prouvost, Jackie Raynal, Serge Rezvani, Willi Rizzo, Deborah Dixon-Roberts, David Rochline, Barbet Schroeder, Jean-Jacques Schuhl, Sally Shafto, Raphaël Sorin, Michel Taittinger, Dominique Tarlé, Nick Tosches, François Weyergans, Bill Willis, Bill Wyman, Susi Wyss, Zouzou.

Les photos figurant à l'intérieur de l'ouvrage signées Frank Habicht/Ideas for films font partie de la collection personnelle de Françoise Lazard et Patrick Jucaud.

Table

Imprimé en France par
CPI Bussière
en octobre 2024
N° d'impression : 2080542